国家自然科学基金面上项目
中国城市社区生活圈的新时间地理学研究（项目批准号：42071203）

国家自然科学基金面上项目
郊区居民日常活动的地方秩序嵌套及社区重构研究（项目批准号：41771185）

"十三五"国家重点图书出版规划项目
城市时空行为规划前沿研究丛书 | 柴彦威主编

# 时间地理学
## TIME GEOGRAPHY

柴彦威　张艳　著

东南大学出版社
SOUTHEAST UNIVERSITY PRESS
南京·2022

## 内容提要

本书是国内第一部时间地理学的专著,全面系统地解说了时间地理学的思想起源、核心概念、方法体系、全球扩散及创新应用。本书是初学时间地理学的入门书,我们希望通过阅读、学习时间地理学,能够更好地理解自己的日常生活与人生轨迹,进而更好地理解人类活动、技术进步和社会转型对我们生活方式及生态环境的影响,并且自觉地通过调整空间、调整时间、调整行为来提高自己的生活质量,促进社会与环境的可持续发展。

本书适合人文地理学、城市地理学、城乡规划学、城市社会学等领域的科研教学人员及对人类行为感兴趣的读者阅读与参考,亦可作为高等学校地理学科的教材。

### 图书在版编目(CIP)数据

时间地理学 / 柴彦威,张艳著. — 南京:东南大学出版社,2022.10
(城市时空行为规划前沿研究丛书 / 柴彦威主编)
ISBN 978-7-5641-9351-5

Ⅰ. ①时… Ⅱ. ①柴… ②张… Ⅲ. ①地理学-时间学-研究 Ⅳ. ①K90-05

中国版本图书馆 CIP 数据核字(2020)第 269147 号

责任编辑:孙惠玉　　　　　责任校对:子雪莲
封面设计:逸美设计　　　　责任印制:周荣虎

**时间地理学**
Shijian Dilixue

著　　者:柴彦威　张　艳
出版发行:东南大学出版社
社　　址:南京市四牌楼 2 号　邮编:210096　电话:025-83793330
网　　址:http://www.seupress.com
经　　销:全国各地新华书店
排　　版:南京布克文化发展有限公司
印　　刷:南京凯德印刷有限公司
开　　本:787 mm×1092 mm　1/16
印　　张:15.5
字　　数:340 千
版　　次:2022 年 10 月第 1 版
印　　次:2022 年 10 月第 1 次印刷
书　　号:ISBN 978-7-5641-9351-5
定　　价:59.00 元

本社图书若有印装质量问题,请直接与营销部调换。电话(传真):025-83791830

# 总序

进入 21 世纪的第二个十年，人与空间互动的复杂性和多样性正在给我们的生活世界带来变革，全球化与本地化、流动性与地方性、韧性与风险性共存，并呈现出越来越明显的时空异质特征。在这样的背景下，城市空间与生活方式的动态调整成为常态，为生活质量、社会公平、可持续发展带来了全新的挑战。

面对这些新时期的新问题，时空间行为及其与城市空间互动关系的研究日益受到学界的认可，为理解城市化、城市空间与城市社会提供了一个更加人本化、社会化、微观化以及时空整合的新范式。产生于20世纪60年代的时空间行为研究为理解人类活动和地理环境的复杂时空关系提供了独特的视角，并逐步形成了强调主观偏好和决策过程的行为论方法、强调客观制约和时空结构的时间地理学，以及强调活动—移动系统的活动分析法等多个维度。经过50多年的发展，时空间行为研究的理论与方法逐步走向多元化的方向，通过与社会科学理论、地理信息系统方法、时空分析技术、时空大数据挖掘、人工智能等的有效结合，时空行为探究的理论与方法创新成为国际城市研究的亮点，并有效解答了一系列人与空间互动关系的问题。

而基于时空间行为的视角来创新中国城市研究的理论体系是当前中国城市发展转型所面临的迫切现实需求。纵观中国城市社会经济发展，我们已经进入了"以人为本"的新型城镇化发展阶段，重视社会建设、重视城市治理、重视人民福祉已经成为社会各界的共识。可以说，时代的发展需要一套基于人、面向人、为人服务的城市研究与规划体系。但长期以来城市研究与规划管理"见物不见人"的问题没有得到根本的解决，对居民的个性化需求缺乏深入分析与解读，难以应对城市快速扩张与空间重构所导致的城市问题。同时，中国城市快速城市化和市场化转型也为时空间行为研究理论创新和应用实践提供了宝贵的试验场。在多重力量的共同影响下，中国城市空间和人类活动更具动态性、复杂性、多样性的特点，为我们开展多主体、多尺度、动态过程、主客观相结合的时空间行为交互理论与实践研究提供了得天独厚的机遇。

在时空间行为理论与方法引进中国的近 30 年间，学者开展了大量的理论与实践探索，并在不同地域、不同城市、不同人群中开展了大量的实证研究与验证，取得了丰富的研究成果，为应对当前我国城市发展所面临的生态环境保护、社会和谐公平与生活质量提升等问题提供了重要指导。特别是以 2003 年召开的"人文地理学学术沙龙"为标志，中国城市研究开启了正面研究时空间行为的新时代，开拓了以时空间行为与规划为核心的中国城市研究新范式；中国时空行为研究网络已经成为中国城市研究队伍中蓬勃发展的一支新生力量，并在城市研究与规划管理中崭露头角。然而，我们目前依旧没有一套能够全面系统介绍中国时空间行为研究与规划的专著。

唯有重视过往，方能洞察现实，进而启示未来。站在中国城市时空间行为研究新的起点，我们需要全方位地审视国际国内时空间行为研究的发展历程与未来方向，系统地梳理与解说时空间行为研究的理论基础、实践探索与发展方向，大胆创新中国城市研究与规划体系，打造国内外首套城市时空行为规划前沿研究丛书，为中国城市时空行为研究网络发声——这也是我们出版这套丛书的初衷。

该丛书是国内第一套也是国际上第一次将时空间行为的理论、方法与规划应用集为一体的系列著作。本套丛书共包括 5 部著作：《时间地理学》与《行为地理学》是国内第一部时空间行为研究的入门书（也可以作为教材），系统解说时空间行为研究的基础理论；《城市时空行为调查方法》全面总结与详细说明各种时空间行为的调查方法；《城市时空行为规划研究》与《城市社区生活圈规划研究》是实证验证并实践应用时空间行为理论于城市规划与城市管理的前沿性探索。

"城市时空行为规划前沿研究丛书"将为对时空间行为研究感兴趣的研究者和学生提供理论、方法和实践经验。希望读者不仅能学习到时空间行为研究与规划的相关知识，而且能通过"时空间行为研究"这一新的视角以文会友，结识一批立志于城市研究与城市规划的学者。

柴彦威

2020 年写于北京

# 前言

面对全球化、城市化、信息化的快速发展以及科技的不断进步，人类活动模式以及人类活动对地球环境的影响机理也越来越复杂，亟须开展对人类行为的正面研究以及人地关系的综合地域研究。在学科发展社会化、人文化转向的大背景下，在后实证主义时代诸多方法论和流派中，时间地理学无疑是人类空间行为研究中最具代表性的。

诞生于计量革命后期的时间地理学，是对人类空间行为及其环境后果进行正面研究的独特方法，经过半个多世纪的发展与创新，业已成为人文地理学与城市研究中的重要理论基础，在不同国家和地区以及不同学科之间产生了十分深远的影响。20世纪90年代以后，时间地理学被引入中国，越来越多的学者与学科关注和应用时间地理学，成为应对中国社会转型发展的重要科学基础。

但是，时间地理学由于长期缺乏相关的专著或教材，在一定程度上影响了其传播与应用，甚至带来学界的认识误区；中国亦没有一部系统介绍时间地理学的专著，也成为限制时间地理学全面推广的瓶颈。

2009年托斯特·哈格斯特朗（Torsten Hägerstrand）关于时间地理学的理论再思考著作以瑞典文出版，2019年凯萨·埃勒高（Kajsa Ellegård）独著及主编的2部时间地理学专著相继问世，成为时间地理学发展史中的重要事件，同时也掀起了国际学界应用与创新时间地理学的又一次高潮。而中国学者在这一轮时间地理学引进与应用方面走在了国际的前列，使我们有条件出版一部时间地理学的专著。

回顾中国时间地理学的引进与发展，起初与亚洲，特别是日本有着深厚的渊源。但20世纪90年代在亚洲的时间地理学主要还是哈格斯特朗的经典时间地理学理论与方法。在世纪之交，北美的时间地理学因与地理信息系统（GIS）等技术的结合而得到快速发展，其影响力也很快波及了中国。2000年以后，时间地理学进入全新发展时期，瑞典等北欧的新时间地理学率先被引入中国。

另外，"十二五"以来恰逢中国城市进入新的历史发展时期，以高质量发展为目标的城镇化与城市转型成为新趋势。而瑞典早在半个多世纪前就经历了这一过程，时间地理学的发展也正是瑞典从快速城镇化到后工业化、信息化社会转型的时期，从经典时间地理学到新时间地理学亦是瑞典应对城市社会转型发展和技术进步的学术探索。因此，中国时间地理学的黄金时代已经来临。在未来的30年甚至更长时间内，人的行为、生活质量、社会与环境可持续性等成为关注的核心，新时间地理学将大有用武之地。

本书是国内第一部系统介绍时间地理学的专著，聚焦于时间地理学思想、理论与方法，解说时间地理学的起源、发展、扩散传播等发展历程，介绍时间地理学在各国家与区域、不同研究领域中的创新应用，深度解读时间地理学的全生态综合世界观以及关于时空中行为—空间互动过程的一整套理论方法。我们希望通过对时间地理学的系统学习，能够帮助人们更好地理解自己的日常生活与人生轨迹，理解技术进步和社会转型对我们生活方式的影响，理解人类活动对地球生态环境的影响等，并从调整空间、调整时间、调整行为等不同方面来提高生活质量，促进社会与环境的可持续发展。

本书由 12 章构成。第 1 章解读时间地理学的理论框架，第 2 章和第 3 章系统说明时间地理学的起源、基本思想和概念体系，第 4 章和第 5 章图文并茂地解说经典时间地理学中的路径和棱柱等核心概念，第 6 章回顾从经典时间地理学到新时间地理学的理论发展历程，第 7 章至第 9 章分别对新时间地理学的企划、复杂情境中的日常活动及活动的地方秩序等新概念和新方法进行全面介绍，第 10 章分析时间地理学的国际传播及学科影响，第 11 章阐述时间地理学在中国的引入与发展，第 12 章展望时间地理学的理论创新、研究前沿、规划应用及国际合作。全书由北京大学柴彦威教授负责总体策划与统稿，北京联合大学张艳副教授撰写了大多数章节的初稿，柴彦威与张艳对全书进行了多次讨论与反复修改。其中，北京大学马昕琳、李春江、李彦熙和北京联合大学姚欣悦、谭钦心同学参与了本书撰写过程中的文字编辑与图表整理等工作。

可以说，本书是在过去二三十年来北京大学时间地理学研究团队引入与应用时间地理学过程中的理论思考总结。我们试图将本书写成一部解说性质的、相对通俗的、可读性强的教材类专著，使其成为任何学科的读者初学时间地理学的入门书。当然，最终的成书难免存在一些相对晦涩或者解说不全面的地方，我们希望在以后改版的时候加以完善。此外，本书中很多观点的形成来源于与国际时间地理学者，尤其是瑞典、日本、美国等时间地理学研究团队的长期交流，但许多细节，特别是与凯萨、雷恩陶普等时间地理学亲历者的交流访谈等尚难全面反映在本书中，我们希望能有相关著作出版。

最后，在成书过程中，我们得到了很多机构与人员的关照与支持。首先，感谢一直以来给予我们学术指导与支持的许多同行。特别感谢瑞典林雪平大学的凯萨·埃勒高教授，在与她多年的交流与合作中，她接受了我们团队数十次的访谈，以口述史的形式向我们详细介绍了时间地理学的发展历程、哈格斯特朗本人对时间地理学理论方法的基本观点、她与哈格斯特朗及隆德团队的合作经历、她对时间地理学不断探索应用的心路历程等，帮助我们准确了解了时间地理学的学科发展史、印证了我们对时间地理学思想与方法的基本认识。此外，我们从凯萨教授组织的国际时间地理学研究网络中大受裨益。该网络的核心人员包括瑞典斯德哥尔摩大学布·雷恩陶普（Bo Lenntorp）教授，隆德大学奥洛夫·韦内吕德（Olof Warneryd）教授、燕妮·帕尔姆（Jenny Palm）教授、托马斯·耶蒙德松（Tomas Germundsson）教授，哥德堡大学人文地理系贝蒂尔·威廉松（Bertil Vilhelmson）教授、埃娃·图林（Eva Thulin）教授及其团队，林雪平大学维尔堡·埃琳（Wihlborg Elin）教授、哈拉尔德·罗拉克尔（Harald Rohracher）教授、香港中文大学关美宝（Mei-Po Kwan）教授、田纳西大学萧世伦（Shih-Lung Shaw）教授、俄亥俄州立大学哈维·米勒（Harvey Miller）教授、卢森堡大学马丁·戴斯特（Martin Dijst）教授、牛津大学蒂姆·施瓦恩（Tim Schwanen）教授、乌特勒支大学迪克·埃特玛（Dick Ettema）教授、爱沙尼亚塔图大学雷恩·阿哈斯（Rein Ahas）教授、香港浸会大学王冬根教授、香港大学卢佩莹（Becky P. Y. Loo）教授等。十分感谢包括上述学者在内的国际时间地理学研究网络的所有人员。

日本广岛大学名誉教授森川洋先生是柴彦威留日期间的恩师，他一直鼓励与支持中国的时间地理学研究。他引荐日本时间地理学第一人、东京大学名誉教授荒井良雄先生给柴彦威，促成了中日时间地理学界长达20多年的密切交流，对中国时间地理学的初期发展产生了重要影响。后来，日本名古屋大学名誉教授冈本耕平先生、金泽大学神谷浩夫教授、国学院大学田原裕子教授、奈良女子大学西村雄一郎教授等也参加了中日等国际时间地理学的学术交流与项目合作。在此对日本时间地理学的同行们表示衷心感谢。

我们还要感谢长期合作的北京大学时间地理学研究小组的所有人员，包括刘志林长聘副教授（清华大学公共管理学院）、张文佳研究员（北京大学深圳研究生院城市规划与设计学院）、赵莹副教授（中山大学旅游学院）、马静副教授（北京师范大学地理学与遥感科学学院）、塔娜副教授（华东师范大学地理科学学院）、申悦副教授（华东师范大学城市与区域科学学院）、张雪副教授（福建师范大学地理科学学院）、谭一洺副研究员（中山大学地理科学与规划学院）、肖作鹏博士［哈尔滨工业大学（深圳）建筑与规划学院］、毛子丹副研究员（中山大学旅游学院）、孙道胜博士（北京市城市规划设计研究院）、郭文伯（牛津大学）、陈梓烽副教授（中山大学地理科学与规划学院）、刘伯初（多伦多大学),以及蒋晨、马昕琳、李春江、李彦熙等。

最后,特别感谢东南大学出版社长期以来的大力支持,特别感谢徐步政荣誉编审与孙惠玉副编审的热情指导与各种帮助。

柴彦威　张　艳

**2020 年**

# 目录

总序
前言

**1 绪论** ··············································································· 001
  1.1 时间地理学概述 ························································· 001
  1.2 时间地理学的概念体系 ················································ 003
  1.3 时间地理学的发展阶段 ················································ 006
  1.4 本书内容框架 ···························································· 008

**2 时间地理学的起源** ·························································· 014
  2.1 哈格斯特朗的学术路径及转型 ······································· 014
  2.2 时间地理学起源的个人背景 ·········································· 017
    2.2.1 哈格斯特朗早期人口迁移研究的启示 ····················· 018
    2.2.2 对区域科学研究的理论批判与反思 ························ 019
  2.3 时间地理学起源的学科背景 ·········································· 021
    2.3.1 地理学的社会与行为转向 ···································· 021
    2.3.2 经济与社会转型的现实问题与规划需求 ·················· 023
  2.4 时间地理学的诞生 ······················································ 025

**3 时间地理学思想与概念** ···················································· 027
  3.1 时间地理学的基本思想 ················································ 027
    3.1.1 综合生态世界观 ··············································· 027
    3.1.2 紧密嵌套的时空 ··············································· 029
    3.1.3 物质主义的本体论基础 ······································ 031
    3.1.4 强调制约的行为观 ············································ 032
  3.2 时间地理学的概念体系 ················································ 034
    3.2.1 群体 ······························································ 034
    3.2.2 路径 ······························································ 036
    3.2.3 企划 ······························································ 037
    3.2.4 棱柱 ······························································ 040
    3.2.5 活动的地方秩序嵌套 ········································· 041
  3.3 准确理解时间地理学 ··················································· 043

## 4 路径及其符号系统 ······ 045
- 4.1 从生命线到生命路径 ······ 045
- 4.2 个体路径的符号系统 ······ 047
- 4.3 时空中的个体路径 ······ 050
- 4.4 个体路径的三维可视化 ······ 051
- 4.5 基于移动定位数据的个体路径 ······ 056
- 4.6 个体路径的意义与应用方向 ······ 057

## 5 制约与时空棱柱 ······ 061
- 5.1 路径与棱柱的关系 ······ 061
- 5.2 三种制约 ······ 062
  - 5.2.1 能力制约 ······ 062
  - 5.2.2 组合制约 ······ 065
  - 5.2.3 权威制约 ······ 066
- 5.3 制约模型及其应用 ······ 068
  - 5.3.1 雷恩陶普模型原理 ······ 068
  - 5.3.2 雷恩陶普模型的评估应用 ······ 069
  - 5.3.3 雷恩陶普模型的模拟应用 ······ 070
- 5.4 棱柱与时空可达性 ······ 074
- 5.5 信息化与时空制约 ······ 076

## 6 从经典时间地理学到新时间地理学 ······ 079
- 6.1 经典时间地理学的反思 ······ 080
  - 6.1.1 重新审视本体论 ······ 080
  - 6.1.2 不仅仅是符号系统 ······ 081
  - 6.1.3 批判与回应 ······ 082
- 6.2 新时间地理学的发展 ······ 083
  - 6.2.1 新时间地理学的提出 ······ 083
  - 6.2.2 新时间地理学的发展 ······ 084
  - 6.2.3 新时间地理学的传播 ······ 085
- 6.3 新时间地理学的理论创新 ······ 085
  - 6.3.1 从"家外"转向"家内" ······ 086
  - 6.3.2 从"个体"拓展到"组织" ······ 087
  - 6.3.3 从强调"物质空间制约"转向"社会文化制约" ······ 088
- 6.4 新时间地理学的未来 ······ 089

# 7 企划 ... 091
## 7.1 企划的概念 ... 091
### 7.1.1 企划的理解 ... 092
### 7.1.2 企划与活动的关系 ... 093
### 7.1.3 企划的意义 ... 093
## 7.2 个人企划与组织企划 ... 100
### 7.2.1 个体企划与组织企划的交织 ... 100
### 7.2.2 交织情景下个体企划的调整 ... 101
### 7.2.3 企划的案例分析 ... 103
## 7.3 企划研究展望 ... 105

# 8 复杂情境中的日常活动 ... 107
## 8.1 审视日常活动的复杂情境性 ... 108
### 8.1.1 强调活动内在关联性的企划情境 ... 109
### 8.1.2 强调活动时间序列性的日常情境 ... 109
### 8.1.3 强调活动地点序列性的地理情境 ... 110
### 8.1.4 强调活动社会关联性的社会情境 ... 110
## 8.2 日常活动的多维情境路径 ... 111
### 8.2.1 基于企划的日常活动分类体系 ... 111
### 8.2.2 多维情境路径的可视化 ... 114
## 8.3 多维情境路径的应用研究 ... 119
### 8.3.1 家庭分工、日常活动模式及其社会影响 ... 119
### 8.3.2 日常活动模式与家庭能源消耗 ... 121
## 8.4 活动的复杂情境研究展望 ... 122

# 9 活动的地方秩序 ... 124
## 9.1 活动的地方秩序嵌套 ... 125
### 9.1.1 活动的地方秩序 ... 125
### 9.1.2 企划与活动的地方秩序的关系 ... 126
### 9.1.3 活动的地方秩序嵌套 ... 126
## 9.2 地方秩序的形成与表达 ... 127
### 9.2.1 地方秩序形成中的基本事件 ... 127
### 9.2.2 三种常见的地方秩序 ... 128
## 9.3 城市系统的地方秩序分析 ... 129
## 9.4 生产活动的地方秩序分析 ... 133
### 9.4.1 挤牛奶活动的地方秩序透视 ... 134

　　　　9.4.2　汽车生产活动的地方秩序透视 ················· 135
　9.5　活动的地方秩序嵌套研究展望 ················· 137

# 10　时间地理学的国际传播及学科影响 ················· 139
　10.1　时间地理学的国际传播与发展 ················· 139
　　　10.1.1　时间地理学在瑞典 ················· 140
　　　10.1.2　时间地理学在北美 ················· 142
　　　10.1.3　时间地理学在日本 ················· 144
　10.2　时间地理学的学科影响 ················· 147
　　　10.2.1　在城市与区域规划中的应用 ················· 147
　　　10.2.2　对交通行为研究的影响 ················· 150
　　　10.2.3　对女性地理学研究的影响 ················· 152
　　　10.2.4　时间地理学与社会理论 ················· 155

# 11　时间地理学在中国的引入与发展 ················· 159
　11.1　时间地理学的引入 ················· 159
　　　11.1.1　初识时间地理学 ················· 159
　　　11.1.2　初步应用时间地理学 ················· 160
　　　11.1.3　全面应用时间地理学 ················· 161
　　　11.1.4　走向新时间地理学 ················· 161
　11.2　时间地理学的理论研究 ················· 161
　　　11.2.1　时间地理学的理论阐释 ················· 161
　　　11.2.2　与生命历程理论的结合 ················· 162
　11.3　时间地理学的实证研究 ················· 164
　　　11.3.1　时间地理学的空间结构研究 ················· 164
　　　11.3.2　时间地理学的生活方式研究 ················· 165
　　　11.3.3　时间地理学的社会空间研究 ················· 172
　　　11.3.4　时间地理学的国际比较研究 ················· 173
　11.4　时间地理学的应用研究 ················· 174
　　　11.4.1　智慧出行规划应用 ················· 174
　　　11.4.2　城市社会感知与诊断 ················· 175
　　　11.4.3　城市社区生活圈规划 ················· 175
　　　11.4.4　旅游时间规划 ················· 176
　11.5　中国时间地理学的未来 ················· 176

## 12 时间地理学展望 ...... 179
### 12.1 理论创新展望 ...... 179
#### 12.1.1 跨学科应用推动理论创新 ...... 179
#### 12.1.2 新时间地理学的中国本土化创新 ...... 180
### 12.2 研究前沿展望 ...... 181
#### 12.2.1 时间地理学与社会持续性 ...... 181
#### 12.2.2 时间地理学、新技术与社会变革 ...... 184
#### 12.2.3 时间地理学与健康生活方式研究 ...... 186
### 12.3 规划应用展望 ...... 187
#### 12.3.1 基于时间地理学的社区生活圈规划 ...... 187
#### 12.3.2 基于时间地理学的城市生活时间规划 ...... 188
### 12.4 国际合作展望 ...... 189
#### 12.4.1 推进时间地理学者传承培养与交流合作 ...... 189
#### 12.4.2 推动时间地理学全球创新应用的国际比较研究 ...... 189

## 参考文献 ...... 191
## 图片来源 ...... 219

# 1 绪论

## 1.1 时间地理学概述

时间地理学是由瑞典著名人文地理学家托斯特·哈格斯特朗（Torsten Hägerstrand）于20世纪60年代末正式提出的。它既是一种认识人类空间行为及其制约机制的方法，也是理解自然—社会—科技关系的综合世界观。

时间地理学围绕"时空间"（Space-Time）、"个体的不可分割性"（Indivisible Individual）、"制约"（Constraints）等构建了人类行为的基本假设与制约机制，并提出三大制约——"能力制约"（Capability Constraints）、"组合制约"（Coupling Constraints）、"权威制约"（Authority Constraints），同时不断发展路径（Path）、棱柱（Prism）、企划（Project）、活动的地方秩序嵌套（Pockets of Local Orders）等概念和相关符号系统，构建出一套细致刻画时空间中个体行为的微观过程、帮助理解个体行为发生的微观情境、行为—环境之间作用机制的分析方法。

时间地理学奠定了时空间行为研究的方法论基础。自20世纪60年代中期以来，哈格斯特朗及其领衔的瑞典隆德大学时间地理学团队将时间地理学的思想与方法广泛应用于瑞典城市与区域规划实践，开创了著名的隆德学派（Lund School）。

从地理学学科发展过程看，时间地理学的思想与方法源于哈格斯特朗对地理学计量革命的反思。他对科学主义影响下过分追求"放之四海而皆准"的人类行为"空间法则"的地理学研究范式感到不满，并提出正面研究人类行为微观情境和时空过程的重要性，强调必须构建微观行为与宏观汇总模型之间的桥梁。在当时那个年代，时间地理学关于"时空间整合"、追逐"过程性"、强调"不可分割的个体"等观点以及符号系统让人耳目一新，对人文地理学研究也具有极大的挑战性。

哈格斯特朗本人是计量革命时期的先锋人物，其创新扩散模型至今仍对空间扩散的模拟产生深远影响。那么，他的研究兴趣为何会发生转移？为何时间地理学成为他20世纪60年代以来不懈探索的学术方向？时间地理学究竟是一种什么样的理论方法？哈格斯特朗创立它的初衷及其发展方向是什么？

从本质上看，哈格斯特朗（Hägerstrand，1985，2004）说过："时间地理学本身不是特定的学科领域，也不是一般意义上的理论，而是一种理论构建之前的世界观，是一种思维方式，为新理论的构建提供一个全新的分析框架。"隆德学派核心成员布·雷恩陶普（Lenntorp，1999，2003）也认为，时间地理学应该被看作理论构建的基础，它不归属于特定理论，其概念体系和符号系统有助于为重新表述旧理论和提出新理论提供有价值的基础。

那么，时间地理学思想有什么特点呢？

首先，它强调地理综合视角，并试图为开展地理综合研究提供基础。人类生存的环境中共同存在着其他人和事物，共同构成人们行为的整体场景。在分析人类行为的时候我们无法将其所处的环境进行分割、分类以及孤立，而是要考虑到这些共存的人与事物之间的联系以及其与人类活动的相互影响。因此，时间地理学首先强调地理综合，注重揭示区域共存事物之间的联系，这种由于地理共存形成的复杂联系构成人类行为的重要情境。

其次，它强调时空过程性。这也是时间地理学最具特色的地方，即强调时间和空间的整合以及时空过程的重要性。时空间的概念，并不简单等同于将时间维度加上空间维度，不简单等同于标志事物位置的坐标，而是看到时间与空间紧密嵌套的本质。没有事物占据了空间而不消耗时间，也没有事物消耗了时间而不占据空间。时空间不是容器，而是充满了所有事物；事物只要存在便始终占据空间、消耗时间。时空间对其而言是资源，具有排他性。任何事物的过去、现在、将来都动态联系起来。随着现在时刻的推移，将未来永不停歇地转变为过去，任何事物都存在于动态变化的时空过程中。因此，活动的序列（时空过程）也构成人类行为的重要情境。上述两个情境——地理共存和时空过程，共同支撑时间地理学发展成为"情境视角"或"情境理论"（Contextual Theory）。在时间地理学的核心概念和符号系统中，上述两个方面的情境分析构成其重要的内容①。

最后，它强调人类活动的物质性（Corporeality）基础，与行为论方法截然不同。哈格斯特朗虽然认可行动者能动性的重要性，但更加坚信行动者本身是物质与意义的统一体。行动者的身体是由物质构成的，而其内在主观意图的实现必须依赖于其身体及其所处的物质环境。也就是说，人类的意图行为能否成功，在很大程度上取决于外部客观物质环境的配置，这是不以人的意志而改变的。因此，才会出现人类意图行为的意外后果，产生人类活动对地理环境的负面影响（Hägerstrand, 1985）。无论科技如何发展、社会与生态系统如何变革，人类行为都无可避免地受到世界物质基础的制约。可见，研究人类行为的制约机制及其环境后果是时间地理学的初衷与发展方向。同时，对于人类活动物质性基础的强调，构成了时间地理学关于人类活动的根本假设与制约原则的思想基础。

总之，时间地理学是哈格斯特朗关于"技术—自然—社会"全生态世界观（All-Ecological World View）的集中体现，试图构建起一套概念体系和符号系统，从时空过程视角将不同学科领域及日常现实中诸多知识和经验进行整合，从而构建跨学科的分析平台（Lenntorp, 1999, 2004a）。

## 1.2 时间地理学的概念体系

时间地理学的理论体系包括思想基础（本体论）、概念体系和符号系统。上一节中，我们对时间地理学的思想核心进行了简要介绍，包括地理综合、时空过程性、物质性基础三个方面，它们共同构成了时间地理学的本体论基础。在此基础上，哈格斯特朗提出研究时空中人类活动的根本假设以及制约原则。

哈格斯特朗进一步构建了一套分析微观个体时空行为的概念体系与符号系统。群体（Population）、路径（Path）、棱柱（Prism）、企划（Project）、活动的地方秩序嵌套（Pockets of Local Orders）等构成了时间地理学中的五个核心概念（Hägerstrand, 1985）。它们相互联系，共同体现了时间地理学的本体论与世界观。这些概念体系分别从不同侧面揭示了人类行为及其对自然与社会影响的微观过程，反映出时间地理学内在的演绎思维，即如何从格局向过程、从空间到时空、从外在到内在、从过去面向未来、从个体到汇总的演绎过程。

路径是有形物体在时空间中的连续运动轨迹，它记录着演员在不同场景中的活动序列——是已经发生的活动序列。在个体路径的符号系统中，它始终沿着时间轴向上运动，是永远连续的、不可分割的。路径追随时间变化，将过去、现在及未来紧密联系起来，有助于研究变化和动态性。借助个体路径，研究者们可以同时观察研究对象在时间和空间中的变化，能够将日常生活中烦琐复杂却被认为习以为常的细节进行简明直观的图示化表达，其符号系统令人耳目一新。路径是时间地理学中最能体现时空过程性且应用最为广泛、最具代表性的概念和符号系统。总之，路径为分析特定事件发生的时空情境、环境对人的行为的作用机制提供了基本工具，我们可以借助路径来表达事件发生的过程，以及不同个体路径在特定时间、地点形成组合（活动束）的过程。

然而，路径的概念也存在一定的局限性，它只是时间地理学时空过程思想的产物之一，但由于过分简化和抽象，无法表达出共存关系和时空过程的全部内容，难以用路径来揭示个体生活及社会转型变化背后的作用机制。总的来说，时间地理学的符号系统是时间地理学思想和世界观的产物，但并不等同于其全部。路径的概念和符号系统是为了同时追踪时间维度和空间维度上个体运动过程的工具。虽然符号系统成为时间地理学的标志，但其背后的本体论更为重要（Lenntorp，1999）。

路径描述的是已经发生的活动和事件，而棱柱则基于当下而面向未来，给出了一定条件下未来路径的可能方向。制约机制会通过影响棱柱的形态来对未来可能的路径进行约束。因此，棱柱揭示了制约机制下未来行为的可能性，而非真实行为本身。棱柱的概念提醒我们，无论社会如何变化、技术如何进步，社会的物质性基础会对人类活动形成制约。

棱柱概念和符号系统为开展基于个体的时空可达性计算奠定了理论基础。并且，由于它揭示的是未来可能的行为，无需在现实中进行检验，有非常广泛的应用。路径和棱柱概念得以广泛应用，尤其推动了交通出行研究中活动分析法的发展，使得交通出行需求研究从单纯对出行的关注转向对个体活动与出行连续序列（活动链）的分析。个体可达性不仅是可能的出行，而且应该是在考虑了特定地点、开放时间、制度规定等约束条件下可能开展各种活动的可能性（Lenntorp，2004a；Ellegård et al.，2012）。

20世纪70年代，时间地理学在瑞典的城市与区域规划中得到了广泛的应用。应用多基于路径及其符号系统分析不同人群的日常生活时空模式，并借助棱柱模型来模拟设施的时空优化配置，拟通过调整物质空间布局和设施运行时间等来减少日常活动的时空制约、增加可能的活动机会。因此，时间地理学早期的应用更加关注物质"场景"和外在的行为结果，这也遭到了来自学科内外的批判——时间地理学偏重于物质主义、物理主义，忽略了时空路径背后个体的主观能动性，没有考虑人们的情感、经验、期望、目标等主观因素（Lenntorp，1999）。

当然，时间地理学也在批判中不断得到完善与创新发展。例如，企划的概念更加强调有意识的、目标导向的任务。企划类比于舞台中演员们所扮演的角色，角色体现为不同的任务，需要通过具体的活动来完成；角色影响演员个体路径的走向，是演员在不同场景中开展活动的内在逻辑。企划可以是微小的、短期的，也可以是长期的、宏大的。企划是面向未来的，可能成功也可能失败；企划之间可能存在竞争，也可能相互包含。很多外部状况都会导致企划失败，比如在特定企划实施过程中缺乏能力或缺少相应的资源。因此，企划的成功实现必须依赖于建立特定的地方秩序口袋。一旦建立了恰当的地方秩序口袋，便可以在其中协调资源和权力，保障特定资源、人、物等在特定时空中能够成功地组合（Coupling）在一起，从而确保企划的成功实现。反之，如果在特定口袋中没能建立相应的秩序，因缺少相应的能力或资源，便会产生制约，从而阻碍企划的实现。

另外，地方秩序口袋也是后期时间地理学不断完善的概念之一。地方秩序口袋对应于活动及角色扮演所处的舞台场景，它不仅由许多物质实体构成，例如自然山川湖泊、矿产资源以及其他人造物，如建筑、道路、机器、工具等；而且包括了舞台中的其他演员，他们也是场景中的一部分。人们几乎所有的活动都需要特定的地方秩序来保证其顺利开展。活动的地方秩序一方面包括有着特定设施的时空间，另一方面包括正式或非正式的规定/规则系统。这些规则系统不仅管治本地的地方秩序口袋，而且与外部活动相关联。活动的地方秩序的构建、维持与重构体现了个体与个体、个体与组织以及组织与组织之间的权力关系。个体日常活动在不同的地方秩序口袋中移动，但对不同地方秩序口袋的控制能力是不同的，低等级的地方秩序会服从高等级的地方秩序，体现出活动的地方秩序的嵌套。总之，地方秩序口袋是特定企划实现的必要条件，这两个概念密不可分。这两个概念体现了时间地理学地理综合的研究视角，聚焦区域/地方中共存事物之间的联系，并将演员、角色、场景三者整合起来进行研究。

综上，在时间地理学概念体系中，路径和棱柱是时间地理学早期发展起来的重要概念，其符号系统成为时间地理学的重要标志，为人文地理学和其他社会科学中的时空间整合研究提供了一套崭新的方法和工具。然而，它们并不能代表时间地理学的全部内容。由于这些经典时间地理学的概念与表达过分抽象、简化，以及当时规划应用的目标主要是物质空间规划，因此，早期的时间地理学更加侧重于戏剧的物质"场景"。后期不断发展完善的新时间地理学提出了企划与活动的地方秩序等概念，更加侧重于诠释舞台中角色与活动的实现过程，同时包括物质性基础的制约与社会规则、权力关系等社会文化因素对个体行为的影响。并且，这两个概念在一定程度上回应了时间地理学物理主义、机械主义等的批判。

正是因为这两个新时间地理学核心概念的存在，个体是有内在预期、目标计划的个体，路径的走向并不是随机、毫无方向性的，企划影响着路径的走向，而社会也是由不同个体与组织企划实现中的权力关系而形成的结构。当然，时间地理学中的企划也并非像行为主义地理学者所倡导的那样，完全体现了个人偏好与选择，企划的实现也受到客观环境的制约以及社会权力关系的制约。企划体现了时间地理学对个体行为的时空过程内在机制的解读，企划与活动的地方秩序体现了时间地理学对社会系统中区域共存关系的整体性及地理学区域的综合分析，它们共同表达着时间地理学的核心思想和世界观。

## 1.3 时间地理学的发展阶段

时间地理学思想起源于 20 世纪 40 年代，正式提出于 60 年代末，60—70 年代被广泛应用于瑞典城市与区域规划实践而蓬勃发展，并逐步向美国、日本、荷兰、中国等国家扩散与传播。以哈格斯特朗 1970 年的经典论文《区域科学中的人》（*What about people in regional science?*）为里程碑，以路径和棱柱的概念与符号系统为标志，强调个体不可分割性、时空过程及制约机制是经典时间地理学的特色。进入 20 世纪 60—70 年代，哈格斯特朗及其领衔的瑞典隆德大学时间地理学团队积极参与瑞典城市与区域规划，将时间地理学思想创新性地应用于规划研究，并且这些跨学科的规划应用与实践进一步推动了时间地理学概念体系与符号系统的形成与完善。20 世纪 90 年代以后，时间地理学与地理信息系统（GIS）技术的结合，推动了它在更多研究领域的实证研究。总之，自 1970 年以来的半个多世纪，经典时间地理学对交通出行研究的活动分析法、日常生活的地理学研究和城市活动系统等产生了深远的影响。

20 世纪 70 年代中后期以来，经典时间地理学与地理学内部的不同流派以及社会理论不同学派之间的对话持续不断，学科内外的交流与争鸣、批判和误解进一步推动了时间地理学理论体系的完善。为应对"物理主义""机械主义"及忽视个体主观方面等的批判，哈格斯特朗在 20 世纪 80 年代不断发展和阐述"企划""活动的地方秩序"等概念，不断完善对人类活动的时空过程与微观机制的系统阐述，并在 1985 年的论文中系统阐述了包括群体、路径、棱柱、企划、活动的地方秩序嵌套等核心概念的时间地理学理论体系，深入阐述了概念与符号系统背后的本体论认识，即坚持世界物质性基础的全生态综合世界观。此时，时间地理学理论体系已得到创新并走向成熟，开启了新时间地理学时代。然而，相比于经典时间地理学，哈格斯特朗后期发展的新时间地理学并没有引起学界的更大反响②。

凯萨·埃勒高（Kajsa Ellegård）是时间地理学承上启下的关键人物③，也是新时间地理学的领军人物，特别突出体现在新时间地理学的理论思考和应用研究中。在瑞典城市化水平达到高级阶段，进入后工业化社会、信息化社会以来，凯萨围绕产业结构调整和生活方式变革，从居民日常活动出发，借助时间地理学方法开展了一系列创新应用，进一步发展了新时间地理学中关于企划、活动的地方秩序嵌套等概念和符号系统，丰富和完善了时间地理学过去—现在—将来、主客观结合、个体社会结合、从企划到路径再到企划的行为决策闭环系统。她对瑞典奶制品生产、汽车制造等生产系统、家庭分工与性别差异、家庭资源能源利用等进行研究，运用新时间地理学企划和地方秩序等概念对个体日常活动系统与宏观社会变革进行解释，并构建了基于企划的活动系统、多维情境活动路径的概念和可视化分析工具，丰富和发展了新时间地理学的理论与方法。

此外，凯萨对推动时间地理学的全球传播与创新应用有重要影响。自20世纪90年代起，她在瑞典发起并持续每年举办"时间地理学日"；近十多年来，她在美国地理学家协会年会上持续召集时间地理学专题研讨会；自2014年起，她发起并持续每两年召开一次时间地理学国际学术研讨会④、创建时间地理学国际研究网络，并持续举办时间地理学博士生高级研究班。这些学术活动业已成为时间地理学国际研究网络中的品牌活动，对推动时间地理学的全球传播与跨学科创新应用发挥了巨大作用。

2019年秋，由凯萨撰写和主编的两本时间地理学著作隆重问世。《时间地理学：概念、方法与应用》（*Thinking Time Geography：Concepts, Methods and Applications*）与《全球背景下的时间地理学：论文集》（*Time Geography in the Global Context：An Anthology*）分别系统论述了新时间地理学的完整理论体系与应用创新，以及时间地理学的国际传播与创新发展，已成为时间地理学具有划时代意义的经典著作。

20世纪80年代末至90年代初，时间地理学由北京大学柴彦威引入中国，此后他持续开展中国城市时空行为的实证研究与规划应用探索。改革开放与市场化转型推动了中国城市社会与空间的激烈重构，时间地理学方法为研究中国城市空间与居民行为的互动过程与机理提供了独特的方法。在以人为本、精细化管理的城市规划研究转型的背景下，以时间地理学为基础的时空行为与规划研究也越来越多地得到多学科的关注，基于行为的城市空间与规划研究范式正在形成。

## 1.4 本书内容框架

本章概述了什么是时间地理学、在本体论与方法论方面有何特点，以及其主要内容、发展阶段、核心特征等，希望能通过阅读本章即可简要全面地了解时间地理学方法，同时也希望能让读者对时间地理学的理论体系与发展逻辑产生更大的兴趣。

本书后面的内容将主要循着横向和纵向两条线索来展开。首先，在第1章绪论的基础上，第2章进一步详细介绍了时间地理学的思想起源和萌芽发展的过程。以时间地理学创始人哈格斯特朗本人的学术路径转型，透视时间地理学起源的学术背景和现实背景。时间地理学从20世纪40年代的思想起源至1969年的正式阐述，经历了相对比较漫长的萌芽时期。在这个过程中，正逢瑞典城市化快速发展，哈格斯特朗及隆德大学时间地理学团队经历了瑞典从传统乡村社会向工业化、现代化城市社会的宏大转型。时间地理学的思想起源于20世纪40—50年代哈格斯特朗关于人口迁移和创新扩散的科学研究，60年代中期以来哈格斯特朗及隆德大学时间地理学团队积极参与瑞典的城市与区域规划研究，在诸多的规划应用中进一步发展时间地理学的核心概念和符号系统。可以说，时间地理学是伴随着时代变迁而不断发展的。隆德学派基于时间地理学的规划研究是经典时间地理学的辉煌时代，它对于当今正处于城市化快速发展的中国，仍然具有非常大的借鉴意义。

第3章对时间地理学思想与概念体系进行了系统介绍。这一章对时间地理学思想的三个特点，即"综合生态世界观""紧密嵌套的时空""物质主义的本体论基础"的理论形成过程和内涵进行了深入解说。这些都是奠定时间地理学强调制约的行为观的理论基础，有助于我们理解为什么在计量革命后期的行为革命中，时间地理学选择了一条与当时主流的行为论方法截然不同的道路，有助于我们理解哈格斯特朗如何看待行为论方法所提倡的个体偏好、选择与决策的心理过程，以及为何坚持物质性基础与制约机制的观点。我们相信，通过第3章的阅读，更能深刻理解时间地理学方法与行为论方法的异同。这一章紧紧围绕时间地理学概念体系进行阐述。从个体和社会的角度看，哈格斯特朗强调微观个体，但最终目标是透过个体来理解社会系统结构；他提出了一套从微观个体粒子运动来构建社会网络结构的时空过程研究的概念体系和方法。可以说，时间地理学的出发点在个体，而落脚点在区域综合和社会系统。从时空过程的角度看，时间地理学构建了一套整合过去、现在、将来的行为分析方法，路径描绘过去和现在、棱柱模拟测度未来。从主观和客观来看，时间地理学通过对企划的阐述，在物理主义的外观之下为主客观结合保留了未来发展空间。

时间地理学是不断发展创新的方法，经典时间地理学和新时间地理学是两个主要的发展阶段。在时间地理学的概念体系中，路径和棱柱更多体现了经典时间地理学的特色，而企划与活动的地方秩序嵌套则可以说是新时间地理学的发展重点。因此，在接下来的两章，我们先分别展开介绍经典时间地理学的两个核心概念——路径和棱柱。

第4章介绍了路径及其符号系统。路径集中体现了"个体不可分割性"、时空过程的连续性等时间地理学对人类行为的根本假设。时空间中个体路径的符号系统能够同时对个体活动连续时空过程进行直观刻画，把纷繁细碎的日常生活用简明化的方式展现出来。尤其是在规划应用中可以让不同学科的学者、规划师及政策制定者能够直观地看到在物质实体空间之上的行为空间、活动—移动系统，并同时展现出时间和空间两个维度上的变化。从这个意义上说，路径及其符号系统搭建起一个跨学科研究时空行为的工具，为发现和提出研究问题、发展和构建理论性解释提供了平台。因此，路径成为经典时间地理学的标志，也是应用最广泛的概念和工具。在这一章中，我们展开介绍个体路径概念及符号系统形成发展的过程，以及基于个体移动定位数据、结合GIS三维可视化技术对个体路径的应用，最后讨论路径及符号系统在时间地理学理论体系中的意义及未来发展方向。

第5章是制约与时空棱柱。在本体论和认识论层面，制约是时间地理学对人类行为理解的基本视角，体现它强调人类活动和社会系统的物质性基础作用的本体论思想。时间地理学明确提出了人类活动所受到的三大类制约，本章对此进行了系统解说。在方法论层面，雷恩陶普发展了棱柱模型，并对特定制约条件下未来可能的路径范围进行了测算与模拟，而制约通过影响时空棱柱的形态（大小和方向）来影响未来可能的路径范围。在雷恩陶普的时空路径可替代计算机模拟模型中，制约被抽象为距离和时间因素，从而对未来可能的活动计划数量进行模拟，并在区域交通设施布局中进行应用。棱柱模型丰富了交通出行关于可达性的研究，尤其是从基于地点的可达性拓展到基于人的时空可达性。可达性的内涵不再局限于出行距离或时间，而扩展为特定时空条件开展各种活动的机会。尤其是在20世纪90年代后期，随着GIS技术的发展，基于时间地理学的时空可达性模型在GIS中得以实现，活动空间模型、潜在活动路径面积等成为城市与交通研究中重要的研究工具，进一步揭示出性别、出行方式等带来的社会隔离、社会公平问题。最后本章也介绍了进入信息化社会后现代通信技术在日常生活中的广泛使用，尤其是在流动性显著提高以及空间（距离）因素对行为限制放松等新背景下，时间地理学提出的制约规则是否依旧适用？哪些方面可能发生变化？未来如何应用时间地理学方法开展信息与通信技术（Information and Communication Technologies，ICTs）影响下的日常生活转型研究？

第 6 章是从经典时间地理学到新时间地理学，再次强调时间地理学的新发展与新应用。时间地理学的基本思想与概念体系基本上在哈格斯特朗时代已经搭建完成，并不断走向成熟。新时间地理学不是反对经典时间地理学，而是对经典时间地理学的不断发展与创新应用。但为何又要冠名"新"时间地理学？经典时间地理学和新时间地理学所处的时代背景和学科背景不同，反映了时空间行为研究的内在转型。新时间地理学进一步推动了行为研究从"空间中的行为"向"时空间中的行为"转向，并在经典时间地理学的基础上发展了企划、活动的地方秩序等重要概念，完善了"过去企划—过去活动—未来企划—未来活动"的过程视角对时空间行为过程及其微观机理的解释，并发展出基于"企划—活动"系统的多维情境活动分析方法及其可视化工具。此外，新时间地理学也更新了我们亚洲地理学者对时间地理学的理解和认识（柴彦威等，2016）。在第 6 章帮助我们建立起新时间地理学的认识以后，接下来的三章继续对新时间地理学的概念和符号系统以及创新应用给予具体介绍。

第 7 章系统介绍了时间地理学中的企划。作为时间地理学的五个基本概念之一，企划并没有得到与路径、棱柱、制约等同等的关注度。然而，时间地理学中的企划概念非常重要，它将个体行为的"主观"与"客观"方面进行了统一，实现了"个体"与"社会"的统一，实现了"长期"与"短期"的统一，是整个时间地理学理论框架的核心。换言之，如果不了解企划的概念及其内涵，那么对时间地理学的理解是片面的，甚至可能是有误解的。第 7 章从企划与活动的关系、企划的内涵与意义、个体企划与组织企划的交织等方面对企划及其应用展开论述。

第 8 章是复杂情境中的日常活动，特别体现了时间地理学"情境理论"的特色，反映了时间地理学对日常活动的深刻理解。并且，对日常活动复杂情境的定义和分析方法，也是新时间地理学对经典时间地理学的创新发展。回顾经典时间地理学的发展，个体路径及其符号系统由于过于抽象简化，从形式上把复杂的日常活动抽象成一条在三维时空立方体中的轨迹。尤其是随着移动定位技术的进步和大数据采集技术的发展，所有人和物都可以在时空坐标中表达为轨迹。借助 GIS 时空分析方法，很多研究热衷于对大规模个体轨迹的时空模式进行挖掘，从而探究行为规律。诚然，个体路径模型及 GIS 三维可视化对于描述和发现研究问题发挥了独特的作用，但是路径背后的丰富情境信息往往被忽略。这一章对企划情境、日常情境、地理情境、社会情境、技术情境等多维情境下的新时间地理学方法进行了介绍，从本质上说，它是对过去过于抽象的个体路径进行还原，在多维情境中理解人类活动的发生过程与机制。在这一章中，我们也将介绍新时间地理学关于多维活动路径的可视化方法与工具，以及它在具体研究中的应用。

第9章展开介绍了活动的地方秩序嵌套[5]。哈格斯特朗最想表达出在一个有明确边界的区域中，相对于行为主体的个体而言，与之共同存在的其他个体、组织和事物等都是相互联系的，尤其在个体实现特定企划的过程中会有意或者无意构建起一套地方秩序，会知道何时何地可以与何种资源组合起来，以此来克服制约，并帮助其实现企划。这套地方秩序能否成功建立本质上取决于个体与其他个体、组织之间的权力关系，体现了个体的能力与资源。早期哈格斯特朗曾用"图式"（Diorama）来隐喻诸多个体地理共存而形成的"场景"，场景之于演员和角色，强调的是演员角色扮演、开展活动的背景，强调的是发现地理共存之间的复杂联系。然而，这个概念相对于活动的地方秩序而言，缺少了对主体性的强调。具体而言，同一个"场景"在不同时间点上形成的秩序不同，从而呈现出动态性和过程性。同时也缺少了同一个"场景"因行为主体的不同而形成的不同秩序，体现出个体对"场景"的利用方式的不同。因此，哈格斯特朗后来便放弃了图式的概念而提出地方秩序来表达综合生态世界观。为了更好地表达出这个概念背后所体现的个体活动对空间的利用的主体性，可以称之为"活动的"地方秩序。同时，为了体现出地方秩序背后的权力关系所呈现的等级体系和嵌套关系，即低等级的权力机构会服从高等级的权力机构所构建的地方秩序，该概念又被发展成为活动的地方秩序嵌套。

以上九章，我们纵向地回顾了时间地理学的发展历程并介绍了主要内容。从第10章开始，我们将横向地来看待时间地理学在不同学科、不同国家和地区的传播与影响。

第10章介绍了时间地理学的国际传播及学科影响。时间地理学起源于瑞典，在过去半个世纪在欧洲、北美洲以及亚洲的日本、中国等国家和地区扩散传播。循着时间地理学在时空的传播路径，通过梳理时间地理学在北美洲、东亚、欧洲等传播发展的简要历程、代表性的研究等，展现时间地理学全球传播的现状特点和不同地区创新发展的特色。在学科影响方面，首先是经典时间地理学对瑞典城市与区域规划所产生的重要影响。可以说，时间地理学自诞生之初便有着非常强的规划应用倾向。隆德学派的研究向我们展示了时间地理学从日常活动出发理解城市活动系统，将个体/家庭时空需求与服务设施的时空供给相匹配。基于棱柱模型，通过调整物质空间来改变制约条件从而提高未来活动可能性、面向居民行为需求的规划应用潜力。其次是时间地理学成为交通出行研究领域活动分析法的摇篮，对于理解日常生活、理解交通、理解城市空间有着深刻的影响。再次就是时间地理学对时空 GIS 技术发展的影响，GIS 与时间地理学的结合大大推动了时间地理学在时空行为研究中的应用热潮。最后介绍了时间地理学对女性研究的影响。

此外，时间地理学也在地理学社会化与社会学空间化之间架起了一座桥梁，启迪了社会学家安东尼·吉登斯（Anthony Giddens）的结构化理论等。时间地理学的跨学科传播也渗透到职业疗法（Occupational Therapy）等康复医学领域。借助时间地理学日志调查方法和新时间地理学多维情境分析，职业治疗师们从患者及家人的日常生活入手，对日常生活方式进行反思，引导其调整生活方式从而达到治疗或者预防、干预的目标。总之，时间地理学在相关学科的传播和影响，更加印证了哈格斯特朗创立时间地理学的初衷，即构建一套时空间整合的分析框架，整合不同学科对人类活动与环境互动的碎片化的认识，帮助修正原有理论或提出新理论。

第 11 章在第 10 章的基础上进一步聚焦时间地理学在中国的引入与发展过程，并全面梳理时间地理学方法在中国城市地理研究中的具体应用，以及在城市规划与管理方面的应用前沿。这一章以作者柴彦威东渡日本留学的亲身经历，从个人学术路径的视角来回顾时间地理学引入中国的过程，以及与日本时间地理学发展的深厚渊源，更透视出 20 世纪 80—90 年代中国人文地理学恢复振兴的发展过程。自时间地理学被引入中国以来，它深刻地影响着中国城市时空行为研究网络与研究范式的形成与发展。首先，介绍了中国时间地理学研究的不同发展阶段，总结了每个阶段的特征。其次，在实证研究方面，围绕中国城市转型过程中居民日常生活方式的变化，应用时间地理学方法描绘和比较单位时期和转型期中国城市居民日常活动的时空特征，透视中国城市空间结构的演变过程。将时间地理学方法应用于描绘不同城市群体的日常活动时空特征，从时空行为的角度研究中国城市社会分异现象。再次，在理论创新尝试方面，探索性地将时间地理学方法与生命历程理论相结合，试图从个体生命路径来透视市场化转型宏观过程对个体生活经历的影响。最后，在规划应用方面，从智慧出行、城市体征诊断和生活圈规划等方面概述时间地理学方法在中国城市智慧社区规划方面的应用探索。

第 12 章分别从理论发展、研究前沿、规划应用等方面对时间地理学未来发展方向进行展望，对时间地理学在中国城市研究中的创新应用进行展望。

**第1章注释**

① 哈格斯特朗所处的时代，自然科学和社会科学的主流研究仍然过分强调学科分化、知识细分，根据相似性原则将研究对象进行细分与归类，他称其为构成性理论（Compositional Theory）。而哈格斯特朗认为，对于任何现存或存在的事物都不能脱离其特定的环境而孤立地、实验性地来进行研究。因此，揭示关系，尤其是揭示特定区域和地方中共同存在的诸多事物之间的联系，对于理解人类活动与人地关系至关重要。总之，时间地理学采用的是与构成性截然不同的视角，属于情境理论。

② 这其中原因与瑞典整个社会发展阶段的现实背景转变、地理学学术思潮转变以及哈格斯特朗退休及辞世等都有关。一方面，这一时期哈格斯特朗对时间地理学理论体系的完善更多侧重于本体论、认识论等层面的哲学思考，强调"自然—技术—社会"相互作用下的人类活动对生态环境的影响，同时通过发展企划、地方秩序嵌套等概念来完善时间地理学对时空行为解释的理论欠缺，多停留在理论分析和以自己的生活经历进行举例阐述，而少有具体实证或案例研究。因此，在一定程度上可以说在理论和方法论上仍存在一定的断层。另一方面，1982年哈格斯特朗从隆德大学退休。

③ 1982年哈格斯特朗退休，1984年凯萨获得博士学位，并先后在哥德堡大学、林雪平大学任教，开展时间地理学研究。

④ 2014年、2016年分别在瑞典林雪平大学成功举办了第一届及第二届时间地理学国际学术研讨会，2018年在北京大学举办了第三届，原计划2020年在时间地理学的起源地瑞典隆德大学召开第四届，由于新冠肺炎疫情影响，延期于2022年举办。

⑤ 这个术语英文表达是Pockets of Local Orders（后简称POLO），中文直译是"地方秩序口袋"。我们曾在《人文地理》2016年第5期的《"新"时间地理学》专栏论文中将其翻译成"（活动的）地方秩序嵌套"。

# 2 时间地理学的起源

时间地理学是瑞典著名人文地理学家及区域科学家哈格斯特朗开创的一套探究人地关系微观过程的独特方法论。时间地理学的提出，不仅反映了哈格斯特朗本人的学术兴趣转移，在一定意义上也代表了20世纪60年代整个人文地理学研究的范式转型。

哈格斯特朗早期研究人口迁移与创新扩散，在区域科学的定量分析模型等方面取得了重要成就，成为计量革命时期的国际领军人物。时间地理学方法正是源于哈格斯特朗对区域科学中汇总计量模型的深刻反思，通过对区域科学研究中人的基本假设的机械化、个体差异性的忽视以及动态过程刻画的缺失等问题的深入思考，哈格斯特朗构建了"时空""路径""制约""棱柱"等概念以及独到的符号系统，形成了时间地理学的最初理论框架。另外，哈格斯特朗提出的时间地理学思想与方法论，也突破了以往将时间维单向度地内涵于历史地理学的研究范式，开拓了空间维、时间维与个体维相结合的地理学研究新方向。

因此，本章将从哈格斯特朗本人的学术路径转型以及人文地理学研究范式转型的宏观背景等方面来论述时间地理学产生的背景，并以哈格斯特朗早期关于人口迁移的研究为例，详细介绍哈格斯特朗关于人类行为的微观过程的学术探索，进而揭示时间地理学的思想起源。

## 2.1 哈格斯特朗的学术路径及转型

哈格斯特朗（1916—2004）是20世纪瑞典最著名的人文地理学家，也是计量革命时期区域科学的代表性人物，更是时间地理学的开山鼻祖。1916年10月11日，哈格斯特朗诞生于瑞典南部的一个偏远乡村，他的父亲是一名小学教师，他幼年时期住在作为乡村小学的家里，早期的启蒙教育与生活经历对其学术生涯均产生了一定影响。

哈格斯特朗的父亲在乡村小学教授乡土地理、历史及当地民俗，其教授方式受到瑞士教育家裴斯泰洛齐（Pestalozzi）所提倡的"家域研究"（Home-Area Studies）的影响，通过教授孩子们考古学、地质学、本地农业经济等知识以及通过观察事物、绘制地图等，使孩子们对乡土知识及其生活的直接环境形成综合的认识。当时瑞典的教学传统就是以一个特定的区域为对象，进行地图学、地质学、植物学以及农学等多方面内容的综合教学。学生们首先了解其周边环境（比如教室和农场），然后扩大到其村落，进而逐渐扩大到整个地区。因此可以说，少年时期的这种教育培养了哈格斯特朗关于小尺度地域的"综合视角"（Öberg，2005；Ellegård et al.，2012）。

1937 年，哈格斯特朗进入隆德大学地理系学习；1953 年，获得博士学位；1957—1982 年，任隆德大学地理系教授；1982 年退休后，作为名誉教授等仍然活跃在瑞典国内及国际学界；2004 年 5 月 3 日，在瑞典隆德逝世，享年 88 岁。回顾哈格斯特朗的学术生涯，他在地理计量方法与时间地理学中均做出了开创性的贡献。哈格斯特朗早期关于人口迁移与空间扩散的数学模拟对地理计量方法产生了重大影响，使其成为计量革命时期的代表人物，也令其所在的隆德大学与美国华盛顿大学并列成为计量革命的中心。

20 世纪 40 年代，哈格斯特朗研究瑞典南部阿斯比（Asby）教区的人口迁移。1953 年，他完成了博士论文《创新扩散的空间过程》（瑞典语：*Innovations för Loppet ur Korologisk Synpunkt*），研究创新的空间扩散与模拟，将瑞典中部农民对农业新技术的获取用一系列扩散波形进行测度、模拟与表达，并对波形的传递进行绘图、模型化、模拟及预测。1957 年，专著《迁移与区域》（*Migration and Area*）以英文出版（Lenntorp，2004b）。1959 年，受华盛顿大学比尔·加里森（Bill Garrison）之邀，哈格斯特朗在地理计量方法春季研究班上讲授创新扩散模型以及迁移场的构建与分析方法。1960 年，瑞典承办了国际地理学联合会大会，哈格斯特朗在隆德成功主办了以"城市建模"为主题的专题研讨会，并发表了三篇与扩散和模拟相关的论文（Öberg，2005；Lenntorp，2004b）。通过这些国际会议的传播，哈格斯特朗关于扩散的空间模拟研究开始为世界所了解，而隆德大学也逐渐成为青年学者所崇尚的学术圣地。

20 世纪 60—70 年代，一些追随哈格斯特朗的美国青年地理学者来到隆德大学访学，这其中包括著名的地理学家艾兰·普雷德（Allan Pred）和理查德·莫里尔（Richard Morrill）。1967 年，普雷德将哈格斯特朗的博士论文翻译成英文并公开出版（Lenntorp，2004b），该著作遂成为地理学中的经典之作。此后 20 年里，哈格斯特朗关于空间扩散的模拟方法一直对美国地理学界产生广泛影响，诞生了诸多实证及应用研究。尽管与地理学中的其他模型研究一样，空间扩散研究也遭受到严厉的批判，然而，人们无法否认空间扩散过程正是景观变化的本质所在。哈格斯特朗对空间扩散的创新性研究虽然不是景观变化分析的唯一方法，但是是最有力的工具之一（Morrill，2005）。

20 世纪 60 年代末期以来，哈格斯特朗的研究兴趣已经发生了明显转移，在其开创的空间扩散的区域计量分析方法得到不断发展的基础上，新诞生的时间地理学思想与方法正成为哈格斯特朗最主要的研究兴趣。而促使其研究兴趣转移的核心动力，源于 20 世纪 40 年代哈格斯特朗对瑞典南部阿斯比教区人口迁移研究中所产生的一些地理学疑问（Lenntorp，2004b），包括传统地理学研究对于人类活动动态过程性的地图学表现不足，以及以往的以人口迁移为代表的区域科学研究对于个体差异性的忽视。此外，另一个客观因素是，从 1971 年起，哈格斯特朗获得了隆德大学的首席终身教授，并且在瑞典人文与社会科学研究会的资助下，可以全身心投入科研项目，而不用承担教学以及其他日常事务性服务工作，这保证了他有充足的时间和资源实现个人研究兴趣的转移。

1969 年 8 月，在哥本哈根召开的国际区域科学学会第九次欧洲大会上，作为当届会长的哈格斯特朗做了题为"区域科学中的人"（*What About People in Regional Science*）的演讲。次年，该学会的学术期刊上全文刊登了他的演讲稿，引起了国际地理学界的极大反响（Hägerstrand，1970）。这是完整阐述时间地理学思想、概念与方法，并最早以英文发表的经典论文。从某种程度上可以说，这标志着时间地理学的诞生。哈格斯特朗重新审视了"区域科学中的人"，在对关于"人"的基本假设的深刻思考中构建起一套不同于传统区域科学研究方法的概念框架及符号系统。

综上，追溯哈格斯特朗的学术贡献与学术路径，可以明显发现其两大主要研究领域并且存在着明显的学术转型。基于对引用哈格斯特朗经典论文和著作的引文及其互引关系的计量分析发现，哈格斯特朗的学术影响主要存在于三大研究领域：首先是"创新的扩散"，在 20 世纪 60 年代和 70 年代有大量论文为高引论文。其次大概在同一时期，迁移研究成为其另一个主要研究领域。最后哈格斯特朗（Hägerstrand，1970）后期的学术影响则更多地聚焦于"活动、出行与空间"领域，该领域的绝大多数成果都引用了哈格斯特朗的标志性论文。这也表明，时间地理学方法在日常活动与交通出行行为研究中得到了广泛应用与发展，尤其是结合了时间地理学经典符号系统分析方法的最新发展（Persson et al.，2012）。

哈格斯特朗一生致力于在自然科学与人文科学之间的鸿沟上搭建桥

梁，其知识领域不仅囊括了地理学科的全部基础，而且横跨乃至超越了学科边界。他精通多种欧洲国家的语言，不仅享誉瑞典国内，而且在欧洲乃至全球都获得过无数的荣誉。他是瑞典皇家科学院院士，瑞典皇家文学、历史和古迹研究院院士，瑞典皇家工程院院士，挪威和芬兰科学院院士，美国艺术与科学院院士，英国学术院通讯院士，法国地理学会会员。他也是欧洲科学院的开拓者之一，对欧洲科学基金会、国际地理联合会、国际区域科学协会等产生过重要影响；他也曾是欧洲区域科学协会的会长，在经济合作与发展组织（Organization for Economic Co-operation and Development，OECD）、欧洲自由贸易联盟（European Free Trade Association，EFTA）、国际地理联合会（International Geographical Union，IGU）、欧洲科学基金会（European Science Foundation，ESF）、欧洲委员会（The Council of Europe）中担任过要职。他获得过挪威卑尔根大学、挪威特隆赫姆大学、英国布里斯托尔大学、英国格拉斯哥大学、美国俄亥俄大学等的荣誉博士，获得过瑞典、欧洲及美国的许多奖项和荣誉，包括英国皇家地理学会颁发的维多利亚奖章（Victoria Medal）、美国地理学家协会授予的杰出成就奖（Outstanding Achievement Award from the Association of American Geographers），以及具有地理学诺贝尔奖之誉的瓦特林·路德地理学奖（Prix Vautrin Lud）等（Lenntorp，2004b）。

哈格斯特朗被誉为我们这个时代最有影响力的瑞典人文地理学家，也是这个时代国际上最为杰出的地理学家之一，同时也是这个时代最有影响力的思想家之一（Latham，2003）。他独著或合作完成了大约300篇（部）论文和著作，在地理学、社会学、区域科学、规划学及众多人文社会科学领域得以广泛传播，其智慧光辉照耀着全球的人们。

## 2.2 时间地理学起源的个人背景

值得一提的是，时间地理学思想在20世纪40年代起源，却直到1969年才正式提出，经历了一个相对较长的起源和萌芽期。一方面，20世纪50年代瑞典正经历快速城市化，城市公共部门与服务产业快速增长，以应对区域公共服务规划的现实需求，包括哈格斯特朗在内的许多学者们都参与了社会规划研究与实践。这是瑞典人文地理学的特色，直接服务于城市与区域规划政策与实践。20世纪50年代哈格斯特朗培育的第一代学生，绝大多数都进入瑞典规划系统工作且逐渐担任要职，研究团队在一定程度上也面临人才流失。另一方面，20世纪50—60年代正是地理学计量革命的巅峰时代，模型化、理论化是主流。哈格斯特朗也深受其影响，将克里斯塔勒的中心地理论引入并应用于瑞典城镇区划调整，创新的扩散研究也开拓了扩散模型的计量方法。在此后的十多年里，哈格斯特朗的研究成果主要集中在创新扩散的计量方法与瑞典城市化和区域规划研究等方面。

### 2.2.1 哈格斯特朗早期人口迁移研究的启示

哈格斯特朗（Hägerstrand，1953，1957，1967）因研究人口迁移和空间扩散等理论地理学问题而裴声于国际地理学界。而时间地理学的基本构想源于 20 世纪 40 年代哈格斯特朗在其早期的人口迁移研究中所产生的一些地理学疑问（Lenntorp，2004b）。

哈格斯特朗早期关于人口迁移的研究以瑞典东南部的阿斯比教区为案例地区。该区域是一个以林地为资源禀赋的地区，其主要的经济活动是木材和碳的专业化生产。在 19 世纪，该区域经历了人口从瑞典向美国的大规模迁移。与此同时，人们发现这个地区存在很多废弃的房屋，地理学者们想要了解人口迁移的内在驱动力，而常见解释是，由于该地区的土壤肥力低以及较差的耕作条件，迫使大量人口迁往美国谋生，从而形成了大量的废弃房屋。

哈格斯特朗对该地区的人口迁移进行了翔实调查。在妻子的耐心协助下，哈格斯特朗利用各个地区的人口记载资料（比如欧洲的一些教堂对教区内的人口出生、迁移等有比较详细的记录），分析该教区中 1 万人从 1840 年以来长达一个世纪的个人生活史，并手工绘制出每人每年的空间运动轨迹，同时还对该区域的微观个体层面的迁居历程和该地区的迁移格局进行了细致地分析。一些个体在研究案例地区一直没有发生过迁移，而部分个体在区域中发生了多次迁居。因此，如果对各地区进行单独分析，这些迁移人口的去向、迁移原因以及对地区人口结构等方面的影响就会不得而知；并且，对某特定时段进行单独研究也不能说明人口结构的形成原因或进行预测。但当我们追踪人口迁移的路径，并将其在不同地区之间连接起来后，上述问题便不难解决。

哈格斯特朗发现，阿斯比教区的人口迁移过程中存在着一条非常有意思的迁居链和空房链（Ellegård，2018）。首先，根据大量的分析表明，外迁移民并非是由于恶劣的耕作条件而迫使搬迁的低收入群体，因为他们没有经济能力购买迁往美国的船票。相反，外迁移民是经济条件较好的高收入群体，他们发生着由瑞典到美国的主动迁移。同时，对于迁居过程的微观个体分析发现，外迁移民迁移之后，他们居住条件较好的房屋被经济条件更低的中等收入群体所占据，而中等收入群体的住房则被周边生存环境及住房条件更差的低收入群体占据,从而引发了一条住房不断滤上而人口不断滤下的空房链和迁居链。最终,那些被废弃的房屋均位于土壤最不肥沃的地方,并非被外迁移民所废弃。

哈格斯特朗开始研究大量而烦琐的个体数据的初衷在于,他发现如果不考虑个体在特定时间、空间中的活动情境,则很难做出量化、一般化的模型。后来在关于空间扩散过程的分析时,他提出了利用"平均信息场"的工具来构建模型中人与人之间的空间接触(Hägerstrand,1953)。这些研究后来成为时间地理学思想的基石。哈格斯特朗从早期人口迁移和空间扩散研究中得到了深刻的启发,即解释地理现象时理解微观过程的重要性,而传统的地图表达和区域分析仅通过观察不同时间点空间分布格局的变化来解释过程与机制的做法是不足的。因此,哈格斯特朗提出必须研究个体,同时必须注重微观过程,关注个体在时间维度上的连续变化过程。这就形成了时间地理学的思想萌芽。

### 2.2.2 对区域科学研究的理论批判与反思

在早期人口迁移与创新扩散研究中,哈格斯特朗对传统区域科学研究提出几点不满:

第一,忽视了时空中的个体不可分割性。传统空间行为研究将孤立的个体作为研究对象,如人口迁移研究仅关注居住人口,交通研究仅关注通勤人口和通勤行为,商业研究仅关注消费者及其购物行为,旅游研究仅侧重研究休闲人口及其行为。事实上,个体行为是相互关联的,在某个时段是通勤人口,而其他时段亦是消费人口、休闲人口、居住人口等。将个体的不同行为割裂开来分析,忽视行为之间的相互关系,像对待其他物质颗粒一样对待人进行任意分割,则会得出不符合实际的结论(柴彦威等,2008,2013b),研究结果也很难与提高个人的生活质量相结合。哈格斯特朗(Hägerstrand,1970)在1970年的论文中强调"区域科学是人的科学,而非物的科学"。时空中的个体不可分割性,本源上是由于世界的物质本体论所决定的,个体同时开展多个活动或者同时存在于不同的地点的能力有限,使得时空中的个体活动不可避免地受到各种制约,这逐渐形成时间地理学强调制约的行为观及其理论基础。

第二,哈格斯特朗批判了传统的区域科学研究中对个体决策微观情境的差异性的忽视。区域科学的理论构建中存在一个致命问题,即在模拟宏观汇总结果时,并没有对影响个体行为的社会组织方式、技术水平、文化背景等微观层面的制度安排进行明确的描述。但是,个体的微观情境和宏观尺度的汇总结果之间存在着根本的直接联系,如果不清楚个体所处的微观情境便无法得到真实的宏观汇总规律。哈格斯特朗（Hägerstrand，1970）以购物和通勤研究为例进行了说明。在西方的通勤研究中，男性往往是家庭的主要劳动力和收入来源，而不工作的女性主要负责购买食品以及其他家庭生活所需的商品。然而，这只是特定文化地域中、特定时代下的解释。一旦社会规则被重新定义，家庭层面的基本假设发生了变化，这将在很大程度上影响宏观汇总模型的结果。如多中心化背景下的中心地理论、女性就业及双职工家庭增加对交通发生模型等带来的新挑战等都是非常值得研究的区域科学理论问题。

第三，哈格斯特朗对传统区域科学研究中对时间和过程的过分简化表示不满。计量革命时期所追求的空间与模式，实际上在理解个体的生活方面也是极其乏味的与无效的。因此，在20世纪60年代以后由形态向过程转向的学科发展中，哈格斯特朗深度思考了时间与空间的关系，并创新了区域过程的研究。哈格斯特朗认为，区位对于个体而言，不仅具有空间坐标，而且具有时间维度的意义，时间和空间是不可分割的。绝不存在消耗时间而不占据空间，或占据空间而不花费时间的情况。个体在社会生活中承担不同的角色和任务，往往每个任务在时间和空间上都是相互排斥的，因此人们不得不在特定的时间、特定的地点持续一段时间，并且与其他个体或物体发生关联或组合来完成某个任务；而不同的任务会按照不可交换的顺序排列起来。此外，他同时指出，人们无法回避时间的流逝，无法将时间储存起来以后再用。因此，对时间及其本质上所体现出的"过程性"的认识对于理解个体行为的微观情境性至关重要。

第四，哈格斯特朗指出了传统地图是对地理要素静态的、时间截面的表达，而对现实世界中人文现象的地理过程的表达却需要动态化的地图表达方式（Gren，2001）。地图作为地理学家的重要工具，对于刻画地理现象的空间分布格局与结构有着重要的贡献。尤其是20世纪50—60年代的地理学"计量革命"特别强调基于单一地理要素或特定地理现象的空间分布特点（如密度、强度等）进行地理单元的区划。越来越多的地理学者在计量革命时期开始摒弃地理学地域综合研究的传统，"空间"的内涵不同于"地方"，被认为是绝对坐标系下的位置所构成的连续平面，可以根据研究目标而进行任意划分。因此，地理学理论曾经一度被认为是几何学和空间统计性质的空间形态法则。

而相对于相对静态的变化过程、相对比较缓慢的实体空间（物质空间）而言，人类活动空间更加具有惯常性、变化性、复杂性等特点。传统上，我们用地图表述人文现象时不如表示自然现象那样准确，因为人们为了开展各种活动，要在自家、单位、商店、娱乐设施、亲戚朋友家等场所之间不断移动,而我们在地图上表示这些人文现象时大多以居住地的人口分布状况来静态表达。如何把各种相关要素有机、直观地表示在空间和时间轴上,成为哈格斯特朗提出时间地理学框架的朴素疑问。

在计量革命时期,对于人类空间行为关注的焦点在于空间行为的汇总模式,尤其是经济活动的区位、人流与商品流及特殊人文现象在密度或强度上的空间变化。对于空间行为规律的地图学表达往往也更加侧重于对人类有较大的空间位移和方向的显性行为的物理呈现。例如,人口迁移、通勤行为等显性行为得到更多的关注,往往用起讫点连线的长度、方向等图示化来表达移动频率、距离、移动方向等空间格局的特点;节点、路径、区域等可以进一步抽象为地图中的点、线、面等几何要素,来表达要素的空间分布、相互作用、网络结构(模式)、空间等级等特征。

在人口迁移研究中,哈格斯特朗借助生命线的方式,在生命线的基础上增加了地理空间维度,形成了个体路径符号系统的雏形,对1840—1940 年百年间约一万人的人口迁移记录进行可视化,详细分析每个个体在研究期内的迁入、迁出、出生、死亡等重要事件及其生命连续过程。相比于传统时间截面的地图表达而言,生命线非常细致地刻画了区域人口迁移与变化的微观过程与动力,清晰展示了由富裕阶层向美国移民引发的住房过滤与迁居链过程。其后,哈格斯特朗在创新扩散研究中,也借助个体路径来分析在信息场中个体空间交互的时空情境。他坚持认为,区域科学研究必须在微观个体与宏观汇总之间构建桥梁,而个体路径分析及交互分析则是有效途径。

## 2.3 时间地理学起源的学科背景

### 2.3.1 地理学的社会与行为转向

进入 20 世纪中后期,人文地理学在西方国家获得了较快的发展,其研究领域也不再局限于传统的区域研究和空间现象分析,而是深入到社会的各个方面,出现了地理学向社会学转型和渗透的趋势。尤其自20 世纪 60 年代起,地理学以及外部学科逐渐开始对计量革命进行彻底的反思与激烈的批判。人文主义、行为主义、结构主义与后现代化主义等观念不断涌现,西方人文地理学出现了不断多元化的发展趋势(约翰斯顿,2011)。

地理学者开始探索如何研究人及其空间行为,如何通过调节人类活动与优化建成环境而提升生活质量,时间地理学也是在这样的背景下诞生的。哈格斯特朗本人也在这场批判与反思中，逐渐认识到以往大尺度时空汇总行为研究的不足，开始转向对微观个体行为的细致剖析，并逐渐构建了时间地理学的概念体系与符号系统。

20世纪60年代中后期以来，在对计量革命不断地反思与批判中，行为主义脱颖而出，而其主流的关于人的行为理解是行为主义的方法，即借鉴心理学的理论解释人对空间的认知和偏好、选择和决策过程。哈格斯特朗没有选择行为主义的范式，而是另辟蹊径，坚持人类行为的物质性基础和制约的行为观。这是因为哈格斯特朗经历了瑞典从农业社会向城市社会、后工业社会转变的过程，深刻体会到景观演变与人们生活方式的变化，即使在城市化达到一定程度后，人们日常生活所受到的制约仍然是普遍存在的，客观世界的物质性基础作用在任何社会都是至关重要的。

在城市研究中，随着由土地、人口与产业的量的城市化向生活方式、社会管理与生活质量等质的城市化的转型，方法论也发生了很大的演变（柴彦威等，2000a，2000b）。最初对城市的理解是从外部观察开始的，侧重于研究城市的物质形态和划分土地利用类型的景观论方法。这种景观论方法虽然考察了作为人类活动外部环境的物质结构，但忽视了城市地域上人本身的活动。因此，城市研究就产生了以城市地域社会为对象，从社会学和生态学的观点来说明城市形成发展机制的人类生态学方法。而生态学派把人看得过于机械化和一般化，忽视了人类活动背后的文化及传统因素的影响，城市社会研究又转向注重人类主观行为的行为主义方法上，但是过于强调了人类活动的主观因素，忽视了制约人类活动的各种客观因素（柴彦威，1999）。到了20世纪70年代，城市研究的各种方法都暴露出缺点，行为主义方法也未能给理解城市带来新的突破，而结构主义方法却在西方日益盛行起来。结构主义方法强调深入对象内部的研究，这种方法将研究的客体符号化，注重研究各种社会制度的政治、经济体制与城市社会空间结构的关系。

时间地理学方法诞生于同一时期中，但是与结构主义方法不同的是，它更加注重分析围绕人们活动的各种具体的制约条件，并在时空轴上动态地描述和解释各种人类活动。时间地理学关心生活质量问题，强调为市民提供公平的服务设施配置方案，从微观上研究作为个体的人的各种活动。在城市社会研究中，时间地理学方法已在生活活动空间、交通规划及社区规划等方面的研究中显示出其独特的效果（柴彦威，1998）。

此外，时间地理学是由地理学家提出的，是对社会学界产生重大影响的为数不多的方法之一，得到结构化理论倡导者吉登斯（Giddens，

1984)的重要关注。艾兰·普雷德（Pred，1973b）和奈杰尔·思瑞夫特（Thrift，1981）等认为，时间地理学方法在地理学与社会学之间架起了一座桥梁。

### 2.3.2 经济与社会转型的现实问题与规划需求

20世纪60年代以后，区域科学研究越来越注重应用研究。在欧洲，区域科学更被视为一种有着明显政策和规划导向的实用性工具。哈格斯特朗认为，生活质量的问题应当被列入区域科学的研究范畴，区域科学应当是关于人的科学，而不仅仅是关于区位的科学。进入20世纪60年代以后，瑞典等高福利国家的社会发展目标由经济增长转向生活质量的提高，而时间地理学方法从创立之初就谋求实现时空中社会资源与福利公平配置的有效性，因此得到瑞典政府的高度重视与大力支持（柴彦威等，2002b）。

二战以后，瑞典面临着大规模的城市化，社会规划和公共部门开始得以快速发展，大量资金投入到住房、通信、教育、医疗设施方面。哈格斯特朗及其隆德学派在20世纪60年代至70年代开始参与瑞典的区域和地方规划①。1966年，哈格斯特朗得到资助，于是开始了"城市化过程"的课题研究，他构建了自己的研究团队并在大量的实证研究和规划实践中不断探索和发展时间地理学的核心概念和核心方法。

哈格斯特朗的探索性研究得到了以隆德大学地理系为核心的瑞典地理学家的积极响应，逐渐发展成为后来享誉全球的时间地理学"隆德学派"，其核心成员包括雷恩陶普、汤米·卡尔施泰因（Tommy Carlstein）、佐尔法伊格·莫滕松（Solveig Mårtensson）、斯图尔·奥伯格（Sture Öberg）及凯萨②等。他们对瑞典城市化与区域规划开展了大量研究，包括区域服务的供需匹配、公共服务可达性的空间均衡、瑞典城镇区划的合并与调整、地理坐标数据的处理模型与技术、交通道路建设、公共交通线路设置、商店区位选择与商业规划、学校选址规划等（Öberg，2005）。在上述规划研究中，他们对大大小小、类型多样的诸多社区居民行为进行观察，为发展时间地理学方法提供了宝贵的经验基础。个体在时空中的位置以及个体所能获得的公共资源的可达性应当是城市规划中必须考虑的问题，并且在汇总平均的基础上，需要充分考虑个体差异，不仅关注正常人，而且需要关注儿童、老年人等弱势群体的需求。这一时期的许多研究成果多以研究报告形式为政府决策提供参考。

隆德学派的早期研究在一定程度上过于强调时间地理学符号系统的

运用，体现出比较强的物质空间规划色彩。20世纪60—70年代，瑞典正处于快速城市化发展阶段，传统乡村大量合并形成许多新城镇，公共部门不断增长，需要进行大规模的公共服务设施布局规划。在乡村社会转向城市社会的过程中，伴随着人口迁移，人们的就业及生活方式也发生了重要变化。哈格斯特朗及其领衔的隆德大学时间地理学团队从不同群体的日常生活出发，研究影响居民日常活动的时空特点以及对设施和服务的时空需求，试图通过对不同群体的分析来找到影响生活质量的关键"状况"（制约规则），并通过调整物质"场景"（空间规划）来放松制约、提高生活质量。

这一阶段，隆德学派将时间地理学符号系统大量应用于乡村、服务设施、家庭等研究中，探索如何用时间地理学符号系统来捕捉不同人的日常生活。符号系统是可视化的，非常直观，有助于直接进行观察、分析。时空路径被用来同时在空间和时间维度上展示个体日常活动的相似性与差异、组合与驻点形成的时空过程等。这种可视化分析令人耳目一新，有助于在跨学科的规划研究团队中进行交流、启发思考。同时，规划研究实践也进一步推动了时间地理学符号系统和核心概念的发展。经典时间地理学发展起来的概念，首先是路径、棱柱、驻点、活动束、物质性以及"图式"等（Lenntorp，1999）。

时间地理学在瑞典城市与区域规划中的广泛应用，也体现了瑞典人文地理学服务政府决策的学科发展特色。同时，在人文地理学方法演进的历程中，时间地理学强调时空间整合、时空过程、地理综合、社会系统的物质性基础、人类行为的制约机制等思想及其符号系统，非常创新，极具挑战性，是战后人文地理学的研究前沿。卡尔施泰因等（Carlstein et al.，1978）于1978年编著了《人类活动与时间地理学》（*Human Activity and Time Geography*）的论文集，普雷德在英文学术期刊《经济地理学》（*Economic Geography*）上主编《瑞典城市规划前沿与时间地理学》专栏等，都是对20世纪60—70年代隆德学派时间地理学方法在瑞典城市与区域规划中应用成果的介绍。其中，雷恩陶普（Lenntorp，1970，1976，1978）的棱柱模型与区域交通规划模拟，莫滕松（Mårtensson，1977）应用时间地理学方法进行育儿设施规划研究，凯萨等（Ellegård et al.，1977）借助时间地理学不可分割的个体路径将家庭企划和活动需求与服务设施的时间供给相匹配的设施规划研究等，均成为早期时间地理学规划应用的经典研究。

哈格斯特朗积极参与中央及地方层面的规划，参与政府工作，与规划界展开交流，不仅开拓了地理学者的就业市场，而且促进了学科间的交流，推动了多学科的研究。他所提出的地理编码及计算机制图等新方法，推动了瑞典人口普查和房产普查数据的空间和时间精细化与标准化，其研究成果直接指向瑞典经济区域重构，对瑞典乃至欧洲的区域规划和区域政策产生了重大影响（Öberg，2005）。

哈格斯特朗及其隆德学派不仅影响了战后瑞典的区域规划，而且对规划实践问题与区域政策的思考也推动了时间地理学的广泛应用和不断完善。在规划咨询实践中，亟须发展一套易于不同学科背景的专家理解和交流的"语言"，这推动了时间地理学核心概念与符号系统的形成。时空中的个体路径模型，可以同时表达城市资源的空间分布、开放时间以及个体时间安排，并动态表达个体行为的连续过程性，刻画完整的行为系统，有助于在规划研究中同时分析城市实体空间及其之上的城市活动系统。时间地理学的形成在很大程度上得益于哈格斯特朗及其团队的规划实践。1969年在哥本哈根举办的国际区域科学学会第九次欧洲大会上，作为会长的哈格斯特朗正式提出并阐述了时间地理学方法，该文于1970年正式刊出，标志着时间地理学的诞生。自此，哈格斯特朗的个人研究兴趣也发生了重大转移。可以说，时间地理学产生于高福利国家的瑞典并不是偶然的，它与社会发展对城市规划的现实需求是密切相关的（柴彦威等，2000a，2000b）。

## 2.4 时间地理学的诞生

时间地理学诞生于20世纪中叶工业化与城市化进入新时期，产生于计量革命向行为革命转型的范式变革时期，也是脱胎于实证主义一支独放向多元主义百家争鸣转向的哲学变革时期，并且在行为革命的浪潮中选择了微观个体的空间行为的制约视角的立场，成为屹立于多元主义之中的一种极其独特的行为方法论（柴彦威等，2011b）。时间地理学与行为主义、结构主义、人本主义等一起正面研究人与社会的综合问题，促使了整个学科的人文社会转向。

另外，时间地理学产生于瑞典这样一个高度发达的福利国家也有其一定的必然性，整个欧洲学界的思想的成熟与城市化社会的成熟给行为论方法的提出提供了思想基础、现实需求以及极好的社会试验场。作为时间地理学的开创者，哈格斯特朗由计量区域科学向综合生态方法论的转型，成为提出时间地理学方法的重要契机与创新动力。

时间地理学后来在欧美、日本及亚洲其他国家的扩散也与整个社会的发展阶段紧密相关。而中国正在由经济导向的发展模式走向社会导向的发展新阶段，时间地理学正显示出其强大的思想性启迪与实践应用的巨大可能性。

**第 2 章注释**

① 自 1965 年起，哈格斯特朗及其德隆学派在瑞典区域发展专家委员会（The Expert Group for Regional Development，ERU）中发挥重要作用。
② 1976 年刚刚大学毕业的凯萨在研究生入学前的暑假，在导师的推荐下加入哈格斯特朗的研究团队，用时间地理学的方法来研究社会转型背景下未来瑞典的交通出行和公共服务设施配置的趋势。

# 3 时间地理学思想与概念

## 3.1 时间地理学的基本思想

### 3.1.1 综合生态世界观

1) 反对过度地学科分化

哈格斯特朗提倡不仅要关注科学技术进步所带来的人类愈发强大的改造地球的决定性力量,而且应该关注当前人们赖以生存的地球环境的改变。当今地球生物所面临的主要问题并非孤立的,而是紧密交织在一起的。而现代科学越来越细碎的学科分化,实质上对于认识和解决当前地球环境所面临的现实问题是非常不利的。

哈格斯特朗(Hägerstrand,1995)以一幅漫画来表明对现代科学学科过分分化的反对态度。他引用了瑞士哲学家和地质学家韦格曼(C. E. Wegmann)于20世纪30年代所创作的《科学观》这副漫画(图3-1)。其中,每个科学家都拼命地从自己的望远镜中去窥视,每个科学家的望远镜都指向不同的方向,并且望远镜相互依靠着,看上去就像是一个不坚固的脚手架。然而,那些代表着真实世界的美丽的郁金花丛,科学家们却无法从自己的望远镜中看到。透过这幅漫画,哈格斯特朗对现代科学过分地追求学科分化、忽视现实世界的真实性与整体性,而从局部出发、过分地追求那些亘古不变、放之四海而皆准的宇宙真理的做法,感到滑稽与无奈。

图3-1 《科学观》漫画

因此，哈格斯特朗（Hägerstrand，1995）指出，必须将零散的现象及观察视角整合起来，形成一个更加综合的方法，而区域研究方法能够为当前学科知识及实践行动的碎片化提供有效的抗衡。受地理学综合区域研究传统的影响，尽管他在区域科学定量模型方面取得了很大成就，但哈格斯特朗仍然感到当前地理学科也深受自然科学过度分化所带来的挑战和不足。实际上，他早期关于瑞典南部乡村的人口迁移研究就是关于区域居住景观的演变过程，实际上属于偏定性分析的、典型的区域综合研究。

2）深受地理学景观研究的启发

早在19世纪，用"景观"写实的手法来表现连贯的真实世界成为欧洲绘画的主流，后来这种手法慢慢地渗透和影响到地理学界。因为，在绘画中用景观来表达自然，将景观作为不可分割的整体并对其中的所有事物同时进行表达的方式，与地理学者用地图表达的方式有着异曲同工之处。美国地理学家卡尔·索尔（Carl Sauer）关于文化景观的论述，促进了地理学景观研究的兴起，尤其在欧洲也一时兴盛。地理学的景观研究传统，强调景观是人类活动的后果及景观的历史性，并以景观作为地理学的研究对象。除了指通过视觉直接看到的景色之外，景观还具有地域性的内涵，强调景观内现象之间的相互联系。景观地理学实际上是系统化的部门地理学（即当今学科分化在地理学中的表现）与描述性的区域地理学之间的桥梁。地理学对于景观的研究，就是为了揭示一般性的地理因子在特定地方环境下的综合影响。

20世纪30年代，在哈格斯特朗的学生时代，当时的瑞典教育深受德国思想的影响，地理学尤其强调学科综合性。他的早期教育也受到地理学景观学派的影响，强调以"家域"（Home-Based Area）为对象开展区域性、综合性的观察和探索，让景观研究成为一种教育手段，来培养地方性、国家情感等。在北欧国家，景观已与爱国主义情感紧密联系起来，它能够帮助解释为何人们如此喜爱户外生活、保护自然以及保护文化遗产地。事实上，哈格斯特朗（Hägerstrand，1982b）在20世纪80年代的论文中借助了很多儿时生活的景观来对时间地理学中的部分核心概念进行隐喻性地解读。

3）时间地理学全生态综合世界观的形成

然而，20世纪70年代以来，地理学景观学派受到了极大的挑战。一方面，地理学开始越来越注重对地理现象的空间区划，强调内部要素特征相对均质的空间，而非关注各种要素空间边界模糊且重合的复杂性、综合性的地方，因为后者对于解释地方内部的社会与自然的相互关系非常困难。同时，哈格斯特朗认为，景观的综合性、复杂性从本质上说是无法用有着系统性结构的语言来充分表达。尤其是景观整体性、诸多现象共同存在的特征，一旦用语言来描述和表达，就会使其陷入静态的弊端。简言之，世界的复杂性难以用语言的系统性思维来进行表达。

哈格斯特朗对"景观"未能很好地阐释隐藏在现象背后的根本规则及其动态变化过程表示不满。他认为传统的地理景观研究缺乏对景观中所有事物之间相互影响及其演变过程的微观机制的根本性阐述（Hägerstrand，1995）。他提出过诸如"图式"等概念，并以演员与舞台的关系来试图更加综合地、形象地描述现实世界区域共存事物相互联系的整体性、复杂性、动态性，从而在内涵上丰富了"景观"的概念。并且，哈格斯特朗对使用地理学传统的地图表达方式表示不满，因为仅将景观在空间上进行投影、形成静态的地图无法揭示出景观的动态变化及其背后的规律。

时间地理学是关于综合生态世界观的集成与表述，是一种强调综合的地理学视角。哈格斯特朗（Hägerstrand，2004）反对过分的学科分化及知识碎片化，而提倡将源于日常生活实践及不同学科的知识、学问进行整合，构建一个跨学科交流的互动平台。他本人曾将时间地理学思想与方法定位为"是一种理论构建之前的本体论贡献"（Hägerstrand，1985）。

从本质上说，时间地理学是哈格斯特朗的综合生态世界观在地理学中的应用。简言之，时间地理学就是一套关于如何理解"社会—自然—科技"相互作用的思维方式。在综合生态世界观下，时间地理学继承了地理学的区域研究传统与景观研究的综合性、整体性，同时更深刻地揭示了隐藏在景观背后的一般性法则，以及一套不同于传统的、借助语言及平面地图来开展地域综合分析的概念与符号系统。具体而言，时间地理学的综合生态世界观体现在其独特的时空观、物质主义的本体论基础、强调制约的行为观以及简洁明了的符号系统。在时间地理学的理论框架中，强调从微观个体出发，强调时间与空间的整体性与统一性，强调物质世界与社会系统对个体行为的制约，重视个体日常生活实践中利用"资源"与其他个体、组织等互动的"过程"，从而自下而上地探索"社会—自然—科技"相互作用的微观过程与机制，审视人类活动对资源环境所造成的后果，旨在促进人与环境的可持续发展。

### 3.1.2 紧密嵌套的时空

所有的事物都需要占据空间，并且持续一段时间来保证自我的存在，直到它受到外界其他事物的争夺与挑战而消亡。空间是资源，是排他的，一旦被占据，别人或其他事物则无法进入。空间也无法自由地、无限制地获取，在数量上也是有限的。因此，真实世界中不同群体及事物之间存在空间资源的争夺与平衡（Hägerstrand，1970，1985）。

与此同时，哈格斯特朗认为，时间也是一种资源。无论人们愿意与否，时间总是不断消逝的。从事任何活动、事件，都必须消耗时间。由于个体的不可分割性，他/她只能在某一时间从事特定的活动，而不能同时从事若干活动。并且，时间和空间是紧密嵌套在一起的。不存在只占据空间而不消耗时间，或只消耗时间而不占据空间的情况。换言之，个体只要存在于空间中就必定要消耗时间，只要消耗时间就一定占据空间。

因此，哈格斯特朗（Hägerstrand，1970）认为，时间与空间是辩证统一的，时间与空间决不能割裂开来对待，它们是紧密嵌套的有机整体，进而提出时空（Time-Space）的概念。在特定的时空间中，个体或物质之间的联系就是时空资源的争夺，本质上体现出一种"填充关系"（Packing Relation），进而存在两种维度上的关系。在空间维度上，由于空间的排他性，在同一地理区域中的个体存在相邻的并置关系（Side-by-Sideness）（亦地理共存）。而在时间维度上，由于个体的不可分割性，不能同时从事多个活动，而只能存在次序关系（Before-and-Afterness），典型地表现为同一地理区域中先来后到的排队原则。

哈格斯特朗（Hägerstrand，1995）在坚持传统地理学景观研究的综合性视角的基础上，在时空框架中创新性地理解景观的内涵，进一步强调和发展了景观的复杂性与动态过程性，从而丰富了景观概念的内涵。在特定的地域"景观"中，事物或现象之间的相互联系存在空间上的排列组合和时间上的次序关系。对于当前的行动而言，作为其发生的环境背景——"景观"中其他事物或现象的排列组合、"相邻"并置的关系是历史上既定的，并不随着行动者的主观意愿而发生变化。并且，正是由于当前事物与事物之间的排列组合与复杂的相互影响，个体在未来的行动过程中也无法随意调整和改变未来某时它所存在的空间的配置，进而影响了事物/事件在时间上的动态演替和次序。

从本质上看，在特定的地域景观中，事物/事件在空间上的"相邻性"及其空间结构决定了未来它们排列组合的时间次序。因此，正是由于存在空间排列组合与时间次序上的互锁过程，过去—现在—未来紧密联系，呈现出动态演变的过程。而传统的景观研究尽管强调了其人类文化的产物或可见的景观结果，但这往往是某个时间截面上的空间格局，即便是像历史地理学研究那样关注不同时间截面上景观的变化，但也无法动态地掌握两个时间截面之间景观的动态演变过程及其内在规律。因此，哈格斯特朗在时空间的概念框架下，进一步扩展了地理景观研究的内涵。

时间地理学强调时空紧密嵌套的时空间的概念，为理解和解释复杂的社会和自然现象提供了有效工具。在时间地理学的理论体系中，哈格斯特朗关于时间的一般性规律可以归纳为以下几个方面：第一，时间有确定的方向和固定的脚步；第二，时间是连续的，因此时间不能被压缩、节省或者省略；第三，所有人和事物每天都拥有相同数量的时间；第四，每个行动都发生在现在，而现在持续不断地将未来转换为过去（图3-2）（凯萨·埃勒高等，2016a；Ellegård，2018）。

图 3-2 时间作为将"未来"不断转换为"过去"的连续过程

总之，时间地理学中的时间和空间是一种资源，这种资源不仅有限，而且不可转移；时间和空间紧密嵌套形成有机整体——时空间。尽管有时一个人能够同时承担多个角色，但更常见的是个体在从事某个角色的时候是不可以同时从事另一个角色，并且每个角色都需要在某个时间、某个地点持续一定的时间。这就意味着每个人从事的不同角色将形成不可变更次序的活动序列。此外，空间中的某一点一定是与更早之前的某一点相关联的，现状必然受到过去状况的制约。因此，在考虑人的行为的时候，不能将时间与空间分离开来处理。因此，时间地理学将传统的空间资源配置和空间秩序动态扩展至时空资源配置和时空秩序动态，特别是强调了时间秩序的动态性（柴彦威等，2000a）。

### 3.1.3 物质主义的本体论基础

时间地理学坚持认为世界是物质的，世界是由人类以及其他有机生命体与其他事物等微观粒子所填充的时空体。时间地理学关注微观个体"粒子"如何在有限的时空体中持续地运动并占据时空，从而形成时空路径或轨迹。个体路径不可避免地、不停地与其他个体、组织路径进行交织、相互作用，就如同织布机中的线一样最终编织成一幅关于宏观社会的网络。

哈格斯特朗（Hägerstrand，1985）坚持世界的物质性（Corporeality），认为这对于理解现代科学与技术的进步对自然环境与人类世界的全面影响至关重要。一方面，区域研究的根本目标在于深刻而全面地了解引发现实世界变化的原因，并为应对诸多的环境问题提供更好的科学决策基础。有意向行动的意外后果通常是引起社会与环境变化的重要原因。研究者需要认识到行动者及其主观企划的结合是"意外后果"形成的决定性因素，他们决定着行为的走向。行动者的能动性固然重要，但更为重要的是，行动者本身是物质与意义的统一体。行动者的身体是由物质构成的，而其内在主观意图的实现必须依赖于其身体及其所处的物质环境。因此，个体有意向的行动是发生在当前场境中的行动，行动的实现依赖于当前环境的物质基础。

另一方面，行动需要占据一定的空间，行动成功与否还要受到当前空间中各种物质/事物的排列组合的影响，或依赖于空间中其他资源或工具的组合，或会受到当前空间排列组合的制约。而当前行动所处的空间的排列组合往往是不以人的主观意志为转移的，从而才会发生"意外后果"。因此，时间地理学作为哈格斯特朗综合生态世界观的体现，一直坚定地强调认识现实世界的物质性对于区域研究的重要性。

此外，时间地理学之所以坚持物质的本体论，也与其诞生的时代背景相关。20世纪60—70年代，瑞典作为高福利国家面临着城市化的快速发展，其城市与区域规划非常强调对于交通、住房等城市资源的公平配置及生活质量的提高等实际问题。哈格斯特朗在一系列规划实践中，为了应对生活质量与社会公平的现实需求，对传统区域科学研究的规划应用进行了反思与批判，进一步推动了时间地理学的发展。因此，时间地理学从诞生之初便有着明确的规划应用倾向，而只有强调物质性和制约，才能够通过研究行为过程与制约机制，通过规划手段来放松制约，从而实现生活质量的提高。

### 3.1.4 强调制约的行为观

时间地理学强调时空的整体性、坚持物质主义的本体论，顺理成章地形成了其强调制约的行为观。时间地理学对于人的行为的基本态度是强调制约以及围绕人的外部客观条件，这在根本上不同于强调个人"选择"与"能动性"的行为主义理论。哈格斯特朗认为，人的行为实现的物质基础常常是不能随意选择的。因此，不能以过去的行为观察为基础来说明和预测将来的行为，而是应当认识那些围绕行为个体的制约条件，并尽可能阐明产生这些制约的主体（Miller，2004；Neutens et al.，2010a）。另外，如果单纯认为活动是价值选择的结果而过分强调行为的心理学机制，则难以对行为结果进行调控。因此，时间地理学选择了注重"制约"的分析，不仅关注那些可以观察到的外部行为，而且试图去分析那些没有发生的计划行为以及行为发生以后企图改善的期望行为。改善物质环境来减少制约个体行为的不利因素并提高个体选择的能力，是城市与区域规划的重要决策依据之一。

时间地理学对行为背后的制约机制进行挖掘，不仅有助于理解个体行为的发生机制，而且有助于理解由大量"有意行为的意外后果"所形成的整体社会与环境的变化后果，以及有助于理解整体社会的运行机制。哈格斯特朗（Hägerstrand，1970）首先对行为主体在真实世界中的行动所面临的基本规则进行了概括，对时空中的人做了如下考虑和假设：（1）人是不可分割的；（2）人的一生是有限的；（3）一个人同时从事多种活动的能力是有限的；（4）所有活动都需要一定的时间；（5）空间内的移动要消耗时间；（6）空间的容纳能力有限；（7）地表空间是有限的；（8）现状必然受到过去状况的制约。

这里，（1）至（3）是关于人的生理界限的描述，反映了时间地理学在研究人的行为时的基本态度，即强调人本身的制约以及围绕人的外部客观条件。这与重视人的主观因素、重视分析偏好与选择等行为机制的行为地理学方法有重要区别，也与试图将主观因素与客观因素、时间与空间、个体行为与群体行为结合在一起解释人类行为的时空预算研究不同（Chapin，1974，1978）。（4）至（7）反映出哈格斯特朗对时间和空间的可计量性的重视，认为时间和空间都是实际存在的一种资源，人在一定时间与空间内的存在就意味着这些资源的消耗。这种对时间和空间的独特理解构成了时间地理学的重要特点。

时间地理学所强调的制约源于哈格斯特朗对世界物质性的本体论的坚持。正是由于时空是物质的、是排他的资源，人类活动的实现过程必定要与其他个体或群体进行组合合作或者展开时空资源的竞争与争夺，而其所处的微观情境，或者成为其活动实现的有力资源，或者成为其活动实现的制约因素，都源于物质性的本源，而物质是不以行为主体的主观意志为转移的。因此，从根本上讲，制约就是行为主体的人本身作为精神与物质的统一体，在实现其主观计划的过程中所受到的源于其周边在历史上形成并既定的物质环境的约束。正是因为制约的存在，人类行为才会出现诸多的"意外后果"。因此，要对抗科技进步、人类行为对自然、生态及社会所造成的负面后果，就必须回归对影响人类行为的制约机制的重视。

## 3.2 时间地理学的概念体系

基于上述思想，哈格斯特朗进一步构建了一套分析微观个体在时空情境下活动的概念框架与符号系统。群体、路径、企划、棱柱、活动的地方秩序嵌套等构成时间地理学中的五个核心概念（Hägerstrand，1985），这也是哈格斯特朗综合生态世界观的具体体现。这五个概念相互联系，共同体现了时间地理学的核心思想、本体论与世界观。哈格斯特朗通过这五个核心概念分别从不同侧面揭示了人类行为及其自然与社会影响后果的一般规律，反映出时间地理学内在的演绎思维，即如何从格局到过程、从空间到时空、从部门地理到综合性的区域地理、从个体到汇总等的演绎过程。

时间地理学所包含的五个核心概念，正如雷恩陶普（Lenntorp，2003）所解读的，可以用一个简单的比喻来进行理解。在时间地理学的框架中，真实世界可以被比喻为一场戏剧，它包含三个要素：①戏剧中的演员；②演员需依照剧本来扮演特定的角色；③角色及其活动的实现必须依靠特定的舞台场景。所以，演员、角色及活动、场景是一场戏剧缺一不可的三大要素。相应地，在时间地理学的概念框架中，（由不同个体构成的）群体对应于演员，路径和棱柱描绘了演员因角色扮演而开展的一系列活动和可能实现的活动，企划的概念对应于角色及其所体现出来的任务和计划，地方秩序嵌套的概念对应于活动及角色扮演所处的舞台场景。

### 3.2.1 群体

时间地理学关注特定区域中由许多个体构成的社会系统（群体），并强调区域物理环境对社会系统和个体行为的基础性影响。从微观个体出发，可以体现出时间地理学"演绎"的色彩。哈格斯特朗将时间地理学所揭示的微观个体所处的真实世界比喻为一个"颗粒结构"或"编织结构"。而构成整个宏观世界的微观颗粒，即不可分割的最小个体，不仅包括了所有生物体（包括人类以及其他生物体），而且包括了诸如工具、机器、建筑等其他无生命的物质。同类的颗粒则形成了群体。

个体颗粒的形成，总会占据一定空间并持续存在一段时间，直到受到外界的干扰而移动或者消亡，因此个体生产和再生产过程存在形成、持续、消亡等不同的状态。由不同数量、不同持续生存时间的个体所构成的群体，正是在个体持续地生产与再生产以及与其他群体的合作或竞争中而不断演化。在特定的地域景观中，从长期宏观的结果来看，最终会形成不同群体共同存在和相互影响并随着时间推进而动态演变的生态群落（图3-3）（Hägerstrand，1985）。

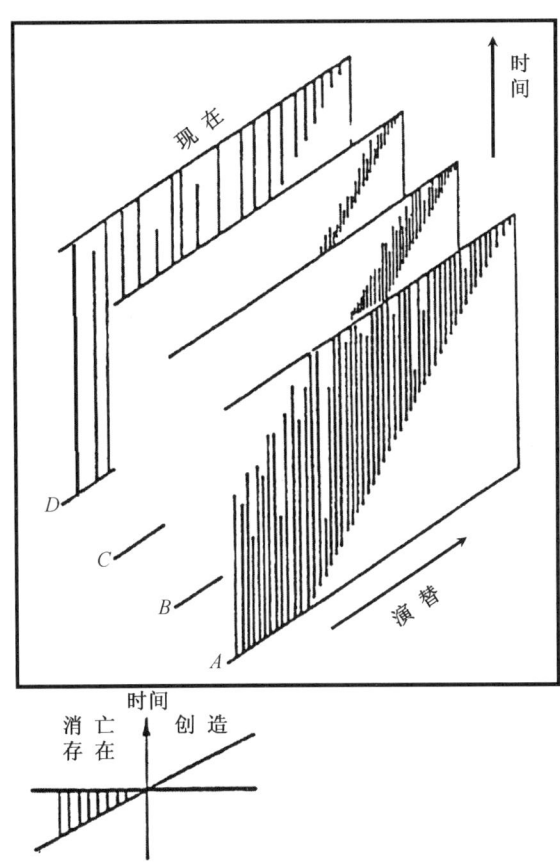

**图3-3　特定地域中个体及群体随时间的演化过程**

注：图中每个个体的形成、持续存在及消亡分别用每条垂直的生命线来表示。左下方小图表示，随着时间的推进，这条水平的、表示当前时刻的时间轴将不断向上移动，在此过程中群体中的一部分个体不断消亡，而另一部分个体不断形成，还有部分个体持续存在，从而整个群体不断的演替。在图中当前特定时刻的特定地域中，总是有若干不同群体共同存在的，它们由不同数量并且持续时间不同、形成与出现时刻不同的个体构成。

如图3-3所示，A、B、C、D表示在特定区域内的不同群体，在同一时刻其数量、密度与结构、年龄分布等有明显的差别。每个群体都是由若干个体所组成的，个体形成、存在或消亡用一条垂直的生命线来表示。尽管四个群体在图中相对独立地表示，但哈格斯特朗指出，区域内不同群体中的个体必然会存在相互作用，并非割裂孤立存在，而图中分开表示主要是为了更加直观简洁地表达随着时间的推移，每个群体由于个体的出生、死亡、持续存在或迁入迁出而不断演化。

如何界定群体则反映了研究者的研究目标。在特定的、有意义的、有边界的地域中，各群体中的个体在生产与再生产过程中形成了群体的演化。个体与群体、群体与其他群体之间存在相互作用，由此形成了复杂的社会网络系统。

在时间地理学关于时空间是物质的本体论认识下，任何颗粒个体在此时此刻一定占据一定的空间并持续一段时间，并且区域内所能容纳的总量是一定的。因此，颗粒与颗粒之间的关系从本质上看就是"填充关系"，即要么在空间上呈现出并置关系（Side-by-Sideness），要么在时间上呈现出次序关系（Before-and-Afterness）（Hägerstrand，1970，1985）。

因此，就像舞台上的戏剧一样，当前场景中总是由扮演不同角色、执行不同任务的群体及个体演员所构成。我们往往在理解戏剧的过程中会根据角色和情节来将不同的演员进行归类，就像我们将现实生活中复杂的社会系统分解为各个不同的子系统一样，每个子系统都有自己的运行规则，舞台中的每个群体都有自己的分布和演替过程，他们总体构成了整个戏剧中的社会系统（Lenntorp，2003；Hägerstrand，1982a）。尽管时间地理学强调以微观个体作为研究单元的重要性，但并不意味着必须观察并描绘所有微观个体的运动轨迹。实际上，时间地理学更强调对微观个体行为背后根本性规则的认识，以及从微观个体演绎到宏观社会的逻辑过程。

### 3.2.2 路径

时间地理学中的路径概念及符号系统非常准确地刻画了场景中的微观个体从出生（形成）、存在到死亡（消亡）的动态演变过程。通过在时空中连续记录微观个体先后开展的所有活动或参与的所有事件，可以描绘出个体的时空路径或时空轨迹。时空路径是连续的、不可分割的，并且沿着时间轴正向移动。时空路径追随着时间而变化，不断地将现在转变为过去，是研究变化和动态过程的有效工具。

在个体的活动中，往往需要不同个体（包括人与人、物与物、人与物等）的组合（Coupling）才能完成该活动；当然，这种组合有的长、有的短。因此，我们可以在特定地域中观察到由若干条个体路径的相遇、组合、分离而编织成的"网络"，就好像由一条一条的线所编织形成的编织物那样，每个个体的生活轨迹组合在一起编织成了整个社会网络，每个演员的相遇与冲突形成了整个戏剧的故事情节。并且，随着现在时刻的不断推进，这些个体的"出生""消亡""组合""分离"等基本事件不断地上演，从而不断地编制成了整个人类历史。

在路径的概念和符号系统中，存在两个关键的问题值得讨论。首先，路径不仅可以刻画外在的行为轨迹，而且可以记录内在的状态或事件的次序。内在的方面可以是个体的感觉、反应、想象、观点、情感及意图等。当然，对于不同的群体而言，内在的方面其内涵可以不同。对于人类行为而言，内在的方面至关重要，因为正是其内在的主观意图、情感等因素决定了个体时空路径的走向。如果不考虑人类行为轨迹内在的主观因素，那么人类行为轨迹将与其他生物体及事物的运动轨迹没有任何区别。哈格斯特朗（Hägerstrand，1982a）指出，在现在的时间线上，个体行为轨迹的内在方面体现了其对过去经历的积累性记忆。然而，由于在多数实证研究中，个体主观方面的因素及其动态演变过程难以度量和采集记录，所以时空路径模型更多地被应用于可以观察到的显性行为。

其次，在现在的时间线上，个体路径如何编织而形成社会的网络结构，早期的时间地理学理论框架是无法说明其背后的驱动力的，但对网络结构形成过程的根本原则或者根本条件进行了明确的解读（Hägerstrand，1982a）。在时间地理学概念框架下，从个体路径编织汇总形成社会网络结构的过程，从本质上讲是由于时空资源稀缺性而导致的时空预算问题。个体及群体的组合实际上就是其在时空中进行填充而形成的相邻并置及次序的排列组合关系。而不同持续时间的组合/活动束，如何在更广泛的时空中相互填充并不断演化，就形成了社会网络结构。也就是说，从个体路径编织形成宏观的网络结构的过程，就是个体不断地与其他个体、群体在时空中形成具有空间相邻性及时间次序性的排列组合的过程，而组合的根本条件或规则正是时空的预算和填充规则。因此，时空路径模型背后的规则体现了时间地理学对世界物质性的本体论的强调。

总之，在时间地理学框架中，个体路径模型则是洞察社会结构或者说景观结构及其随时间演变的微观过程的有效工具。时空路径模型可以直观地展示任何个体或事物的变化性与动态性，成为时间地理学方法非常独特的标志。

### 3.2.3 企划

人类不同于其他群体的特征之一就是主观能动性，可以有意识地选择甚至改变我们周围的环境。人类行为所形成的时空路径并不是杂乱无章、毫无规律的，而是有着特定的方向，体现了人类想要驾驭和管理未来的意愿。因此，人们在一生中总是不断地制定目标、建立计划并且通过行动来实现目标。哈格斯特朗在时间地理学概念框架中提出的企划概念，代表着为了实现未来特定目标而制定的蓝图。企划最一般的意义是"为完成任何意愿和目标而进行的一系列必要的简单或复杂的任务"（Hägerstrand，1982a，1985），即为达到某个个人或组织的长期或短期目标而实施的活动安排。时间地理学中的企划，体现了时空路径背后的主观性因素，反映了行动者所扮演的社会角色。

在时间地理学框架中，企划尽管反映了社会角色与人的思想，但更多地强调了企划的实现过程，而非企划的形成过程。换句话说，在时间地理学的实证研究中，企划往往都是提前给定的。例如，在上下班的途中要去幼儿园接送小孩，或者准备家庭中的晚餐等。在一定程度上，哈格斯特朗（Hägerstrand，1982a，1985）也承认这样的处理是有意为之。一方面，哈格斯特朗指出，要揭示社会角色如何形成、人们的思想如何形成及变化实际上是非常困难的事。另一方面，时间地理学认为，相比于企划的形成而言，企划的实现更为重要。这是由时间地理学内在的本体论和认识论所决定的。如上文所述，时间地理学始终坚持世界物质性的本体论，因此特别强调世界物质性基础的重要性。

哈格斯特朗（Hägerstrand，1985，2004）借助卡尔·波普尔（Karl Poper）和约翰·埃克尔斯（John Eccles）所提出的"三个世界"的模型来表达时间地理学所强调的世界物质性的价值取向。所谓第一世界指物理对象或物理状态的范畴；第二世界则存在于人类自身之中，是由人类精神状态所构成的，包括主观性的知识、认知、思考、记忆及情感等；第三世界则是指一切文化的产物。哈格斯特朗指出，三个世界是相互紧密联系并且互为影响条件的，然而当前科学研究往往忽略了三个世界之间的复杂联系，尤其是忽略了第一世界对第二、第三世界中的事件起决定性作用，特别是第一世界对相关结果的限制和影响。

企划如果不通过开展活动而付诸实施，那么企划永远停留在人的主观世界中，属于第二世界的范畴。相反，企划的实现则必须通过行为主体与其他个体、群体及物质形成组合，并在周围形成特定的地方秩序口袋，以保证企划能得以顺利实现。其中，行为主体或利用周围的资源而成功实现企划，或受周围物质环境的制约而调整企划甚至放弃企划。企划实施的过程则一定发生在第一世界，企划能否成功取决于第一世界的物质环境。并且，只有将企划付诸实践并成功实现，第二世界才能对第一世界产生影响。相应地，地理学或者区域科学才能通过研究和调控企划实施过程中所受到的制约因素，从而实现对行为结果的改变，才能将人类行为的自然、生态及社会的负面影响降低。

实际上，正是由于时间地理学坚持了世界物质性的本体论，企划这个原本反映行动者主观能动性及内在思想的概念被更多地赋予了实践的、有形的、物理的味道。哈格斯特朗借用交响乐这样的文化现象来阐述其观点，音乐家（不仅包括隶属于第一世界范畴的音乐家本人的身体，而且包括隶属于第二世界范畴的音乐理解力和表达方式）通过与第一世界范畴内的乐器在特定场所并持续一定的时间来排练和演奏，才能呈现出鲜活的、发声的物质实体（隶属于第三世界）。从这个意义上讲，企划的实现可以被视为时空中路径的组合，这个过程是有形的，就如同在戏剧中我们看到了一群演员的运动。

因此，企划的实现在一定程度上会决定个体时空路径的组合状态及其相互编织而形成的不同网络结构。也就是说，企划的实现是理解个体时空路径汇总形成宏观社会网络而进行时空预算过程的另一个重要维度。这意味着空间上的邻近并置、时间上的次序以及为了企划的实现而先后开展的一系列任务的内在联系等共同决定了个体时空路径的组合及社会网络。

时间地理学中的企划概念即使更多地体现出"形态学"的特点，但企划还是在很大程度上决定了个体路径及由诸多个体路径组合而形成的"活动束"的走向。哈格斯特朗图示表达了在 $t_n$ 时刻某个个体的企划及其实施如何影响其后 $t_{n+1}$ 时刻特定个体（人）、事物的轨迹及其在该时刻的组合的可能性（图 3-4）。如中间圈出的部分所示，在 $t_n$ 时刻某个

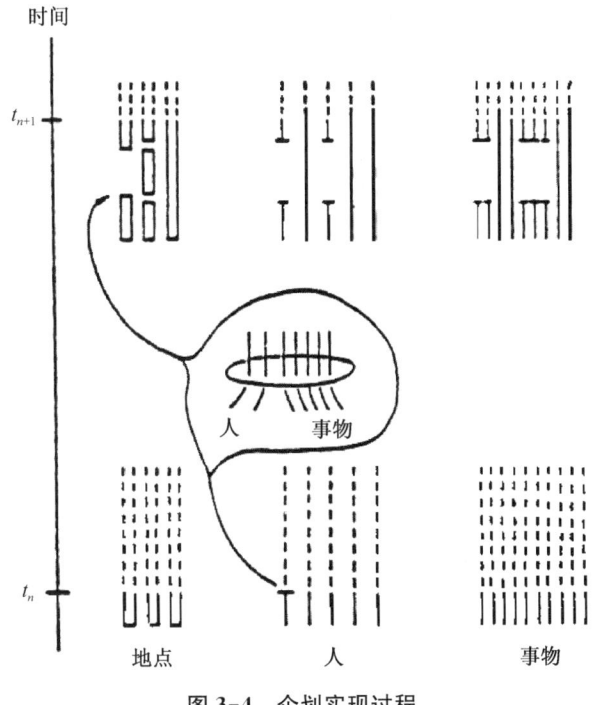

图 3-4　企划实现过程

人形成了一个企划，就是要在接下来的某时与另外一个特定的个体以及其他五个事物在特定地点进行组合，比如完成一个特定的生产任务；如果该企划实现了，那么就会在 $t_{n+1}$ 时刻造成上述企划所涉及的空间、两个个体及五个事物在 $t_{n+1}$ 时刻的缺失。这也可以理解为他们对于其他同时形成的其他可能的组合而言是不可获得的、缺失的资源。这个例子表明，企划之间存在竞争，在竞争的过程中，有的企划进行了调整或者消亡，而有的企划可以实现。

因此，时间地理学中的企划尽管反映了行为主体内在的主观能动性，但其特点是很强的实践性、物理主义及其形态学。一方面，当前企划的实现过程能够影响未来时空路径的时空预算过程及在时空上的组合配置。另一方面，更为重要的是，企划的实现过程很强烈地受到行为主体周围物质环境的制约，在企划与制约的不断抗衡过程中，企划的实现呈现出极大的不确定性。

### 3.2.4 棱柱

除了时空路径，棱柱成为时间地理学中另一个具有标志性的概念和符号。棱柱的概念及其符号从本质上来看是对人类（以及其他动物）"回家原则"的抽象化表达。在时间地理学框架中，家作为一个私人领地，或者说地方秩序口袋，是不受外界干扰而保证个体进行社会再生产的重要场所。家对于人类以及其他动物而言至关重要。因此，回家原则便形成个体在企划实现过程中的一个重要制约。事实上，类似于回家原则，在社会系统运行过程中常常存在着许多其他的规则，它们成为个体行动者实现企划的重要制约。例如，对于有学龄前儿童的双职工家庭而言，孩子必须有成年家长的陪伴和看护，那么育儿设施的开放时间及其与家长双方的工作地、家的空间配置情况便成为制约某个家长实现其他企划的回家原则。

因此，棱柱实际上刻画了个体时空路径所面临的制约以及在该制约下个体潜在的、可能实现的行为空间的范围。在回家原则下，棱柱被抽象为两个圆锥体上下倒置所形成的时空范围。棱柱的边界由出发和必须返回的时间所形成的"时间窗"以及个体移动的最大速度所决定。其边界意味着，个体以最大的速度从家出发并到达最远的空间位置后，毫不停留，立刻返回，才能刚好保证在规定的时间返回家中。在理想的均质空间中，由棱柱所限定的可达范围呈现出对称的圆锥体，投影在平面上则形成圆形。

棱柱揭示了在特定制约下个体行为的可能性，而不是行为本身。棱柱的概念及其符号系统为分析和计算不同约束规则下的行为的可能性提供了强有效的工具。在时间地理学时空棱柱的概念下，时空可达性的概念得到了很大发展，尤其是从仅对移动的关注转向个体在不同的空间配置、时间约束及交通系统下开展不同活动的可能性的度量。并且，伴随地理信息系统（GIS）的发展与大批量高精度微观个体时空行为数据可获得性的提高，时空可达性的地理计算方法越来越复杂和精确，成为交通行为研究中重要的前沿领域。

总之，在时间地理学的符号系统中，棱柱的表达更加侧重于刻画能力制约，尤其将时空配置和移动能力条件最终转化为距离和时间因素。而时间地理学的概念框架对于制约的阐述更为丰富。哈格斯特朗提出三类制约，即能力制约（Capability Constraints）、组合制约（Coupling Constraints）、权威制约（Authority Constraints）。能力制约是由于个人的生理构成以及其所使用的工具而受到的个体行为的制约。棱柱的概念模型体现了速度影响下的空间可达范围的能力制约。此外，组合制约规定了个体为了完成某项活动，如生产、消费及社会交往等，而必须与其他人或某种工具、材料等在某时、某地同时存在并持续一段时间的制约。组合制约体现了个体的不可分割性对企划实施的影响，从而导致企划之间的竞争及其实现、调整或消亡。此外，权威制约是指法律、习惯、社会规范等把人或物从特定时间或特定空间中排除的制约。权威制约的存在，根本上是因为事物必须占据空间，而空间是有限的、排他的，因此必须形成领地以限制过多的人进入，从而保证特定企划的实施。

因此，时间地理学中制约概念的内涵相比于其符号系统更为丰富，并且要准确理解时间地理学的三种制约，需要从其坚持物质性的本体论出发，对作为思想和物质统一体的人在时空中的基本行为规则假设进行深刻地理解。

### 3.2.5 活动的地方秩序嵌套

回到本节一开始提出的关于"人生如戏"的比喻。在本节的上述文字中，我们对戏剧中的演员、角色扮演及活动分别进行了阐述。这里对于舞台需要进行进一步的阐述。在时间地理学的理论框架中，哈格斯特朗曾先后构建两个术语来表达舞台之于演员、角色扮演及活动的意义。一个是"图式"（Diorama），一个是"活动的地方秩序嵌套"（Pockets of Local Orders）。这两个词在哈格斯特朗的阐述中，其实都用了隐喻的方式来表达其内涵，因此无法简单地进行直译。我们认为，哈格斯特朗用这两个词想要表达看问题的不同角度。

首先，当我们从"局外人"的视角来研究某个有明确地理边界的区域，综合观察该区域中共同存在的所有事物（包括人和其他生命体以及自然事物和人造事物）、在场与不在场的动态变化以及事物之间的横向联系与相互作用时，哈格斯特朗起初采用"图式"（Diorama）来代替地理学中"景观"（Landscape）这一概念。他认为"图式"不同于"景观"，或者"图式"对"景观"的内涵进行了扩展，在于"图式"尤其强调"景观"内在的、不容易被直接观察到的本质性联系。这种联系一方面体现在空间上"地理共存"的横向联系，即行动者及其思想与工具、其他自然背景、事物等在空间上的相邻并置与排列组合所形成的机会或制约。另一方面体现在时间上"先来后到"的纵向联系，在未来持续不断地转变为过去的过程，通过时空路径与企划的概念将景观演变的微观过程及其机制揭示出来。

其次，当我们从"局内人"的视角来进入这个"舞台""场景"，从演员的角度来说，行动者为了实现特定的企划，需要占据一定的时空口袋（Space-Time Pockets）来维持一定的地方秩序，以免受到外界的干扰。所谓的地方秩序，是从行动者的角度来说的，其实就是行动者为了实现企划而开展一系列活动时所处的微观情境。这个情境的构成是物质的，是客观存在的，并不以行动者的意志为转移；但是在那个特定的时空口袋（行动者所占据的特定空间以及开展活动所持续利用的时间）中，行动者有意或无意地能够利用周围的时空资源来开展活动、实现特定的企划。因此，地方秩序对于行动者而言，是其有意识或者无意识可以借以利用的物质环境的时空排列组合。从本质上说，活动的地方秩序反映了个体对特定地方进行利用的能力。

哈格斯特朗用活动的地方秩序嵌套来表达从微观个体时空路径汇总到宏观社会网络的关键节点，揭示了社会结构的空间表现及其对个体路径的影响。哈格斯特朗指出，在城市系统中的一些组织或机构，作为地方秩序的制定者，会形成并控制一些惯常性的企划，从而潜移默化地让个体行动者遵循这些惯常性的企划来组织自己的生活。两类非常明显的组织包括家庭以及工作、教育、服务、休闲等的集聚地。例如，学校有自己的排课安排，而学生要遵循学校的地方秩序上学、放学；工厂有自己的轮班制度，人们要按照秩序化的时间去上班、下班（Hägerstrand, 1982a）。

另外，地方秩序的制定者及其企划存在一定的权力等级体系。低等级的企划要服从高等级的企划，例如，地方学校的企划需要服从国家的企划；工厂的企划需要遵从外部市场以及其他更高级的生产者的企划。正如同企划之间存在竞争，拥有更大权力的行为主体的企划往往能够得以实现；地方秩序之间也存在嵌套关系，对于个体行动者而言，低等级的地方秩序应服从于高等级的地方秩序，如个人在家庭中所能利用的地方秩序应服从于区域中生产企业所形成的地方秩序。在不同的地方秩序口袋中，行动者需要遵循不同的秩序来组织、协调自己的行动，从而保证个体企划的实现。

因此，活动的地方秩序嵌套这一概念，从个体行动者的视角出发，对个体与个体、个体与组织、组织与组织企划之间的等级体系及其所揭示的宏观社会结构的形成过程进行了揭示。并且，个体路径在家庭、工作、公共领域等不同地方秩序口袋中的组合的动态分析，能够揭示科技进步、社会组织及生活方式演变的变化对其他地方秩序的影响，从而将三个世界动态地关联起来。

## 3.3 准确理解时间地理学

时间地理学除了基本思想与概念体系以外，还发展了极具特色的符号系统。路径和棱柱及其符号系统成为时间地理学的标志。然而，时间地理学的符号系统由于过分简化与抽象，从形式上容易被误解为时空就是空间维度加上时间维度，并且时空路径模型就是对个体在时空坐标中的运动轨迹的简单描述，仅侧重于个体行为轨迹的形态描述，而无法揭示个体行为背后的性别差异以及反映个体的态度、情感、意愿等主观因素。时空路径无法反映出行为主体内在的精神世界与主观能动性，过分突出了人类行为外在的、物质的、机械的表现形式，因此遭受了来自女性主义、结构主义、现象学及人本主义学者的诸多批判，批判的核心在于其忽视主观能动性的物质主义倾向。

时间地理学遭受批判一方面反映出时间地理学关于"社会—自然—技术"相互作用的综合生态世界观并没有被大家很好地理解，而另一方面也说明其过分抽象、简化的符号系统如此令人先入为主，容易形成"误解"甚至"偏见"。与此同时，哈格斯特朗也正是在与上述"批判"进行辨析与回应的过程中，时间地理学的概念体系与理论框架不断发展和完善，也使得时间地理学的思想与方法在社会科学更广泛的领域内得以传播与发展（Pred，1981b）。然而，不幸的是在1970年那篇经典论文之后的很长一段时间内，哈格斯特朗本人对时间地理学思想与方法的"勘正"与"发展"论述相对零星地分散在一些英文论文之中，但似乎并没有像1970年的经典论文那样得到应有的关注。

但是，这并不代表时间地理学是完全忽视主观能动性的物质主义、机械主义的方法论，这是对时间地理学理论的误解与偏见。在时间地理学概念系统中，企划的概念强调时空轨迹背后人的意图、情感、记忆、感觉、知识、想象和目标等的内在思维活动，它在一定程度上决定了路径的方向，它将个体行为的"主观"与"客观"方面进行了统一，实现了从"个体日常经历"到"社会结构化"、从"个体社会化"到"社会再生产"的理论升华，同时也贯通了"过去""现在""将来"的持续转换过程，是整个时间地理学理论框架的核心。

此外，时间地理学被看作微观个体行为的重要理论与方法论基础。然而，时间地理学重视从微观个体出发，审视个体行为背后的复杂情境性、相互作用的微观过程，但更强调从地域综合的视角去分析人类活动与社会、自然、技术互动的过程与后果，最终要从个体日常活动来透视和理解社会系统的运行规则。这在"活动的地方秩序嵌套"概念中进行过详细的论述与体现。这一概念体现了时间地理学综合地域研究的特色。

总之，时间地理学的符号系统是对其综合生态世界观的一种独特的"语言"表达，是对现实世界中"景观"的复杂性及其动态演变过程的抽象和简化表达。并且，符号系统并非时间地理学思想与方法的全部，而真正应该得到准确和深刻理解的应该是时间地理学背后的本体论与世界观。因此，忽视了时间地理学五个核心概念的任何一方面，都无法完整和准确地认识时间地理学。目前，时间地理学的综合生态世界观并没有获得外界准确、全面的理解，从自身理论发展的现状来看，企划、活动的地方秩序嵌套等概念的理论阐述、符号系统与实证研究已经远远落后于路径、制约、棱柱等概念，新时间地理学呼唤新的理论发展，亟须对上述概念进行新的解读、符号系统的创新发展与开展大量的案例研究（柴彦威等，2016）。

# 4 路径及其符号系统

路径是时间地理学的经典概念之一，其符号系统也成为时间地理学的标志。哈格斯特朗发明了一套能够表达其综合生态世界观的符号系统，主要初衷是他认为人类语言无论是口语还是书面语，都无法同时展现地域景观中那些众多在场和不在场的事物。因为语言本身有结构、有顺序，无论是说还是写，都必须按照规则依次进行表达。而使用符号系统，能够较为清晰地呈现在特定时空中每个出现的事物在时空中的配置与结构，同时也能表明那些在场与不在场的事物的联系与结构。路径作为时间地理学中最经典的符号系统的标志，能够形象细致地描述由诸多个体或群体所构成的物质的、有形的现实世界。

个体路径（Individual Path）是哈格斯特朗所创建的用于表达微观个体在时空中连续运动过程的概念与符号系统。在综合地域研究中，哈格斯特朗提出，首先应该根据自己的研究目标界定一个有意义的地理边界，而研究者可以从局外观察的角度以及局内人的视角，用个体路径的方法来刻画研究地域中的所有个体（包括人、其他生命体及事物）时空路径的变化与联系，从而刻画个体在决策时所处的复杂的微观情境，以及从宏观上了解地域"景观"演变的微观过程与机理（Hägerstrand，1985）。可以说，个体路径是哈格斯特朗进行景观演变的宏观汇总模型的基本手段和研究出发点，强调个体就是为了进一步探索和发现个体行为背后的影响机制。

## 4.1 从生命线到生命路径

个体路径概念及符号系统形成于哈格斯特朗早期的人口迁移研究中对人口统计学中生命线（Life Line）概念的创新应用。他在人口迁移的传记性研究中，把生命线概念加上空间轴后，创造性地提出了生命路径（Life Path）的概念。这成为后来时间地理学方法论的开端。

所谓生命线，就是个体的一生在时间维度上的连续表示，也就是从出生到死亡的一条直线（图4-1）。生命线形象地刻画了微观个体在时间维度上的动态变化，但缺乏空间信息。哈格斯特朗在生命线上加上了空间轴，直观地展示了个体在生命尺度上的迁移、出生、死亡等影响区域人口变化的微观事件，形成了生命路径的概念。

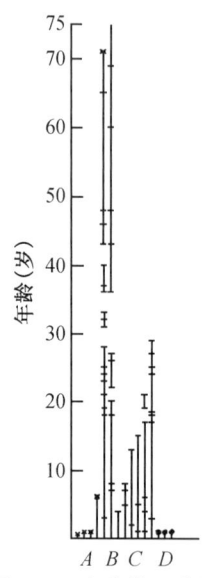

**图 4-1 生命线示意图**

注：每条竖线代表一个人的生命历程；"＊"表示死亡；"-"表示国内迁移；"·"表示移居国外；一条竖线中间的间断代表在该段时间迁到研究区域以外。A、B、C、D分别代表不同的迁移群体。其中，A代表年幼夭折的群体；B代中间有过国内迁移经历、晚年落叶归根迁回出生地的群体；C代表年轻时迁出国内其他区域但永久搬迁的群体；D代表儿时移居国外的群体。

生命路径的表示方法如下：首先，利用各个教区关于本区人口出生、迁移等的登记资料，作出每个地区中的所有个体生命线，从中很容易得出各地区的人口变化特点。但是，如果某个人有一段时间迁到其他地区时，他在该地区的生命线就会出现断裂，一直到他重新迁回本地区时为止。如果对所针对地区进行汇总分析，只能得到某个时间截面上的人口总量分布，而对于不同时间段之间人口迁入与迁出的过程、去向以及迁移原因则无法了解到。因此，人口迁移研究中基于个体迁移过程和微观情境中的决策因素分析对于理解宏观层面的迁移格局有重要意义，而传统基于"地"的汇总模型明显存在不足。

传统的地理学的地图表达方式是静态的，对于空间分布变化过程的表达只能通过若干时间截面上的空间分布格局的对比来表达（图 4-2）。该图左边表示某个研究区域中的人口在 $t_0$、$t_1$ 及 $t_2$ 三个时间截面上的空

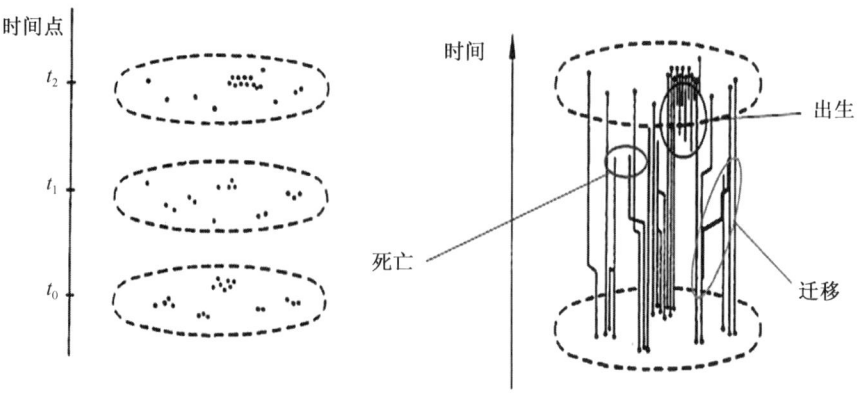

**图 4-2 哈格斯特朗早前人口迁移研究中的生命路径模型**

间分布格局及其变化，其中的 $t_2$ 和 $t_0$ 可以明显看出人口空间分布呈现更加集聚的趋势。

该图的右边表达了哈格斯特朗所开创的生命路径，实际上是三维立体的，用二维平面简化表达了真实的地理空间，而用纵坐标表示时间的变化。类似于生命线，每个个体用一条线段来表示，线段的起始点代表个体的出生，线段的终点代表个体的死亡，每条线段在某个地点的上方所形成的垂直线段代表了个体在该地点的持续居住状况，而直线的拐点及此后的斜线段表明该个体发生了居住迁移。但当我们追踪人口迁移的路径，并把它们在不同地区之间连接起来以后，上述问题便不难解决。可见，这种在时空坐标系上连续表示的生命路径概念，为研究不同时空尺度的人文现象提供了一个直观有效的方法。

## 4.2 个体路径的符号系统

哈格斯特朗（Hägerstrand，1978）在研究中建立了一个模型将社会描述为"物质"系统，认为每个人、每个家庭都是由某一环境结构或者说某一资源和活动的选择类型（例如，水、食物、各种商品、服务、信息、工作机会、社会交往、闲暇时间利用等等）所包围的。这种环境结构对于满足个人需要是必不可少的，但是它们在时间和空间上的分布又不均匀。因此，这种环境结构与个人的生活质量密切相关。一个人有怎样的环境结构取决于个人的能力、获得的信息及占有的资源。在路径模型中，个人为了谋生或满足其获得信息、社会交往及娱乐等方面的需求，需要在不同的环境中进行移动和停留，因此呈现出个人路径上的移动与停留。

经典时间地理学把个体移动活动表达为时空体中连续的时空路径。在三维坐标空间中，二维平面表示地理环境（图4-3），而第三维坐标表达时间。如图中的 $s$ 表示二维的地理平面，$s_1$ 和 $s_2$ 是区域中的两个地点。在二维平面上加上时间坐标轴之后，我们可以看到时间轴只有一个方向，意味着无论是有意识还是无意识，时间的流逝都不随人的意志而改变。如此，可表达出城市中每个设施资源的时空供给，如空间分布及开放时间。城市中的个体居民，其日常活动和出行便可表达为时空中的一条连续的路径。

个体路径开始于出发点，结束于终止点。由于个人不能在同一时间内存在于两个空间中，所以路径总是形成连续的、不间断的轨迹。个人路径不随时间发生移动时，在时空轴上可以表示为垂直线，而发生移动时则表示为斜线。路径可根据分析需要，通过改变时空坐标，在空间尺

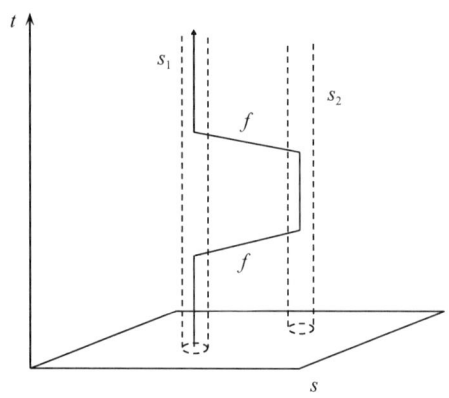

图 4-3 路径示意图

注：横轴平面表示空间；纵轴表示时间；实线代表人的活动过程；虚线代表地点的开放时间；$s$ 表示二维的地理平面；$s_1$、$s_2$ 表示区域中的两个地点；$f$ 表示迁移。

度（国家、地区、城市等）、时间尺度（一生、年、季度、周、日等）、对象尺度（个人、家庭、组织等）上可以自由设定。特别是根据时间尺度可以分为日路径（Daily Path）、周路径（Weekly Path）及生命路径（Life Path）等。当然，在不同的时空尺度下，"移动"和"停留"的内涵也不同。在人口迁移研究中，"移动"代表生命尺度上的居住迁移行为，是长期行为；而如果在日常时间尺度上观察城市居民的活动与移动行为，我们也可以用这条路径表示外出工作与通勤行为等出行，而这属于短期行为、日常行为。

个人在参与生产、消费和社会活动时，需要停留在某些具有永久性的停留点上，由于这些停留点包含一定的设施并具备一定的职能，因此可称之为驻所（Station），如家、单位、邮局等都是驻所。驻所概念同样在空间和时间尺度上都有很大的灵活性，例如，按生命路径尺度，一个人居住过的城市可以被看作一个驻所，而按一日路径尺度，这一城市就要被分解为一系列的驻所。

在人的生命尺度上，生命路径上可以表示出生、死亡、迁居等重大生命事件。对于生命路径而言，我们看到有一个个体在地点 $s_1$ 出生，并居住了若干年，而后从地点 $s_1$ 向 $s_2$ 发生了第一次居住迁移，用 $f$ 来表示，此后他在地点 $s_2$ 居住了若干年，之后又发生了从地点 $s_2$ 向地点 $s_1$ 的第二次居住迁移，然后便一直住在 $s_1$ 直到死亡。从家乡 $s_1$ 迁出到 $s_2$ 而后返乡，在现实世界中可以代表城市化过程中农村劳动力在年轻时期的进城务工，而积累一定财富之后返乡养老。

如果把生命路径中的某一个重大生命事件所发生的时间点展开，可以看到个体的年路径甚至日路径，生命路径、年路径和日路径有着不同的形态和结构（图 4-4）。仔细观察可以发现，在日路径中，个体的外出移动则比较明显地表现为斜线；而在生命路径和年路径中，由于"迁移"或"移动"本身的时间耗费与一生或者一年的时间尺度相比太短了，因此并没有用斜线来表示。

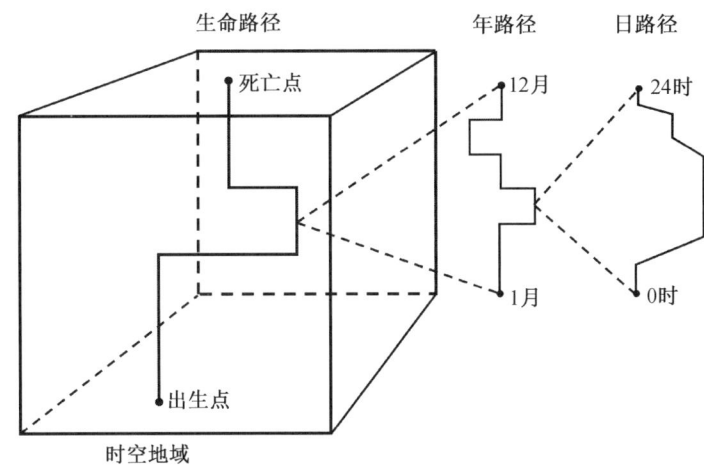

图 4-4　不同时空尺度上的个体路径

图 4-5 用三维的时空箱表达了真实地理场景中个体的日常活动路径。很明显，图 4-5 相对于图 4-3 而言，更加丰富地表达了真实的地理场景。我们可以将时空箱的二维地理平面对应到其下方的真实地理场景

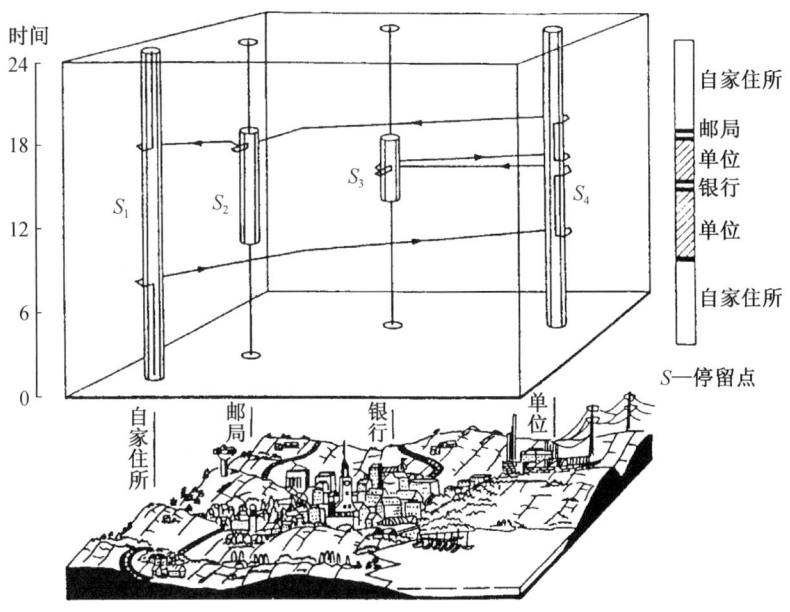

图 4-5　时空坐标系中的个人活动路径

中，在那里我们可以看到一个人的自家住所、工作单位以及城市中的银行、邮局等其他设施。时空箱中的个体路径，可以非常形象、细致地刻画出一个人从自家住所出发，在单位中进行工作活动，然后在午休时间从单位到银行短暂地外出办事，办完后再回到单位继续工作，最后下班后在回家路上路过邮局短暂停留办事之后回到家中的整日连续的活动。在时空箱的右方，给出了个体一日活动的时间与空间分配的汇总情况，可以看出自家住所、单位是最主要的停留点，分配时间最长，而银行、邮局等停留点只是主要活动间隙的短暂停留。

## 4.3　时空中的个体路径

以上是关于个体路径的起源与基本概念、符号系统的介绍。我们还需要注意的是，个体路径背后反映出时间地理学对个体行为的根本认识，同时也是用来展示时间和空间维度变化、个体行为连续过程的重要工具。首先，时间地理学中的个体路径强调"不可分割的个体"。在此之前的区域科学中的人口迁移研究，仅把人作为孤立的个体，较少关注个体与其他组织的相互作用。而实际上，个体的行为是相互关联的，例如，个体在某个时段是通勤人口，而在另一个时段亦是消费人口、休闲人口、居住人口等。若将个体的不同行为割裂开来，忽视行为之间的相互关系，像对待其他物质颗粒一样对人进行任意分割，则会得出不符合实际的结论。哈格斯特朗（Hägerstrand，1970）强调"区域科学应该是关于人的科学，而非物的科学"。时间地理学的个体路径，是对个体活动系统整体性、连续过程性的正面关注，对于当时区域科学关于空间行为的研究是具有冲击力的。

其次，个体路径刻画的是完整的行为系统，有助于分析在城市实体空间之上存在的人的活动系统。个体在家、工作地等相对静止的活动和不同地点之间的移动是紧密关联的，整体构成了个体活动移动系统，使得时间地理学成为交通出行活动分析法的理论基础。时空中的个体路径正是因为能够将这些看似常识性的但又极为复杂的、不停变化的人类活动系统进行了简洁直观的可视化表达，便于对家庭成员的联合行为和分工协作，以及家庭资源在不同成员间的分配和使用等进行整体的表达和分析，有助于深刻认识到人的活动系统的过程性、动态变化以及复杂的交互过程。

同时，个体路径不仅可以刻画人类活动移动现象，而且适用于所有其他生命体的移动活动现象。研究者可以在空间尺度上、时间尺度上、对象尺度上进行灵活设定，构建一个具有普适性的方法。生命尺度上的个体路径与年路径、日路径之间的关系，实际上反映出长期行为与日常行为之间的关系。例如，在一个城市中进行迁居行为后，对某一天选择去哪个商场购物等短期行为之间是存在相互影响的，并随着时间的推移而发生变化（柴彦威等，2010a）。这是行为研究的一个难点，而时间地理学可以为之提供有效的研究方法（柴彦威，2005；柴彦威等，2011c）。

## 4.4 个体路径的三维可视化

随着三维技术的发展，越来越多的研究将地理信息系统（GIS）的三维技术运用到地理学的研究中来，与时间地理学的结合也是近期研究中较为活跃的领域（Sheppard，1999）。基于 GIS 的地理可视化方法为对复杂的人类活动移动模式进行探索性的分析提供了有力工具。它能够提供动态和交互性的分析环境，使用者能够自主地修改观察视角、参数、查询条件，灵活地观察和分析时空行为模式，以便捕捉行为规律、提出研究问题。同时，GIS 中对城市环境的刻画非常逼真，有利于在分析个体路径的时候直观地看到建成环境对其的影响，有身临其境之感。此外，基于 GIS 的三维可视化能够应对数据的复杂性，同时分析多个维度的变量（个体在时空中的运动包含多重维度，如空间区位、起始时间、持续时间、活动次序、活动类型等）。将时间地理学框架应用于对人类活动模式的三维地理可视化可以有效地将时间和空间维度结合起来进行综合考虑，能有效分析时间和空间的互动对个体行为模式的影响。

20 世纪 90 年代以来，随着 GIS 技术的快速发展，以及全球定位系统（GPS）、手机等移动终端在个体行为数据采集与分析中的应用，在时间地理学的框架下对真实地理空间及个体路径的可视化方法有了显著的发展。随着 GIS 技术的发展，时间地理学中的个体路径表达逐步开始在 GIS 的环境下进行。早期对于时间地理学中个体路径的可视化，往往基于活动日志法采集个体时空行为数据。尽管活动日志调查法存在一些弊端，例如，经常有较多的记录错误，并且有时调查者不愿意记录某些活动，有时会漏掉短的出行记录或者多目的出行活动中会漏掉一些停留地点，但活动日志调查法长期以来一直是个体时空行为数据采集的最主要方法（柴彦威等，2014a）。

1988—1990 年，日本人文地理学家荒井良雄等人分别对东京郊区的埼玉县川越市、名古屋郊区的爱知县日进市及作为地方城市的长野县下诹访町实施了活动日志调查（荒井良雄等，1996；冈本耕平，1993）。借助 GIS 可视化技术，个体路径得以在时空箱中进行批量化可视化表达与分析。在日本名古屋郊区日进市的案例中，通过对所调查的 180 对夫妇在工作日的日路径进行可视化，从汇总面可以发现丈夫和妻子工作日的活动安排存在明显的差异。丈夫的日路径显示出最主要的日路径模式，即每日清晨和晚间在名古屋郊区和市中心之间的潮汐式的通勤流，此外还有一些丈夫有着更加广泛的通勤范围，有很多郊区之间的侧向通勤。而对于有工作的妻子而言，尽管也有相当比例的妻子清晨出发到市中心去工作，但普遍而言，许多妻子工作结束及晚通勤的时间较丈夫而言比较早，并且还有相当比例的妻子的日路径都围绕郊区自家住所附近（图 4-6）。

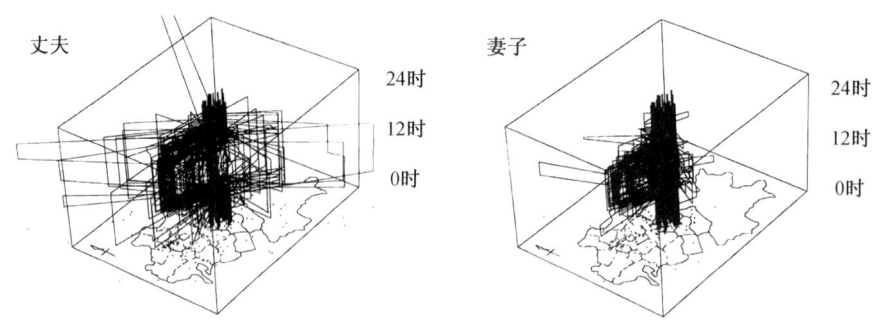

**图 4-6　日本日进市丈夫和妻子工作日的日路径**

注：丈夫的日路径中有 170 人；妻子的日路径中有 187 人。

借助 GIS 三维可视化技术，尽管可以将研究案例中的所有样本的个体路径一一进行可视化表达，在 GIS 三维环境中可以很容易地通过旋转、变换观察角度等方式来对汇总的路径所表现出来的模式特征进行观察和总结，并且通过属性、活动时间、地点等信息进一步筛选出特定子样本进行路径的比较分析。这时通常可以发现一些宏观格局上的差异，例如，上述日本名古屋郊区日进市就业夫妻的日路径格局的差异。但是往往随着样本数量的增多，在这种汇总的个体路径可视化方式下，诸多的个体路径相互重叠，很难发现其分布的规律性。因此，简单的 GIS 三维可视化还不够，需要进一步开发一些辅助分析的可视化手段。

基于 1995 年美国俄亥俄州富兰克林郡居民出行日志调查，关美宝（Kwan，1999a）从调查样本中抽出信息完整的、源于同一个家庭的就业人口，并将其细分为全职女性、兼职女性以及全职男性三个群体。借助于 GIS 可视化技术，对三类人口亚群体的时空路径在三维时空箱中进行可视化表达。对于全职女性而言，她们白天工作时间相对较长（8.2 小时，时空路径中垂直的线段长度较长），所参与的其他外出非工作活动数量相对较少；兼职女性白天工作时间明显较短（3.9 小时，时空路径中垂直的线段长度较短），她们在白天能够参与更多的外出非工作活动，并且时空路径呈现出更为破碎化的趋势（图 4-7）；全职男性的时空路径与全职女性较为相似。尽管基于汇总的时空路径,并借助一些统计数据,似乎也能看出全职女性、兼职女性两个群体之间的差异,但是在汇总的路径中,仅通过肉眼还是难以辨别出明显的特征差异。

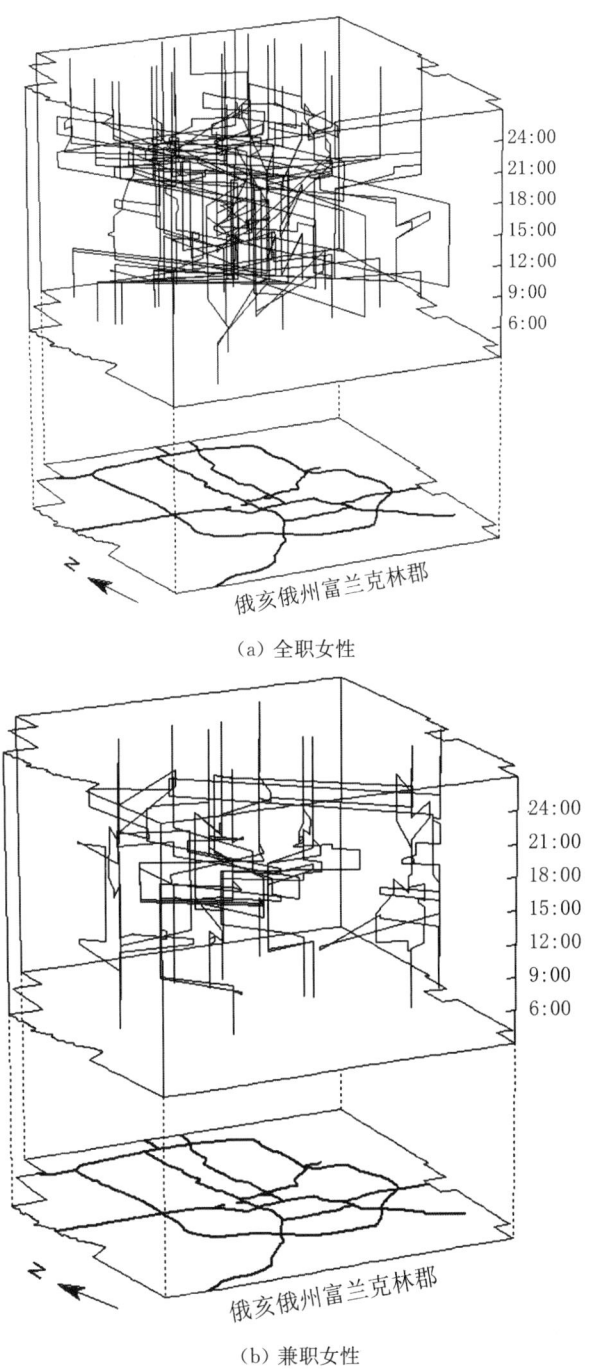

图 4-7 美国俄亥俄州富兰克林郡全职女性和兼职女性在工作日的日路径

因此关美宝开发出标准化的时空路径，即将特定群体的时空路径中的家的地点移到二维平面坐标中的原点，将所有时空路径中家、工作地以及二者之间的出行投影到一个"职住平面"（沿横轴的垂直平面）上（图 4-8）。这样既有助于分析特定群体工作活动和非工作活动之间的关系，也可以通过旋转视图等 GIS 可视化手段方便地隐藏所有工作活动，而仅分析非工作活动的时空模式（Kwan，1999a）。

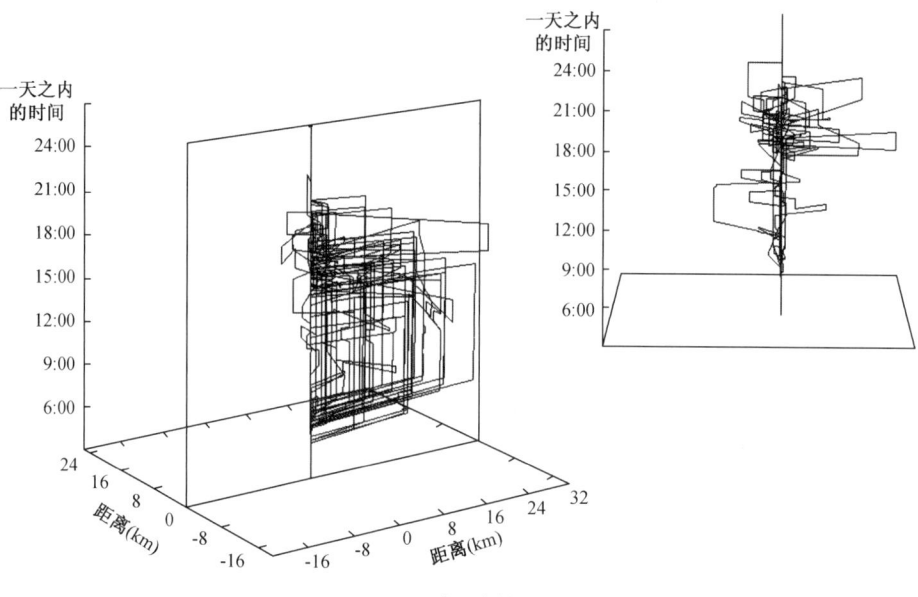

(a) 全职女性

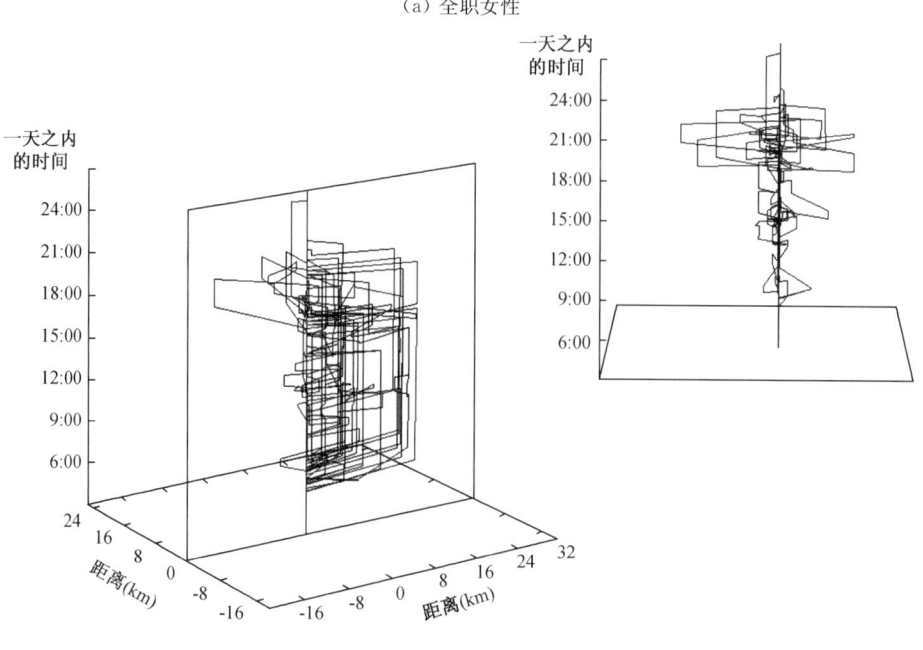

(b) 全职男性

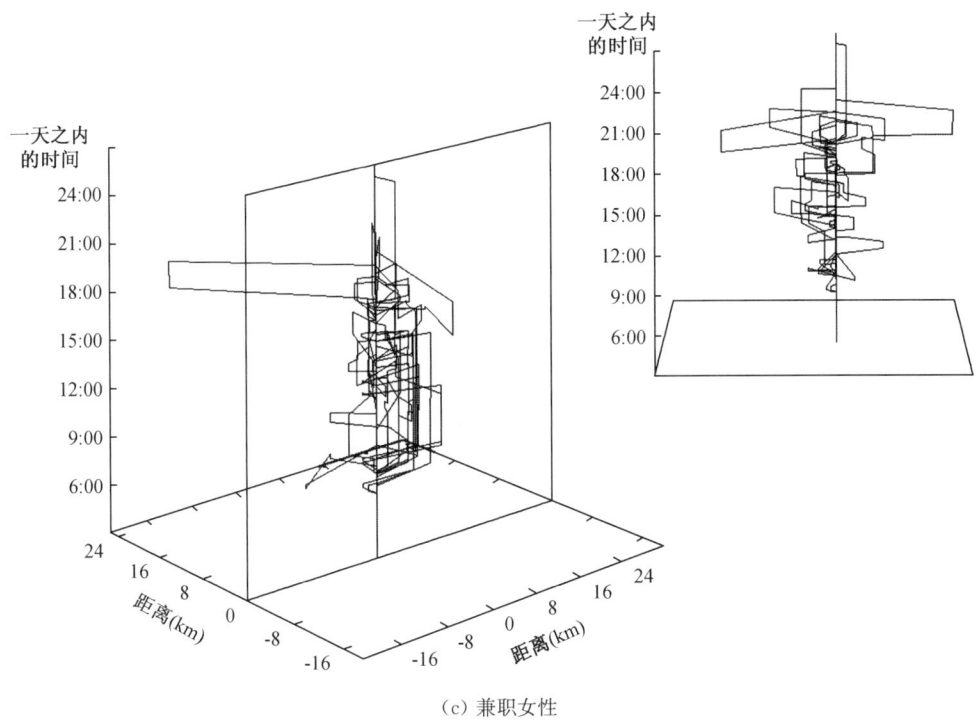

（c）兼职女性

**图 4-8** 美国俄亥俄州富兰克林郡全职女性、全职男性和兼职女性在工作日的标准化日路径

通过对比全职女性、全职男性和兼职女性的标准化个体路径，可以相对直观地发现，就全职女性和全职男性而言，非工作活动在很大程度上受到工作活动的制约：非工作活动投影在职住平面上多与工作地在一个方向，并且非工作活动大都在晚上下班后进行（47.8%的全职女性，39.2%的全职男性），白天进行非工作活动相对较少并且空间范围集中，而晚上进行的非工作活动空间范围明显更远。相比于全职男性和女性，兼职女性的非工作活动仅有部分沿职住平面分布，并且在时间和空间上的分布相对均匀（仅有29.1%的非工作活动在晚上进行，而大多数非工作活动在白天进行）。此外，兼职女性的非工作活动多发生在家附近，并且总体上她们的时空路径呈现出更明显的破碎化趋势（Kwan，1999a）。

尽管做了特殊的处理，但想通过汇总的个体路径来发现群体间的差异还是相对比较困难的。总体上，借助GIS的个体路径三维可视化，的确可以在研究初始阶段帮助研究者发现或者聚焦一些有意思的研究问题。

此外，随着GIS三维可视化技术的发展，在时间地理学框架下对个体路径的可视化表达，通过时空路径三维地理可视化的改进，可以实现地理环境图层从二维到三维的图形转换以及真实三维图景的添加。为了更好地实现近景可视化和增强地理景观的真实性，商业和工业的图层也被转换成图形数据和图景中的立体建筑。这种空间表达方法具有很多优点，如可以清楚地展示时空活动通过相互作用而组织起来的行动轨迹，并且有利于活动日志中各种规律的发现（Kwan，2000）。

## 4.5　基于移动定位数据的个体路径

新型移动数据源主要包括 GPS 数据和手机数据。近年来，新型移动数据源与地理信息系统相结合，用于测量个体的出行，不仅提高了其地理精度，而且有助于被调查者回忆出行目的，极大地提高了出行数据库的质量。基于手机用户的移动性数据采集目前已经具备了良好的技术与社会基础，手机完全可以被用作人们随时随地携带的定位仪器，而结合手机用户的个人社会经济属性信息也已成为个体时空行为研究的重要信息源。

基于 GPS 和手机的移动性数据具有以下特点：GPS 和手机定位可以采集个体真实位置和移动数据，包含时间、空间的多重维度（Zook，2004）；新数据源比传统数据具有更高的质量与精度，尤其是手机信号的覆盖面广，大大降低了无信号现象发生的概率；基于 GPS 和手机定位可获得个体的实时移动信息，从而支持个体时空行为轨迹的分析（Ahas et al.，2005）；GPS 和手机移动数据适用于移动性测量与建模，通信服务系统本身具有一定的移动计算与交流分析能力，可减少行为数据编码过程的信息损失，适合于大规模的时空数据分析（Miller，2005a）。手机移动数据能够克服传统时空数据的诸多不足，是未来进行个体时空行为数据获取的重要手段。

基于 GPS 和手机定位数据的个体路径的可视化更为逼真，不仅可以更加精准地测量个体移动和活动所处的微观环境，而且有助于采集和测量更长时间段的个体路径模式。例如，基于美国莱克星顿居民的 GPS 调查数据的个体路径的可视化中，个体出行轨迹往往都沿着高速公路分布（Kwan，2004）。

北京市的案例研究表明，基于活动日志与 GPS 定位数据相结合的为期一周的居民时空行为数据对揭示居民的弹性通勤模式有显著作用（申悦等，2012）。从时间、空间、方式、路径等维度提出基于弹性的几种基本通勤模式，通过对不同通勤模式的典型样本的个体路径进行可视化，可以直观地透视中国城市居民通勤行为的日间差异性与复杂性。

此外，伴随手机信令、公交刷卡等个体移动大数据的发展，越来越多的学者开始借助数据挖掘手段来识别上述数据中个体运动的时空轨迹，并借助时间地理学个体路径模型进行可视化与模式挖掘。例如，利用手机信令数据分析城市居民活动的时间节律以及活动空间（Ahas et al.，2010；Järv et al.，2014）；基于手机信令数据的城市社区生活圈划分与职住空间结构优化研究（王德等，2019；2020）；使用出租车轨迹数据和社交签到数据对城市内部和城市之间居民移动模式和空间作用关系的研究（Liu et al.，2012，2014）；使用公交刷卡数据和出行调查数据的北京城市居民职住空间关系分析（Long et al.，2015）；使用连续公交刷卡数据来刻画个体行为轨迹（Huang et al.，2018）；基于多源时空大数据动态模拟人群迁徙和空间分布，为流行病疫情的快速、精准防控提供有效支撑（刘张等，2020）。

总之，大数据及时空挖掘技术的不断进步，在一定程度上推动了时间地理学个体路径模型更为广泛的应用。并且，时空大数据由于具备大样本、长时间尺度的特点，往往对于时空行为格局及其演变规律的刻画等具有明显优势，对空间—行为互动过程的验证有重大潜力。然而，无论是GPS、手机信令还是其他类型的移动定位数据，尽管可以获取非常精细全面的时空轨迹，但对于轨迹背后的个体属性、内在主观性以及轨迹上的各个活动及其微观情境数据却无法获取，需要借助日志调查、深度访谈等其他手段来进行采集。为此，现有研究开始尝试结合时空大数据和调查小数据来补充轨迹数据的缺失信息，以便更完整地研究个体行为特征和规律（Liu et al.，2015b）。个体路径模型更多地体现为时空中抽象的轨迹，似乎个体的人和个体物体（比如快递商品、动物等）所形成的轨迹在本质上并无差异。因此，我们需要时刻警醒，作为时间地理学中路径的符号系统，其提出的初衷是揭示个体行为的时空过程性和复杂的微观情境，当我们像对待其他物体颗粒一样对待个体的人的行为时，我们是否违背了时间地理学的初衷与本质。

## 4.6　个体路径的意义与应用方向

个体路径除了直观、细致地表达特定时空尺度上个体在时间和空间上的活动安排以外，还可以揭示特定地域中所有个体的路径以及个体之间的相互联系。尽管哈格斯特朗强调个体研究的重要性，但并不意味着我们需要把所有个体的时空路径都一一进行描绘，而更为关键的是寻求个体之间的联系，探索影响个体行为决策的关键性因素，尤其是表达不同个体在特定时刻的并置共存如何形成影响个体行为决策的客观环境，以及构成和继续影响个体未来行为决策的背景。

我们以瑞典城市中典型家庭的研究为例（图 4-9）。这个家庭由四个人组成，除了男女家长以外还有两个孩子。该图是二维平面图，用一维来表示地理空间，表达了案例家庭成员常常开展活动的驻点，包括家、工作地、学校、幼儿园、商店、儿童活动中心、报刊亭等。在横轴上，活动驻点之间的距离并没有表达真实的地理距离。每个家庭成员在

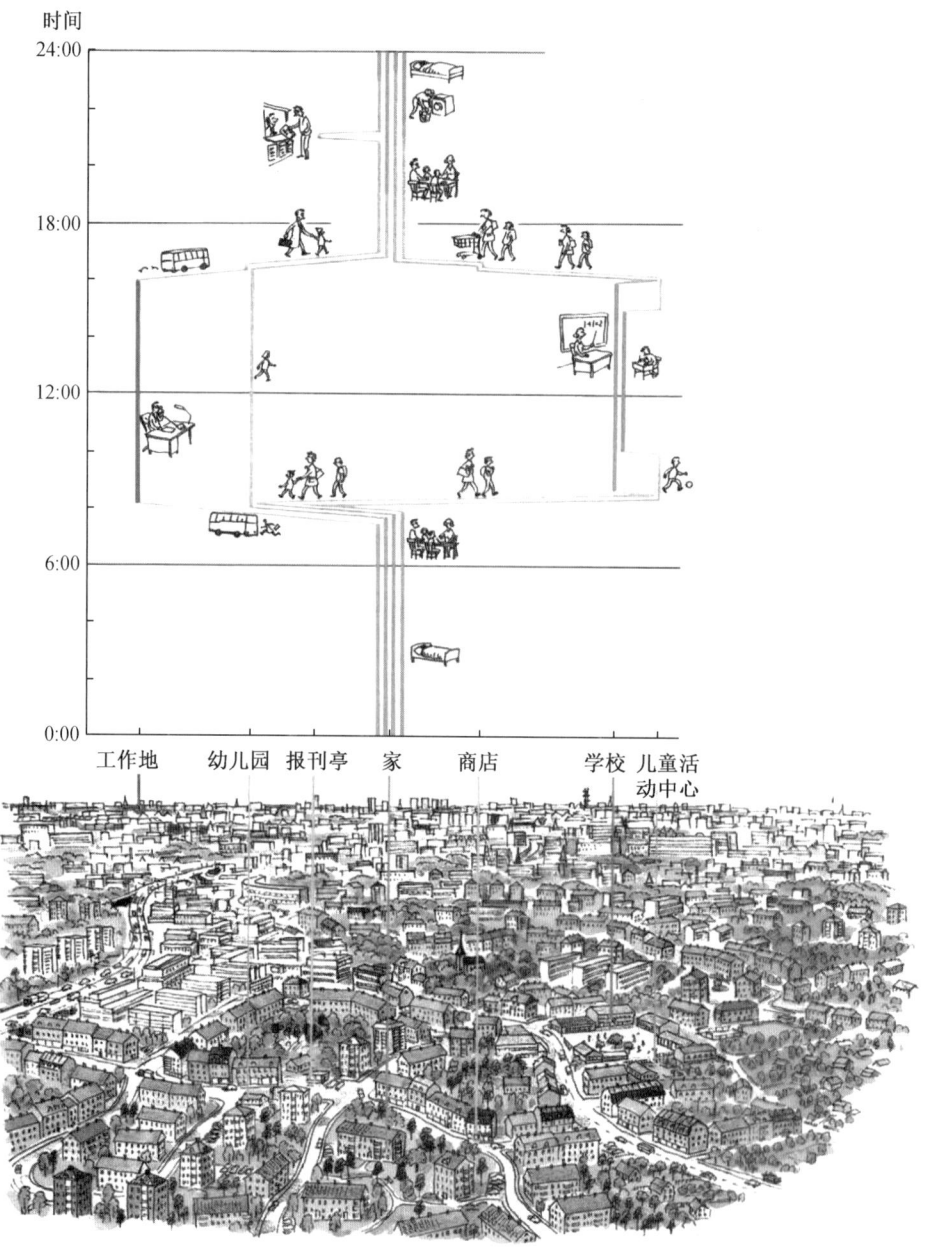

图 4-9 真实情境下的时空路径模型（彩图见书末）

工作日一天24小时的个体路径用一条有着不同颜色的线段来表示,而不同的颜色代表着不同类型的活动。

我们详细来看这个家庭的一天。早上8点钟以后,全家人都离开了家,在城市内部不同的地方开展不同的活动。男家长乘坐公共汽车去上班,他从早上8点开始上班,一直到下午16点下班。女家长早上带着两个孩子步行出门,首先将最小的孩子送到了幼儿园,再将大一点的孩子送到了学校附近的儿童活动中心,然后女家长自己才匆匆忙忙地赶去自己的单位上班。女家长是老师,她和大孩子在同一所学校。大孩子下课早,下课后又自己步行到学校附近的儿童活动中心玩耍;女家长下班晚,下午16点下班后先来到附近的儿童活动中心接大孩子,然后一起步行回家。在回家的路上,他们先去超市短暂地购物,然后回到家。而男家长在下午16点下班后,首先乘坐公共汽车到最小孩子的幼儿园接孩子,然后再与小孩子一起步行回家,他们回到家的时间比女家长和大孩子回到家的时间稍微晚一些。晚上大家一起在家吃晚饭。一般来说,晚饭都由女家长来准备,晚饭后各自读书、孩子们做作业、看电视等。之后基本上所有家庭成员都在自己家里活动,只有男家长在晚饭后出门在附近的报刊亭买了一份杂志后回家。最小的孩子最早睡觉,其次是大孩子。而男女家长睡觉时间都比较晚,并且女家长在晚上还进行了洗衣服等家务活动。

很明显,该图非常直观、清晰地表达了所有家庭成员个人一天24小时的活动,同时更为重要的是,它可以很细致地表示一天在什么时间、在哪里、在哪些活动或者出行上,家庭成员如何组合在一起或者彼此独立开展活动的。比如,孩子必须持续地由家里的成年人进行陪同。并且,由于男女家长都需要工作,必须有社会机构在工作日的上班时间或者孩子上学前和放学后提供儿童照料或看护服务,如幼儿园和学校附近的儿童活动中心。可见,个体路径能够很细致地表达出父母如何通过家庭分工及借助社会服务来克服陪同孩子的制约,以及是否能够实现自己的工作活动和其他活动安排。

因此,个体路径可以展现非常丰富的内容,包括每个人的活动安排次序、开始时间、结束时间、活动时长、活动地点、活动类型、出行时间、出行方式、出行同伴等。如果没有个体路径,将上述所有信息都描绘在一张平面地图上,我们将会损失掉非常多的重要信息,如活动次序、个体间如何在不同的时间、地点进行组合来完成某个活动等。借助个体路径,研究者们可以同时观察研究对象个体在时间和空间中的变化,能够将日常生活中烦琐、复杂却被认为习以为常的细节进行简明、直观的图示化表达。因此,个体路径为我们提供了揭示时间上的动态性、连续性，以及描绘非常复杂的个体之间的相互影响的有效工具，而这些都是我们理解当今现实生活所必需的非常重要的信息。

路径是有形物体在时空中的连续运动轨迹，它记录着人在不同场景中的活动序列，是已经发生的活动序列。在个体路径的符号系统中，它始终沿着时间轴向上运动，永远是连续的、不可分割的。路径追随时间变化，紧密地将过去、现在及未来联系起来，有助于研究变化和动态性。路径是时间地理学中最能体现时空过程性且应用最为广泛、最具代表性的概念和符号系统。总之，路径为分析特定事件发生的时空情境、环境对人的行为的作用机制提供了基本工具，我们可以借助路径来表达事件发生的过程，以及不同个体路径在特定时间、地点形成组合（活动束）的过程。可见，个体路径是时间地理学的语言系统，能够很好地处理和表达我们现实世界的物质性与情境性。

然而，路径的概念也存在一定的局限性，它只是时间地理学时空过程思想的产物之一，但由于过分简化和抽象，无法表达出共存关系和时空过程的全部内容，难以用路径来揭示个体生活及社会转型变化背后的作用机制。时间地理学的符号系统是时间地理学思想和世界观的产物，但并不等同于全部。路径的概念和符号系统是同时追踪时间维度和空间维度上个体运动过程的绝好工具，成为时间地理学的标志，但准确理解其背后的本体论才更为重要（Lenntorp，1999）。

# 5 制约与时空棱柱

## 5.1 路径与棱柱的关系

与路径相对应的另一个经典概念就是制约。路径是对个体行为进行描述的工具,而制约则是对其进行解释的框架,先有描述再有解释,二者共同构成了时间地理学的重要方法。这里值得强调的是,自20世纪60年代中后期以来,在计量革命向行为革命转型的大趋势下,学界的主流是关于人的空间行为理解的行为主义方法,即借鉴心理学的理论来解释人对空间的认知和偏好、选择和决策过程,而哈格斯特朗却另辟蹊径,坚持人类行为的物质性基础及受到各种制约的行为观,开创了人的空间行为解释的新框架。

哈格斯特朗(Hägerstrand,1970)提出了时间地理学的三种制约,即能力制约(Capability Constraints)、组合制约(Coupling Constraints)、权威制约(Authority Constraints)。尽管大多数的制约被阐述为总括的、抽象的行为规则,但时间地理学所构建的制约是可以通过空间中的区位、面积的延展以及时间的持续来描绘出具体的物质形态的。

棱柱是经典时间地理学对制约的抽象表达。棱柱模型测度了面向未来个体在现实物质环境的制约下可能实现的路径的最大时空边界,棱柱内所包含的区域是个体未来可能实现的路径机会全集。在"未来"不断转变成"过去"的动态过程中,路径被持续不断地描绘着,棱柱则面向未来,是未来目标实现的各种可能路径的集合,而最终实现的那条路径,一定是棱柱中诸多可能路径中的一条。简言之,路径记录过去与现在,棱柱是面向未来的、基于现实基础的诸多路径的可能性。

从时空过程的视角看,路径是对已经发生的活动及行为结果的描述,而棱柱是立足于当下而面向未来的行为预测。路径描述刻画了个体已经实现的行为结果,描述记录的是过去的行为;而棱柱侧重于个体活动物质现实基础和行为主体企划实现的客观可能性。需要注意的是,棱柱刻画的是当下面向未来时可能开展的活动的时空范围,并随着"现在"的推移，棱柱的形状与大小是动态变化的，总体上是不断缩小的。最终实现的个体路径只是棱柱中的一条，而诸多潜在路径因为各种原因而不能实现。决定未来路径走向和实现过程的，一方面是路径背后反映个体主观意愿的企划，另一方面便是企划实现过程中源于客观物质性基础的各种制约。此外，棱柱模型后来在地理信息系统（GIS）中得以实现并演变为时空可达性模型。

## 5.2 三种制约

制约是时间地理学的核心概念，它直接反映了时间地理学强调世界物质性基础重要性的核心思想。经典时间地理学对时空中人类活动所面临的制约规则进行了详细、深刻的阐述。哈格斯特朗认为，一个人要满足需要，要在不同的场所开展活动并在场所间进行移动。然而，世界的物质性使得活动的开展和移动均不可避免地会受到许多制约。一些是生理上或自然形成的制约，另一些则是由于个人决策、公共政策及集体行为准则造成的制约。对于个人来说，通常只能部分地克服这些制约。

### 5.2.1 能力制约

能力制约是个体开展活动时由于个人生理构成以及其所使用工具的特点而受到的制约。一些能力制约有着明显的时间指向。例如，睡眠、用餐等必需的生理性活动需要固定的时间间隔。由于日常活动的连续性，这些需求决定了其他活动的时间界限。其他的能力制约有着明显的距离指向，这使得个体所在的时空环境被分割为一系列同心的管子或者可达的圈层，个体移动或传达的工具以及如何与休息居所相联系的方式等决定了可达圈层的半径。

首先，个体日常生活中最为基本的便是"回家原则"（Principle of Return）。哈格斯特朗指出，在人的日常活动中，需要家或者类似的"基地"，能为其提供定期休息、存放一些私人物品以及接收信息等相对固定的地点。家或者此类"基地"的存在，能保证个体基本的生理需求得以满足，从而顺利实现个体的再生产以及保障其他任务的正常实现。在"回家原则"下，个体则须综合地、整体性地考虑时间与空间的利用，其活动空间范围和时间安排都会受到限制，因为他必须有充足的时间能够赶回家。其次，个体可能移动的最大空间范围，即可达（Reach）范围，取决于其所使用的交通工具。由于不同交通工具的移动速度是不同的，单位时间可以到达的空间范围也不同（图 5-1）。

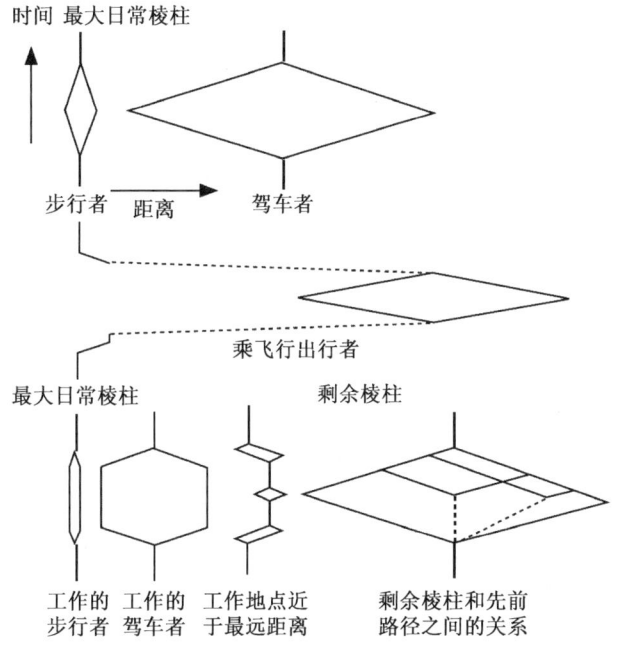

图 5-1　个人一日可达范围

在"回家原则"下，个体活动所能实现的最大可达范围在二维平面图上可表示为菱形。菱形上下的顶点是由时间确定的，如在规定时间以前必须回家；而菱形左右的顶点则是由交通工具的情况决定的，如步行时可达范围小，而乘车时可达范围增大。其中，菱形斜边的斜率与该种交通工具的速率成反比。菱形的拐点表示，在特定时间预算和移动能力下，个体所能到达最远的位置，即在那里不能停留（没有垂直线段）必须立即返回，否则无法在规定的时间返回家或工作地等"基地"。在同样的时间预算制约下，交通技术的进步使得个体的可达范围显著扩展，步行者、驾车者以及乘飞机出行者的可达范围呈现出显著差别。在交通技术相对原始的时代，人们在一日可达范围方面呈现出相对同质性。然而，由于交通技术的进步，如今人们一日可达范围之间的差异日渐显著（图 5-1）。

在三维时空中考察可达范围时，它呈现出棱柱的形状。因此，哈格斯特朗用时空棱柱（Prism）表示在三维时空中个体可能的移动范围（图 5-2）。时空棱柱有着明显的地理边界。需要强调的是，个体路径不可能存在于棱柱之外。因为，棱柱限定了个体在能力制约下的可达边界，超过了这个范围，活动是无法实现的；而在此范围内，个体路径有许多的可能性。

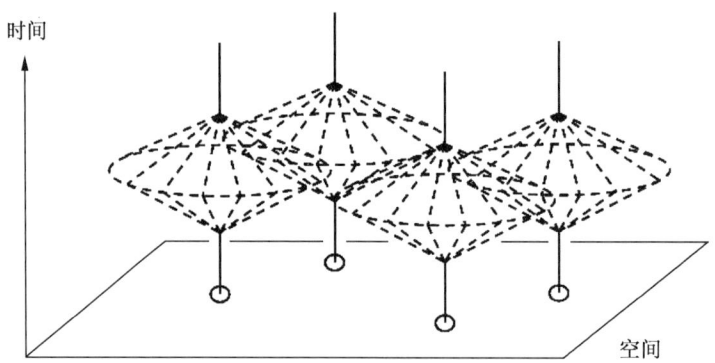

图 5-2 时空棱柱示意图

注：每条竖线代表一个人，中间的虚线棱柱代表这个人在该时段可能的最大活动范围。

同时，随着个体路径不断地把未来变成过去，当前时刻个体剩余的棱柱也是不断变化的，而这取决于个体停留的空间位置以及停留的时间。当个体在某个驻点进行停留后（垂直的虚线段），或者在可达范围内进行了移动后（斜的虚线段）（图 5-1），就意味着剩余的可达范围的面积将不断缩小，个体活动所能实现的时空范围不断缩小，并且形态也在动态变化。在西方社会的工作日中，通常人们的时空棱柱被分割为三段，早上离开家到工作地上班外出的时空棱柱、中午离开工作地外出就餐的时空棱柱以及晚上下班后从工作地返回家中的时空棱柱。无论是在时空棱柱中的哪一点，也无论在那点停留多长时间，个体的路径总是在时空棱柱内呈现出一条不间断的并且不后退折回的线（图 5-3）。

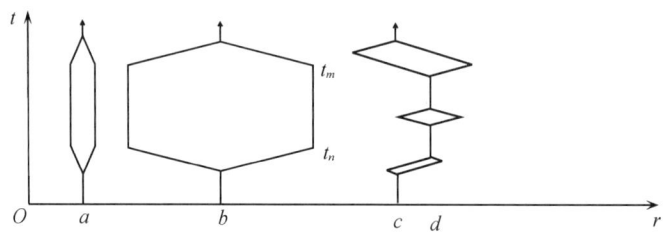

图 5-3 个体可达范围比较

注：$a$ 和 $b$ 为家庭所在地点。在离家及回家时间相同的前提下，$a$ 表示步行时，要保证按时上班、准时下班，工作地点的可选范围很小。$b$ 表示乘车时，可选范围较大。而 $c$ 为家庭所在地，$d$ 为工作地点时，则午休时间有可能从事其他活动。$r$ 代表空间相对位置关系。$t$ 代表时间。

在工作、消费和娱乐时的每次停留都决定了棱柱的边界，而这种边界也随着停留时间的长短不同发生变化。图 5-3 中的 $t_n-t_m$ 表示该时段是工作时间，$a$ 表示步行时，$b$ 表示乘车时。如果工作地点就在最远距离,那么除了通勤及工作以外没有时间干其他事情;如果工作地点在 $d$,而 $c$ 与 $d$ 的距离小于最远距离,则有可能在上班以前及下班以后安排其他事情。

## 5.2.2 组合制约

时空棱柱中的个体路径,在很大程度上受到组合制约的限制。组合制约规定了个体为了完成某项活动,如生产、消费及社会交往等,而与其他人或工具、材料等在某时某地同时存在并持续一段时间。几条路径的组合被称为活动束(Bundle)(图 5-4)。在工厂中,工人、机器以及原材料等形成活动束以实现产品的加工和生产。在办公室里,员工们通过会议等形式形成活动束以传达信息。在商店中,销售员和顾客形成活动束来买卖商品。在教室里,学生和老师形成活动束以传达知识和信息。

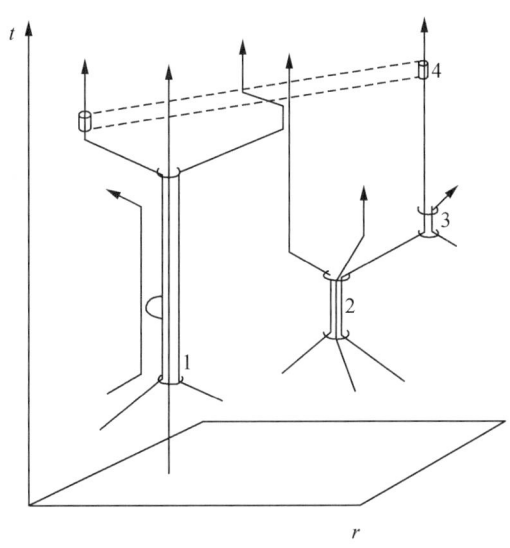

**图 5-4 组合制约示意图**

注:1、2、3、4 表示四个组合,其中 1、2、3 是几个人到某一地点聚会形成的组合,而 4 则是两个人通过通信手段联系而形成的组合。$r$ 代表二维地理空间。$t$ 代表时间。

这种组合对于个体活动产生了约束。众所周知,很多活动束遵循着事先确定的时间表;为了实现组合,个体必须调整自己的活动时空安排。例如,在工厂,固定的时间表决定了活动束发生的时间;工人的自由仅存在于是否选择工作及在哪里工作,一旦开始工作,其活动时间就必须遵循工厂用工时间表的限制。学校的学生和教师也是一样,他们没有太多的时间来自由选择。因此,家庭和个体也不得不根据这些组织相对固定的时间安排来进行调整。例如，如果诊所开放的时间恰好是在病人工作的时间，那么除非这个病人能够在工作时间得到请假批准，否则他去诊所就医、与医生形成的活动束就无法实现。总之，组合实现的前提是活动束的起始点必须在个人的时空棱柱内，活动束在空间上的分布应保证个体有时间实现驻点之间的空间移动。在时空都非常紧张的情况下，个人的活动程序很容易被打乱。各种场所的开放时间、公共交通的发车时间变化或某个驻所的定位等都会引起个体行为的各种时空调整。

在现代社会中，组合制约对人类活动的影响无处不在。越来越细的专业化分工使得生产、流通、交易和消费的各个环节，人与人之间、人与物及物与物之间的联系更多，日常生活中衣食住行等大大小小任务的实现都需要更多的组合。因此，组合制约对于个体日常生活的影响并不比能力制约小，它们共同影响着个体行为。

此外，虽然大多数组合要求个体"同步在场"，但是伴随互联网和移动通信技术的发展，人们借助电话、微信、视频会议等手段产生了越来越多的"同时异地"存在的活动束。尽管从表面上看，这样的活动束没有物理移动和出行时间的损耗，但是它仍然会占用其他活动的时间、打断其他活动、影响与其他个体的组合，会不可避免地影响个体活动的安排。因此，信息与通信技术（ICTs）对日常活动的时间利用、移动性及其环境后果的影响越来越成为诸多学科关注的热点，而时间地理学则成为独特的分析视角。

### 5.2.3 权威制约

权威制约是指法律、习惯、社会规范等把人或物从特定时间或特定空间中排除的制约。这源于哈格斯特朗称之为"领地"（Domain）的概念。领地可以被定义为一个时空复合体，其中的事物及事件的发生受到特定个体或者团体的控制。领地的存在是为了限制过多的个体进入，以保护自然资源或人造资源，并且使得活动组织更加有效率。在三维的时空中，领地表现为柱体；非其成员不得进入，或者只有获得邀请或支付一定费用或通过某种仪式甚至斗争之后才能够进入（图5-5）。领地小到房子、办公室，大到整个国家，呈现出一定的等级，并且最高等级可以决定或改变次级领地的时空范围。另外，高级领地中的一般性规定限制着低级领地活动的可能性。而同等级领地中的决策者不能够相互命令。他们必须通过协商、贸易或者战争等手段来影响对方。

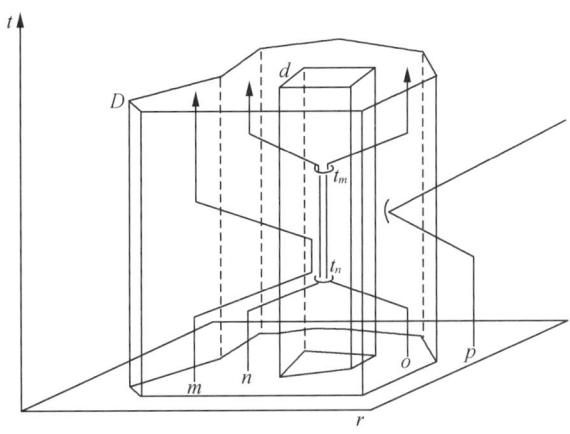

**图 5-5 权威制约示意图**

注：$m$、$n$、$o$、$p$ 分别代表几个人的路径。$D$ 为较大的领地，$d$ 为 $D$ 领地范围之内较小的领地。$t_n-t_m$ 为 $d$ 领地的开放时间。$r$ 代表二维地理空间。$t$ 代表时间。

在图 5-5 中，$D$ 代表高级领地（如一座城市），$d$ 代表次级领地（如一家商店或某种服务设施）。$d$ 中发生的活动在一定程度上要受到 $D$ 的约束，例如，这种服务可能只对 $D$ 领地的居民提供，那么 $m$、$n$、$o$ 可以得到服务，而 $p$ 就不能得到服务。$d$ 领地的开放时间为 $t_n-t_m$，决定了 $m$、$n$、$o$ 可以在 $d$ 领地停留的时间。

哈格斯特朗指出，时空中的三种制约以各种直接或者间接的方式相互作用。例如，高收入者相比于低收入者更有条件进入那些收费领地，因此可进入的领地更多或者更高级。低收入者因为没有钱在就业地附近租赁住房，首先将直接导致其承担很长的通勤时间；其次更加隐蔽的结果是，通勤时间的增加还将导致其参与其他活动的时间减少。又如，很多人无法参与文化活动，并不是因为他们对此不感兴趣，而是其住所、工作地以及文化活动设施的时空配置的限制。同样的原因，即使在那些医疗保健免费的国家，仍然还是有很多人因为时空资源配置的限制而无法享受到免费医疗保健服务。因此，在谈及福利国家以及发达国家出现的贫困问题时，该问题的解决方式应该由从资金的分配转向对时空资源的分配。

家庭成员之间的联合行为体现了各种制约之间的复杂的相互作用。儿童有限的一日时空棱柱，往往预示着未来很长的生命路径中的选择机会。这意味着，本地教育设施的覆盖率与质量，以及邻里中社会交往的层次，都将对孩子的生命路径产生较为长期的影响。因为，教育以及社交网络将对孩子日后生活产生长远的影响，为儿童服务设施配置的方式将影响未来的人口构成以及劳动力市场的空间结构。因此，在具体分析时必须综合考虑这三种制约。

## 5.3 制约模型及其应用

### 5.3.1 雷恩陶普模型原理

20世纪60—70年代,在哈格斯特朗的领导下,隆德大学时间地理学团队开展了一系列与城市规划相关的研究项目。其中,雷恩陶普(Lenntorp,1970,1976,1978)基于制约和棱柱概念提出城市地域中个人日常活动系统的计算机模拟模型——可替代样本路径汇总活动评价法(Programme Evaluating the Set of Alternative Sample Paths,PESASP)最具有影响力。他借助计算机模拟实现对城市空间中的个体日常活动计划进行调整和预测。他是隆德学派代表人物,哈格斯特朗培养的第一位博士,瑞典斯德哥尔摩大学地理系的教授。

这个被称作PESASP的模型,以时空中个人路径的集束等时间地理学的基本概念为基础,对现实环境或假想环境下日常活动日程的各种可能性进行了模拟。以个人一天的活动日程为对象、以说明活动系统中路径的重要性为目的是其最大特点。简单来说,该模型就是要评价应该执行的活动日程与时空间结构中的环境条件的对应关系,并通过模拟优化个人路径来克服各种制约。在该模型中,所有的制约最终都被抽象为空间因素(距离)和时间因素,如特定地理环境中资源的时空配置——距离和时间,如公共交通线路、车站位置和数量、时刻表等,这些会决定个体的特定活动安排、活动序列是否能够实现。

首先,空间制约对于行为的解释非常重要,个体活动所在的周边物质环境为其活动的实现提供机会,反之形成制约。这体现了哈格斯特朗对于世界物质性本体论的坚持。另外,由于个体的不可分割性,时间成为另一个重要制约。这是因为个体同时开展多个活动或者同时存在于不同的地点的能力有限。例如,设施开放时间会影响个体活动能否实现。雷恩陶普的计算机模拟模型基于时间地理学棱柱概念,从个人的活动计划能否实现的空间和时间制约机制出发,去调整和模拟规划方案,被应用于瑞典的城市与区域规划中,成为隆德学派的经典应用研究。总之,时间地理学的制约和棱柱模型为城市与区域规划进行空间布局优化、生活时间优化和行为系统优化奠定了理论与方法基础。

雷恩陶普通过对区域居民的日常生活安排的微观个体调查,提取居民日常活动的行为规则,并通过对区域内就业岗位、住房及幼儿园、交通设施、公共服务等的时空安排进行计算机模拟,提出对于交通规划和管理的优化方案（Lenntorp，1970，1976，1978）。它运用个体活动信息和区域空间资源，假设居民在规定的通勤时间内，步行或利用公共汽车在上班或回家的途中去幼儿园接送小孩，计算不同居住区居民就业的可达性。在模拟试验中，通过新设公共汽车路线、改变公共汽车运行时间间隔或重新配置幼儿园等空间调整措施来达到公平利用服务设施的目的。

### 5.3.2 雷恩陶普模型的评估应用

雷恩陶普模拟模型最初应用于有 9 万人口的瑞典城市厄勒布鲁（Orebro）的交通评估中（Lenntorp，1970）。该应用研究分为三个阶段，即前期准备阶段、路径表达阶段、模拟实验阶段。

第一阶段，前期准备阶段。首先利用 GIS 对研究地区的停留点及交通体系等信息进行模式化处理。对全部研究对象地区删格化，标记居住地、工作地、邮局等的空间信息及可利用时间信息。其次，在活动日程（Activity Program）的试验中正确测定两个停留点之间的总移动时间。模型中设定了四种交通手段，即步行、骑自行车、搭乘私人汽车和搭乘公共交通（公共汽车），并给予了相应的平均速度。对主要道路网络的信息做了如下处理：把所有主要道路的交叉点分割成一系列的节点，这些节点也就成为从停留点进入道路网络或从道路网络进入停留点的连接点；在进入实际模拟前，把所有的停留点分割到网络上的节点中，一个停留点最多可分割到三个节点中；任意两个节点之间的移动速度可自由变化，并且在指定的时间段里移动速度在给定的基本速度上会有所变化；节点间的距离沿线路用手工测定并录入。最后是模拟交通移动情况。乘客从停留点出发到达该停留点所属的节点（如公共汽车站），等到合适的车次后乘车到达目的地的停留点。因为一个停留点被分割到几个节点中，所以应计算可能的移动路线与移动时间。出发地与目的地之间最多有 9 条线路，原则上取最短的线路进行模拟。如果出发地与目的地很近，利用公共汽车不合理，可以选择步行的移动。

第二阶段，路径表达阶段。利用时间地理学的基本概念将个人的活动日程以路径进行表示。个人的活动日程受到个人自身与活动自身的制约、停留点的空间制约与时间制约、交通体系的时空制约等各种环境的制约。把这些活动日程放到研究对象地区内的各种场所中，计算以每个停留点为起点的活动日程数目。

第三阶段，模拟试验阶段。首先，寻求一个人从自家住所出发前往 6 个工作停留点中的某一个的移动方式。并且确认到达工作单位时不能超过下午 13 点。其后,在下午 17 点整(可以回家的假定时间)离开单位找寻去邮局的方式,并且要保证在到达邮局的时候那里还没有关门。在邮局办完事回家,如果在下午 18 点前能够回家,试验路径算是满足了活动日程的要求条件。因为有 9 个邮局,所以用同样的方法找寻下班后到达每个邮局的可能路径。其结果,针对每一个工作单位最多可有 9 种选择。另外,刚才的"自家住所—单位—邮局—自家住所"的活动程序也可被置换为"自家住所—邮局—单位—自家住所",因此,对于一组居住地与工作地就有 2×9 种选择,而对于一个居住地停留点,有 6 个工作单位、2 种活动程序、9 个邮局,因此就有 6×2×9=108 种选择。

最初的模拟试验是针对现实条件下可能实行的活动日程来进行的。交通方式有步行、骑自行车、搭乘私人汽车、搭乘公共汽车等。其中,自行车的速度通过几组人的实测值定为每小时 12 km,私人汽车的速度一律假定为每小时 40 km。公共汽车的运行情况以 3 个平均时速(20 km、30 km、40 km)和 3 个发车间隔(20 分钟、10 分钟、5 分钟)的组合分别进行模拟。模拟结果显示,交通系统的改变并不能简单地改变个人在时空中的活动选择方式。而更加有效的解决办法是变更工作时间及营业时间。为了测定这种活动日程的效果,模型引入了弹性工作时间制。

该模型模拟评估的部分结果如下:步行时从居住地停留点出发可以实行的选择数很少,尤其位于郊区的 4 个居住停留点根本完成不了活动日程。这意味着,个人可以选择的工作单位及邮局数很有限,改变活动顺序也基本不可能。与此相比,选择自行车出行就有效得多。不管是以哪个居住停留点为起点的活动选择都要比利用公共交通时多。而利用私人汽车时的条件最好,可以选择所有的工作单位和邮局,也可以改变活动顺序,即有 108 种可能的活动日程。

### 5.3.3 雷恩陶普模型的模拟应用

尽管上述模拟模型仅是针对了一座城市的一种活动日程,很难得出一般性的结论,但是它却指出了时间地理学可能广泛应用的方向。为了更好地理解时间地理学在城市规划中的应用情况,雷恩陶普(Lenntorp, 1978)在瑞典卡尔斯塔德市(Karlstad)针对城市公共交通与日常活动调整等进行了进一步的实验研究。

卡尔斯塔德市的模拟应用研究得到了政府审议会的援助与监督,主要目的在于开发一种充分利用已有公共交通系统及在不大量增加财政预算的前提下以时间地理学分析为基础的活动日程调整与公共交通有效利用的方法。

首先要说明一下活动日程与试验地点的情况。假定的活动日程是日常生活中最为常见的情况，如包含利用服务设施、去朋友家里、通勤等活动。在含有通勤的日程中，工作结束后去邮局的情况和工作前后要去幼儿园接送小孩的假设都有。与上述案例一样，所有的活动日程从自家停留点开始并在自家住所结束。在整个市域内选择作为研究对象的自家住所停留点（试验地点），并加上 500 m×500 m 的方格，最后选定了 62 个试验地点。

其次是有关活动模拟的情况。最简单的是模拟居民去市中心办事等活动程序，以 62 个试验地点为起点，在总移动时间不超过 70 分钟、在市中心停留不超过 1 小时的制约下，计算可能的活动程序。但是，最为重要和复杂的是有关通勤活动日程的模拟。这里，假设居民在所定的通勤时间内，步行或利用公共汽车在上班或回家的途中去幼儿园接送小孩的活动程序。选定的主要就业地区有 6 个，已有的幼儿园也有 6 个（图 5-6），它们的空间信息与时间信息相应地被录入。假定通勤时间相同，最长为 35 分钟。这样，家长在工作开始前的 40 分钟就要出门，其中在幼儿园停留 5 分钟；同样，下班后也需要 35 分钟的移动时间与接小孩的 5 分钟时间。

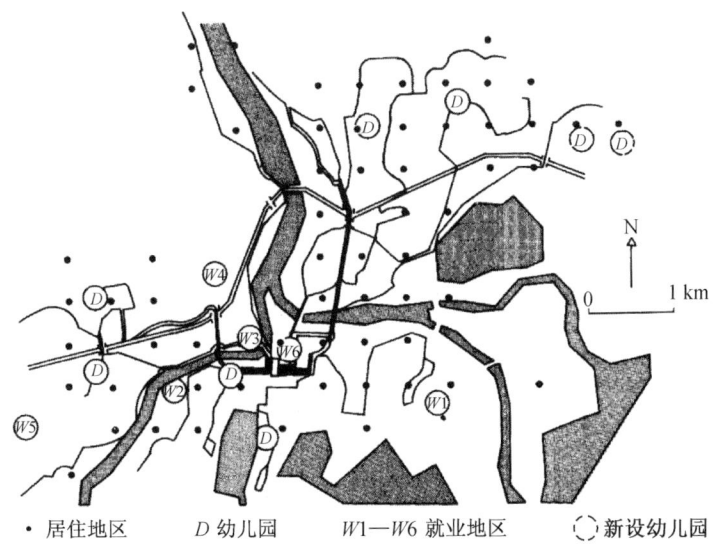

图 5-6　卡尔斯塔德市幼儿园、就业地区及样本居住地区的分布

对 62 个试验地点、6 个就业地区、6 个幼儿园进行组合，得出各个试验地点通勤可能的就业地区数（图 5-7）。可以看出，不存在向 6 个就业地区都能通勤的居住地区，向 4—5 个就业地区通勤可能的居住地区主要集中在西南部地区，而北部居住地区通勤可能的就业地区数在 2 个及以下，可见其就业可达性最差。

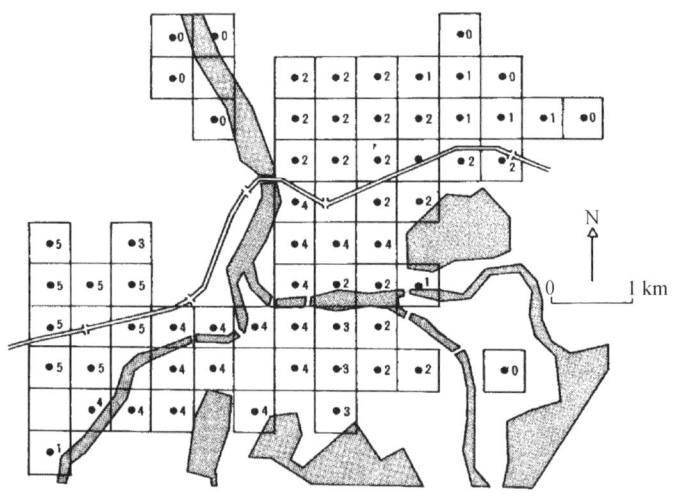

**图 5-7　不同居住地区通勤可能的就业地区数**

注：图中的数字表示上下班途中接送小孩可能的可通勤就业地区数。

如何改变条件使活动日程成为可能就有很多种尝试。首先，为了分析改善交通可达性的效果可以增加公共汽车运行的频度。前面假定的是1小时2—3次的运行次数，现在增加到早上6—9点及下午16—18点为1小时4次，其他时间段照旧。重新模拟后得知，只有4个就业地区（W2、W3、W4和W6）有所改善，整体上只有10个居住地区的活动选择有所增加，而主要效果体现在原来交通条件较差的北部地区（图5-8）。因此可以说，如果没有大幅度地公共交通状况的改善，实施既

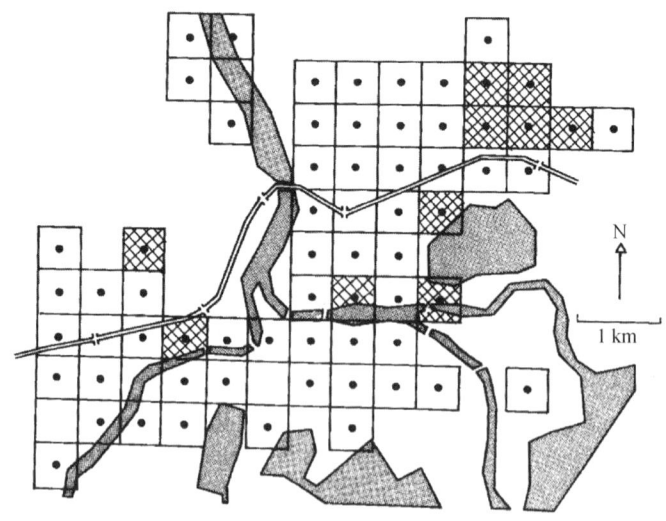

**图 5-8　公共汽车运行频度改变后的情况**

注：图中斜线部分表示提高公共汽车运行频度后通勤可能就业地区得以增加的居住地区。

利用幼儿园设施又能通勤的活动日程是有难度的。

其次,试验一下新设一些公共汽车路线的效果。在现有的放射状路网上加上通过市域东北部到西部的环线,从早上 7 点到下午 20 点之间每 1 小时运行 4 次。其结果是向 2 个就业地区的可达性有所增加,只有 4 个沿新线路的试验地点的活动选择有所增加,可见效果甚微(图 5-9)。

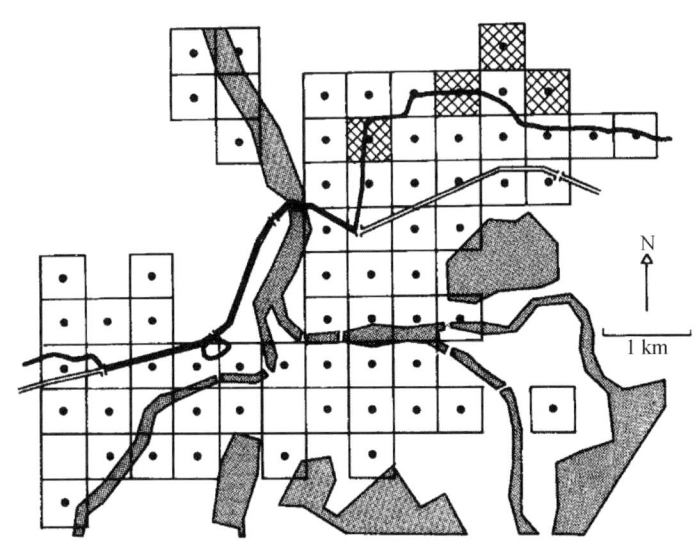

**图 5-9 公共汽车网络改善后的情况**

注:图中斜线部分表示改善公共汽车网络后通勤可能就业地区增加 1 个以上的居住地区。

但是,在环状公共汽车路线的新设试验中发现,许多居住地区对幼儿园的利用状况有较大改善,并且从许多模拟结果看,与就业地区相比,幼儿园利用情况的改善效果更好。因此,下一个阶段模拟在东北部地区新设 2 个幼儿园的情况。结果显示,改善效果最好的是新设幼儿园附近的并向市中心(W6)通勤的居民。显然,这与预想的效果(大部分居住地区能够向较多的就业地区通勤)相去甚远。

以上,在卡尔斯塔德市的应用研究给我们带来了很多启示。活动日程的改善不仅仅决定于交通体系,即使现有的交通体系保持不变,来自交通部门和停留点部门(就业单位及服务设施等)两个方面的联合调整尤其重要。这是因为移动活动与停留活动发生着相互作用。另外,不仅仅是城市内部各种停留点的空间属性,时间属性及时间可达性都是影响居民活动日程是否可能的决定性因素。

总之,将时间地理学的方法应用于人的移动及公共交通领域的城市活动系统模拟模型,展示了时间地理学广泛应用的可能性。它强调传统行为研究中把个人行为分断化从而丧失有关人们活动顺序制约的大量信息的弊端，突出了以连续的日常活动程序为计测手段、以活动及其之间移动的构成为核心问题、以个人的活动日程与社会组织的时间节律相关联等时间地理学方法的特色。对于城市规划而言，一个重要的课题是，由于人的行为不是一个模式，那么应该如何规划一座在城市地域中满足居民多样化行为的城市？并且，随着城市人口的演替及城市社会结构的变化，新的需求、新的行为类型将会产生，城市规划应该如何构筑一座应对变化的充满弹性的城市？时间地理学模型是一个良好的开端。

## 5.4 棱柱与时空可达性

基于雷恩陶普的棱柱模型，个体时空可达性的概念得以发展。时空棱柱是给定时空制约条件下个体能够物理到达的时空范围，也可称之为潜在路径空间；将时空棱柱的体积投影到二维平面上就成为潜在路径区域（Potential Path Area，PPA）。从活动的角度来看，潜在路径区域就是一个固定活动结束后在保证能够准时到达下一个固定活动的条件下个体能够物理到达的区域。潜在路径空间的体积、潜在路径区域的面积或其中的城市机会的数量都可作为可达性的测度指标（Kwan，2004）。因为时空可达性的测算在城市空间规划上具有重要的意义：从个体的角度来讲，个体活动能力与安排的差异，使其能够利用的城市设施有所差异；从城市空间的角度讲，城市资源的不合理配置、城市交通拥堵的出行能力制约，造成了城市设施供给的不平等。

首先，时空可达性与 GIS 的结合丰富了交通出行研究，使得传统基于"地"的可达性研究转向基于"人"的可达性研究。早期关于人类空间行为的概念化尝试将个体时空行为看作基于区域的活动。后期的微观尺度的行为调查以及与 GIS 分析功能的结合，逐渐突破了这一局限（Buliung et al.，2006）。将时间地理学和地理计算方法结合运用于评估空间单元，并用这些空间单元来描述实际的和潜在的活动参与。

例如，米勒（Miller，1991）基于 GIS 环境下的时空可达性建模被认为开启了时间地理学与 GIS 结合的先河。戴斯特（Dijst，1999；Dijst et al.，1997）的行为空间模型（MASTIC）详细阐述了基于空间的可达性与基于人的可达性的差别，加深了时空可达性概念的认识。关美宝（Kwan，1998）首次实现了地理计算在时空可达性测度方面的应用，考察了研究样本的城市机会可达性，计算了研究区域子地块作为目的地的重力机会及累积机会的指标。并且，关美宝和韦伯（Kwan et al.，2003；Weber，2003）提出了时空可达性测度的第二代改进型算法，考虑了移动速度的时空差异和设施的开放时间。后期，在金姆和关美宝（Kim el al.，2003）的第三代改进型算法中，在 ArcView 中进行的一些空间查找操作，有效识别出时空棱柱中可能存在的机会，发现其限制条件是可以在两个固定活动之间活动与出行的时间信息。另外，米勒（Miller，2005a，2005b）认为传统时间地理学缺乏对其实体和关系的高精度测量技术，因此提出了时间地理学的新的测量理论。

时空可达性计算在刻画与测量等方面发展得更加准确，所涉及的属性包括时空棱柱的体积、机会的空间分布、时空棱柱内最大活动参与时间以及机会的时间可利用性等。总结来看，有六种可能的类型使可达性刻画变得更加准确：（1）刻画了时空棱柱，并将其投影到二维空间上，形成了可达区范围，但没有考虑任何机会的时空属性（Lenntorp，1976）。（2）在前一模型的基础上考虑了前后两个固定性活动地点的欧式距离，从而在空间中形成均等的同心圆或椭圆（Burn，1979）。但（1）（2）两类均忽略了机会的时空特征以及城市空间的真实性。（3）考虑了潜在路径区域内由于交通拥堵与速度变化而形成的不平等活动机会的分布，忽略了在某一机会内的可能活动时长及机会可利用的时间（Kwan，1998）。（4）分辨了在每个机会内活动的最大时长，这样可以允许研究者区分潜在路径区域内活动机会对个体可达性的差异（Miller et al.，1999）。（5）克服过去模型中对机会的开放时间进行均等化考虑的缺点，将潜在路径区域中可能活动机会的开放时间考虑进去，筛掉了部分不营业的城市机会（Weber et al.，2002）。（6）将机会开放时间与个体可能的活动时长进行了匹配，又进一步去除了时间错位的机会（Kim et al.，2003）。

其次，人类行为的时间特征包括活动参与的最短时间、各类时间延迟以及最长出行时间门槛，而早期的可达性模型中并未对活动的时间特征进行定义，极大地夸大了个体所达的空间范围（Lenntorp，1976；Jones et al.，1983）。从行为分析的本质来讲，个体不可能将所有自由活动时间均花费在出行上，而是将较多的时间花在目的地有意义的活动上，因此个体的时空可达性测算将受到活动时间最短门槛的限制。当考虑了最长出行时间门槛的限制后，个体的时空可达性变小了，可达的城市活动机会数量变少了（Kim et al.，2003）。部分研究也将此类制约定义为出行/活动时间比，由此限定个体的时空可达范围（Dijst，1999；Dijst et al.，2000）。

个体时空行为的延迟包括静态延迟和动态延迟（Villoria，1989）。静态延迟是指寻找停车空间、等公交车、下车后步行至城市机会等活动的时间；而动态延迟是指由于交通灯、转弯、交通事故等原因，在出行的过程中所造成的时间增加。还有研究将个体面对多项活动选择时，决策所需的时间也纳入行为延迟的范畴中（Raubal et al.，2004）。

另外，出行时间与速度是决定潜在路径范围的重要因素。早期模型建立了简化的交通路网与公交网，并将出行速度进行均等化分配，这是时空分析技术手段和实时数据采集技术制约下的一种简化处理方式（Lenntorp，1976）。后期的模型开始在GIS的网络模型中开展分析，首先区别了不同路段、高峰时段以及转弯数目影响下的出行时间与速度，但这仍然是一种静态模式的定义，即没有体现出行速度的动态性（Miller，1991）。随后的研究加强了对交通路网的操作分析，加入了地理计算的方法，考虑到不同道路等级影响下的速度差异（Kwan，1998；Miller et al.，1999）。后续研究进一步突破了出行速度时空不均等的测算，包括道路区位［如中央商务区（CBD）与郊区的差别］、时段特征（如早晚高峰与其他低峰时段的差别）（Weber，2003）；此外还对交通路网运行特征进行了挖掘，如单行路、转弯限制等造成的出行速度差别（Kim et al.，2003）。近期研究还体现在运用实时的交通量数据来计算动态出行速度的实验（Kwan et al.，2006）。

## 5.5 信息化与时空制约

20世纪80年代以来，ICTs已经深入到城市生活的方方面面，其应用领域包括远程教育、远程医疗、电子农业、电子政务、电子商务、信息安全等，ICTs的使用对居民活动—移动行为和日常生活方式产生着深刻影响（Mokhtarian et al.，2006）。ICTs能够允许居民非同时、非同地发生活动或完成任务，这在一定程度上打破了时间地理学关于时空的定义以及关于人的基本假设，从而使空间行为变得越来越复杂。同样，技术进步所形成的"距离消失"或"时空压缩"为空间与行为研究提出了新的挑战。

时间地理学有助于理解人与人实际交流的微观情境。随着现代通信技术的发展，很多活动都可以在没有空间位移的情况下完成，通过网络、移动电话等设备办公的情况越来越多。因此，空间限制可以是物理的，也可以是虚拟的；时间限制可以是同步的，也可以是异步的。这样就形成了人类相互交流的四种模式：同步物理到场仍然是传统的面对面的交流，同步虚拟到场只要求时间的一致性，异步物理到场只要求空间的一致性，而异步虚拟到场对时间和空间的一致性都没有要求（Raubal et al.，2004）。

这种活动模式的建立对时间地理学中的组合制约理论提出了挑战，

现代的通信手段可以允许在"非同时"和"非同地"的情况下完成相同的活动或任务，即虚拟空间行为的出现在一定程度上弱化了时空制约条件，从而在很大程度上改变了人类活动模式。米勒（Miller，2005a）对这种活动模式的改变做出了回应，引入了虚拟行为的研究客体，即入口和通信窗口。入口是行为者能够访问到的适合的通信设施的时空停留点；通信窗口是行为者与入口相互作用的时间间隔。于洪波与萧世沦（Yu et al.，2007）建立了表示物理空间与虚拟空间关系的概念框架。一方面，信息传递通道的入口是进行虚拟活动的必要条件，而保障信息传递的基础设施是落在物理空间上的；另一方面，虚拟空间中的信息传递能反作用于物理空间，进而影响行为者的实际活动行为。因此，运用时间地理学的理论框架，探索人类虚拟行为的特征，挖掘和度量虚拟空间行为与物理空间行为相互影响的机制，已成为时间地理学理论发展的重要课题。

ICTs的使用对时间地理学的理论假设提出了几方面的挑战：首先是改变时间安排和移动性。ICTs允许个体临时改变时间安排，随时调整活动安排，如下班途中的电话可能改变或增加部分活动顺序与时长。ICTs增加了个体的可获信息量，尤其体现在购物、休闲等非工作活动中，信息获取可促使个体增加出行的可能性，即增加移动性。其次是改变现有城市结点及空间的利用模式。相比于信息化社会以前城市结点的空间固定性，虚拟活动使得城市公共空间的利用更富有弹性，使得市中心与郊区的划分变得更加模糊。同时，虚拟空间完成活动的时空弹性也使城市空间的意义变得更加广泛，如年轻人约会前的等待时间或能成为网上购物的时机。最后是家—工作地—城市空间的边界模糊化。家内活动与家外活动、工作活动与非工作活动因为ICTs的使用而变得模糊，居家办公、工作时间处理家务的情况越来越普遍。因此，需要新的理论方法来研究和解释人类空间行为的变化（Schwanen et al.，2008a）。

因此，信息化推动着时间地理学的不断创新发展。比如，ICTs使用对传统时间地理学中的个体时空可达性进行了扩展（Shaw et al.，2009）。于洪波（Yu，2006）开发了一个支持时间地理学分析方法、具备处理时空多维数据能力的时空GIS体系结构，既包括空间维度（$x$, $y$）又包括时间维度信息。萧世沦等（Shaw et al.，2009，Yin et al.，2011）试图建立起个体活动与互动的连续、动态的过程分析，并提供了一个有效管理、查询、分析和可视化的GIS操作环境，并应用于ICTs影响下个体时空活动安排的灵活性与时空可达性范围增加的研究。

但是，尽管虚拟空间中行为的制约机制可能与实体空间中的行为制约机制不尽相同，但从本质上说，它并不是独立于物理空间的。可见，信息化影响下的时间地理学研究并未对哈格斯特朗的基本观点带来颠覆性的革新与修正。

# 6 从经典时间地理学到新时间地理学

时间地理学诞生于哈格斯特朗对计量革命的反思,强调微观个体,强调时空连续过程,强调制约,成为时空间行为论的重要方法。半个多世纪以来,时间地理学已在不同国家与地区、不同学科领域得以广泛传播与应用,但遗憾的是,哈格斯特朗所构建的关于"社会—自然—技术"的综合生态世界观及其从微观到宏观的"人—地关系"研究方法并没有被学界全面理解。时间地理学甚至被标签化为以路径、棱柱、制约等为代表的研究个体在时空中连续运动的符号系统。

20 世纪 90 年代末以来,地理信息系统(GIS)技术的发展与高精度微观时空行为数据的批量生产,推动了基于时间地理学的人类活动三维可视化技术与地理计算方法的发展,研究重心也从欧洲转向北美,从定性描述转向定量模型与可视化,应用领域也不断扩大,时间地理学方法迎来新的发展(Persson et al.,2012)。此外,由于信息与通信技术(ICTs)的快速发展与广泛应用,虚拟空间与实体空间的行为及其互动为时间地理学的理论框架与符号系统带来新的挑战。ICTs 的使用使得人类活动的某些时空制约似乎在一定程度得到了"松绑",尤其是能力制约在总体上得到了放松;人在虚拟世界中的移动、时空制约(棱柱)、潜在活动机会从形态上将可能发生变化,需要对其重新定义(Yu et al.,2008;Miller,2007);ICTs 的使用与时空制约的关系很复杂,取决于人类活动所处的社会—物理情境(Schwanen et al.,2008a),无法一概而论。可见,"新时间地理学"正在萌动。

然而,无论 GIS 引领下的定量化时空行为分析方法,还是 ICTs 推动下的时空制约重新定义,都并不能被看作"新"时间地理学。首先,时间地理学的过度定量化存在风险,因为定量化意味着一定程度的抽象和简化,自然就会忽视对个体日常活动所处的微观情境性的解释与分析,这与时间地理学所坚持的综合生态世界观相违背。这尤其不利于解释处于不断变革的经济、社会与技术背景下日趋复杂的日常生活中"不同的事物如何共同出现在某个地点,以及其间有什么关系,哪些资源或者对象存在下来了,而哪些没有生存下来"等(Hägerstrand,1984)。

因此，从时间地理学理论框架的完善与基本思想的应用角度看，时间地理学与定量化方法的结合只是其未来发展的重要方向之一，但不能代表"新"时间地理学。

其次，无论是虚拟行为还是实体行为之间的联系都是以行动者的企划为导向的，并受到现实世界中与其他行动者及资源相互作用过程中诸多物理与社会的制约。即使制约的表现形式有所不同，但行为背后的制约机制并没有发生根本性的变化。因此，信息与通信技术下虚拟行为的时间制约研究仅为行为的复杂情境提供了新的技术维度，并没有为时间地理学的理论框架带来革命性的颠覆。因此，也不应以此来代表"新"时间地理学。

实际上，新时间地理学是哈格斯特朗回应对经典时间地理学的批判并不断完善其理论框架而提出的，反映出哈格斯特朗把时间地理学从一种行为论方法提升为综合生态世界观的野心。并且，哈格斯特朗开启了新时间地理学的序幕，而凯萨则肩负起发展新时间地理学的重任，成为新时间地理学承上启下的关键人物。

本章首先介绍从经典时间地理学到新时间地理学发展的主要动因，简要回顾时间地理学的综合生态世界观、深入人心的符号系统以及未被准确理解的概念框架，在此基础上提出新时间地理学的理论发展背景。其次重点介绍凯萨团队新时间地理学的最近研究进展，评价其对时间地理学方法的发展与突破、贡献与不足。

## 6.1 经典时间地理学的反思

### 6.1.1 重新审视本体论

时间地理学是哈格斯特朗关于综合生态世界观的集成与表述，是一种强调综合的地理学视角。时间地理学并非某一研究对象领域，亦非狭义上的理论，而是构建一种综合思维方式的尝试，它反对过分的学科分化及知识碎片化，提倡将源于日常生活实践及不同学科的知识、学问进行整合，构建一个跨学科交流的互动平台（Lenntorp，1999）。哈格斯特朗本人曾将时间地理学的思想与方法定位为"一种理论构建之前的本体论贡献"（Hägerstrand，1985）。

时间地理学的综合生态世界观，简单地说，就是一套关于如何理解"社会—自然—科技"相互作用关系的思维方式。时间地理学强调从微观个体出发，强调时间与空间的整体性与统一性，强调物质世界与社会系统对个体行为的制约，重视个体日常生活实践中利用"资源"与其他个体、组织等互动的"过程"，从而自下而上地探索"社会—自然—科技"相互作用的微观过程与机制，审视人类活动对资源环境的后果，旨在实现人与环境的可持续发展。

从本体论上看，时间地理学坚持世界是物质的，它将世界看成由人类以及其他有机生命体与其他事物等微观粒子所填充的时空体。这个时空体不仅是容器，而且是人类活动的资源，时间和空间都是资源。它关注微观个体"粒子"如何在有限的时空体中持续地运动并占据时空，从而形成时空路径或轨迹。个体路径不可避免地、不停地与其他个体、组织路径进行交织、相互作用，就如同织布机中的线一样最终编织成一幅关于宏观社会的网络。在此思想下，哈格斯特朗进一步构建了一套分析微观个体在时空情境下活动的概念框架与符号系统。路径、棱柱、制约、企划、活动的地方秩序嵌套等核心概念及其符号体系逐渐成为时间地理学方法中的重要标志与工具。

### 6.1.2 不仅仅是符号系统

自哈格斯特朗首次用英文系统阐述时间地理学思想与方法以来（Hägerstrand，1970），以路径、棱柱等为代表的时间地理学独特的符号系统，由于能够准确、简明、直观地揭示出时空中个体连续运动的规律，并能够对人类日常生活进行生动地描绘而让人耳目一新，甚至在一定程度上成为时间地理学深入人心的标志。路径与棱柱是时间地理学方法中发展最快、应用最广的概念与符号系统。自雷恩陶普于20世纪70年代构建了"潜在活动路径"算法并开发了计算机模拟模型PESASP以来，米勒（Miller，1991）对此概念进行了理论化并首次在GIS中实现算法。

伴随GIS技术的快速发展、地理计算能力与高精度微观个体时空数据的获取，时间地理学方法被广泛应用于人类时空行为的可视化技术以及时空可达性的地理计算方法等方面，并与社会问题的解决日益密切结合起来。戴斯特、米勒、关美宝等（Dijst et al., 1997；Miller，2005a；Kwan et al., 2003；Kwan，2004；Neutens et al., 2007，2012）不断完善GIS中识别真实地理环境的时空制约下人类"潜在活动路径/空间"的测度与表达，逐步发展起基于人的"个体可达性"的概念与测度，并应用于社会排斥与社会公平等研究议题。可见，时间地理学方法不仅在交通出行与规划等领域得以应用与发展（Ellegård, et al., 2012；Neutens et al., 2010a，2010b；Shaw，2006），而且在城市活动系统（Kitamura，2001）、日常活动地理学（Hanson et al., 1993）、时间利用与管理（Ellegård，1999）、环境与公共健康（Lenntorp，1999）等诸多领域也有长足发展。时间地理学不仅仅是一种表达空间行为的符号系统，在时间地理学全球扩散的初期阶段，正是因为时间地理学路径概念与符号系统的直观、好用，才被学界普遍接受与应用。

### 6.1.3 批判与回应

时间地理学的时空路径与符号系统由于过分简化与抽象，无法反映行为主体内在的精神世界与主观能动性（Lenntorp，1999），过分突出了人类行为外在的、物质的、机械的表现形式，因此遭受了来自女性主义、结构主义、现象学及人本主义学者的诸多批判，而批判的核心在于其忽视主观能动性的物质主义倾向（Hallin，1991；Ellegård，2018）。也有学者认为，时间地理学对个体活动中的时空组合、驻点、领地、组织企划的形成及相互作用的机理并没有给予足够的阐述（Harvey，1989）。

时间地理学遭受批判，一方面反映出时间地理学关于"社会—自然—技术"相互作用的综合生态世界观并没有被大家很好地理解；另一方面时间地理学过分抽象、简化的符号系统如此先入为主，容易形成"误解"甚至"偏见"。哈格斯特朗对此进行了积极的回应，并在与这些批判进行辨析与反思的过程中，不断发展和完善了时间地理学的概念体系与理论框架（Hägerstrand，1985；Pred，1977；Ellegård，2018），也使得时间地理学在社会科学的更广泛领域内得以传播。然而，哈格斯特朗本人对时间地理学的"勘正"与"发展"，相对零星地分散在一些英文论文之中，并没有像其1970年的经典论文那样得到应有的关注（Sui，2012）。

首先，时间地理学并不完全是忽视主观能动性的物质主义、机械主义的方法论，哈格斯特朗认为，这是对时间地理学的误解与偏见。实际上，在时间地理学的概念系统中，企划就是强调时空轨迹背后人的意图、情感、记忆、感觉、知识、想象和目标等内在思维活动，它在一定程度上决定了路径的方向，将个体行为的"主观"与"客观"进行了统一，实现了从"个体日常经历"到"社会结构化"、从"个体社会化"到"社会再生产"的理论升华，同时也贯通了"过去""现在""将来"的持续转换过程。

其次，时间地理学强调物质的本体论，与其形成的时代背景密切相关，因为时间和空间都是资源，而资源是有限的，人类活动必须竞争占据资源，强调人类活动背后的制约机制更容易为提高个体的生活质量服务。并且，时间地理学具有明确的规划应用倾向，只有强调物质性和制约，才能够通过研究行为过程与制约机制，通过规划手段来放松制约，从而实现生活质量的提高（Lenntorp，2004a）。

此外，时间地理学被看作微观个体行为的重要理论与方法论基础。确实，时间地理学重视从微观个体出发，审视个体行为背后的复杂情境性、相互作用的微观过程，但时间地理学更强调从地域综合的视角去分析人类活动与社会、自然、技术互动的过程与后果，最终要从个体上升、汇总到群体乃至人类社会。这从活动的地方秩序嵌套的概念中得到充分的体现，形成了时间地理学综合地域研究的重要方法。总之，经典时间地理学在批判与回应中不断完善与提升，新时间地理学呼之欲出。

## 6.2 新时间地理学的发展

### 6.2.1 新时间地理学的提出

20世纪70年代中后期以来，经典时间地理学与地理学内部不同流派以及社会理论学派之间的对话持续不断，学科内外的交流与争鸣、批判和反思进一步推动了时间地理学理论体系的完善。为应对"物理主义""机械主义"及忽视个体主观方面等的批判，哈格斯特朗（Hägerstrand，1985）在20世纪80年代不断发展和阐述"企划""活动的地方秩序"等概念，不断深化对人类活动的时空过程与微观机制的理解，系统阐述概念与符号系统背后的本体论认识，即坚持世界物质性基础的全生态综合世界观。哈格斯特朗尝试进一步构建将主客观、宏微观、长短期整合起来理解人类活动系统的时空过程与微观机制以及人类行为及其后果的一套完整理论框架。此时，时间地理学的理论体系日趋成熟，新时间地理学拉开序幕。

新时间地理学的提出，也与瑞典的经济社会发展阶段有关[①]。20世纪80年代后期，瑞典的城市化进入以后工业社会、信息化社会为标志的高级发展阶段，人类活动的流动性与复杂性不断增强，社会精细化管理与社会可持续发展成为整个社会科学研究的前沿。新时间地理学必须面对社会发展提出的新问题，从而进入承上启下的新阶段。

新时间地理学的提出者——哈格斯特朗于1982年退休，作为时间地理学接班人的凯萨于1984年获得博士学位，她先后在哥德堡大学、林雪平大学任教，成为推动新时间地理学方法发展与应用创新的核心人物。凯萨与哈格斯特朗亦师亦友，她在学生时代便加入隆德学派的研究团队[②]，后来在博士论文及后续研究中持续应用和发展时间地理学[③]。她在林雪平大学组建了跨学科的时间地理学研究团队，开展了时间地理学方法下的大量调查及案例研究，在推动新时间地理学的创新发展与全球扩散等方面做出了杰出贡献[④]。

### 6.2.2 新时间地理学的发展

纵观半个世纪以来的世界经济、社会、空间与技术变革，大规模的空间扩张与公共设施的空间布局规划的重要性逐渐下降，而理解经济转型与社会变革及技术进步背景下人类行为多样性与个体差异性、注重社会公平、生活质量提高、低碳可持续的社会规划的重要性不断凸显（柴彦威等，2014a）。新时间地理学理论发展的主要目标就是要对复杂时空情境中的人类行为与自然、社会、技术相互作用的过程与机制进行理论性解释。新时间地理学紧紧把握时代脉络与发展趋势，应对后工业时代、信息化时代、全球化时代的技术发展与社会变革、空间重构与社会转型、资源能源危机与环境变化等新的现实问题，坚持综合生态世界观与综合地域研究方法，在创新应用中不断完善和发展时间地理学的理论框架与符号系统。

凯萨作为新时间地理学的核心人物，积极开展跨学科的综合研究，开拓了一系列创新应用。例如，凯萨将人类外在行为与内在意图进行关联，尝试完善基于"企划—活动—企划"的行为决策过程，创新了活动的地方秩序嵌套的符号系统与分析方法。基于企化对日常活动的分类与编码体系创新，实现了计算机程序化的编码；提出了人类活动的复杂情境性内涵及其分析维度，并开发了相应的可视化工具（Ellegård et al.，2006，2011a；Vrotsou et al.，2010）。并且，凯萨（Ellegård，2018）运用并发展了新时间地理学企划和地方秩序等概念和符号系统，将新时间地理学方法的应用从"家外"转向"家内"，从"个体"转向"家庭"，从活动系统扩展到生产系统，尤其重视日常活动模式及其社会与环境影响的分析，开拓了时间地理学在奶制品生产、汽车制造等生产系统、家庭分工与性别差异、家庭资源能源利用等的新应用领域，丰富和发展了新时间地理学的理论与方法。

总之，哈格斯特朗领衔的经典时间地理学在20世纪60—70年代取得了辉煌成就，而80年代中后期以来凯萨继承发展的新时间地理学得到了蓬勃发展。凯萨及其团队的研究代表了过去30年时间地理学发展的新方向，丰富了对复杂情境中人类行为与"社会—自然—技术"互动过程的理解，使时间地理学理论与方法有了重要发展。

### 6.2.3 新时间地理学的传播

凯萨对推动时间地理学的国际化与全球传播有着重要影响。自 20 世纪 90 年代起,她发起了"时间地理学日"的学术活动,每年开展一次,主要面向以斯堪的纳维亚半岛国家为核心的欧洲国家时间地理学者。近十多年来,她持续在美国地理学家协会年会上召集与组织时间地理学分会场,围绕时间地理学在不同国家和地区、不同学科领域中的创新应用展开研讨。2014 年应国际时间地理学界的要求,将隔年的"时间地理学日"活动提升为"国际时间地理学日"的学术交流会[5]。因此,在凯萨的带领与推动下,时间地理学国际研究网络已经形成。

此外,凯萨近年来开展了"时间地理学理论与方法的国际传播与发展"的课题研究,访问了美国、加拿大、英国、日本、中国等国家的时间地理学学者,跟踪和比较了时间地理学在国际上的传播与应用创新。2015 年,凯萨访问了日本、中国等地的时间地理学者,并在北京大学做了题为"时间地理学:起源与发展"的讲座[6]。在此期间,北京大学时间地理学研究团队对她进行了深度访谈与交流讨论,并对其团队的主要研究成果进行了反复学习与讨论,力求全方位、准确地认识与理解新时间地理学(柴彦威等,2016)。

2019 年秋,由凯萨撰写和主编的两本时间地理学著作问世,成为时间地理学具有划时代意义的经典著作。其中,《时间地理学:概念、方法与应用》(*Thinking Time Geography: Concepts, Methods and Applications*)是对新时间地理学理论体系与应用创新的系统介绍,可以说是全球第一部系统阐述时间地理学的专著[7]。《全球背景下的时间地理学:论文集》(*Time Geography in the Global Context: An Anthology*)是由凯萨编著,邀请全球时间地理学领军学者撰写,反映时间地理学在全球传播、应用和发展的巨著。

## 6.3 新时间地理学的理论创新

哈格斯特朗提出时间地理学的时代,处于二战以后全球经济恢复与重建、欧洲城市化与工业化快速发展的特殊时期,快速城市化带来的人口不断增长对城市公共服务设施的紧迫需求成为主要问题(Oberg,2005)。因此,早期的时间地理学研究侧重于工作、就学、通勤等有明显空间移动的"空间行为";从个体工作、就学的时间安排出发,考虑本地就业岗位、交通与公共设施布局的时空制约,并通过规划模拟来调整设施的空间分布或时间配置,使其成为减弱日常活动制约、提高可达性与生活质量的主要措施。

半个多世纪以后,时间地理学创新发展的背景发生了重大变化。大规模的城镇化与空间扩张已经结束,而后工业化、全球化、信息化背景下的经济、技术、空间与社会变革给人类活动及其"社会—自然—技术"的互动关系带来了重要影响。同时,面临20世纪70年代以来不断恶化的资源、能源与环境危机,研究的焦点逐步从科技水平提升与经济结构调整转向生活方式的调整。比如,西方城市面临大量女性回归劳动力市场、双职工家庭增多的社会变化,对家庭劳动分工、女性工作—家庭平衡与交通出行量产生了深远的影响。同时,面临人口老龄化、晚婚、单身与少子化等带来的家庭规模小型化现象,人口与家庭结构变化给日常生活模式与移动性带来了极大挑战。此外,信息与通信技术的快速发展与广泛应用,对人类活动的时空制约与活动时间影响深远。

面临这些新的现实背景与研究问题,以凯萨为代表的新时间地理学从"空间行为"研究向"空间中的行为"研究转向,人类日常活动的研究从"家外"转向"家内"、从"个体"拓展到"组织"、从强调"物质空间制约"转向"社会文化制约"。

## 6.3.1 从"家外"转向"家内"

从时间地理学视角看,人类活动必须占据空间,需要形成并持续维护一定的"地方秩序口袋"来保证企划与活动的顺利实施。因此,除了空间移动,人类日常生活中一些重要的驻点、领地、地方秩序口袋也是理解日常活动的重要方面。家是理解日常活动的重要地点。时间地理学对人的基本假设中包括了非常重要的"回家原则",也就是说,不管是为了满足生理需要还是精神需要,每个人都必须以相对稳定的时间节奏回到家进行个人的再生产。然而,早期的时间地理学研究更加注重家外活动的时空安排,相对忽视了家内的活动,因此也被女性主义所质疑。

因此,凯萨不仅将分析单元从个体转向家庭,同时特别关注家庭企划对于理解个体行为的重要性。家作为日常生活中重要的地方秩序口袋,反映了家庭企划对于个人日常活动安排的重要性,体现了家庭联合行为、组合制约对于个体活动的影响(Ellegård et al.,2004b)。并且,家内家庭成员之间的分工与联合行为是理解个体家外活动与移动的重要方面,也为解释个体行为的健康后果、环境影响提供了重要的视角。

凯萨等通过对家庭中父母如何分工来与孩子开展联合行为模式进行活动序列、地点序列、同伴序列等的多维情境分析,包括家长与小孩一起参与的联合活动、小孩不参与但是家长为了孩子的活动、家长个人的活动（如工作）、男女家长的联合行为，包括联合照顾孩子的活动、联合的家务活动、睡眠等，分析哪些家庭联合行为可能对治疗孩子肥胖症起到积极干预的效果（Orban et al.，2012b）。此外，凯萨提出，当考虑能源政策的时候，如果只考虑汇总平均的个体日常活动模式与能源消耗是无效的、不符合实际情况的，应该具体考虑家庭构成与家庭成员的分工与联合行为差异。不同的家庭结构（单身家庭、二人家庭及多人家庭），以及家庭成员不同的分工与联合行为模式下整个家庭有多少时间是没有人在其中活动的、有多少时间谁在家中使用了电器与热水等家庭内部具体行为模式的差异，都会影响到家庭能源消耗的结果（Isaksson et al.，2015b；Ellegård et al.，2015）。

此外，ICTs为日常生活带来了重要变革，远程办公等则带来了家庭与工作边界的模糊化。家不单是进行社会再生产的重要基地，也是开展其他活动的重要场所。居家办公使得人们的活动模式与出行安排发生了重要变化。从活动的地方秩序视角来透视家内活动及其与家外活动和出行的关系，透视家庭企划实施过程中不同成员之间的交互过程等，将成为研究信息化背景下日常生活转型、移动性转型的重要方面，也是制定面向生活质量提升、节能减排相关政策的重要科学依据（Thulin et al.，2018）。

### 6.3.2 从"个体"拓展到"组织"

除了家以外，很多重要的组织或者机构也成为个体开展活动的重要地方秩序口袋，如工作地、购物中心等；它们有秩序地存储了完成个人企划所需要的诸多资源。这些地方秩序是由组织企划所决定的，构成了参与其中的个体活动的权威制约，反映了个体与组织之间的权力结构。

凯萨（Ellegård，2018）将研究对象从个体扩展到组织，构建了组织企划与个人企划交织情境的分析框架，来分析组织企划与个体企划相互作用的过程与机制，以及组织企划作为个体行为的社会与制度背景是如何影响个人行为的过程。她以沃尔沃汽车乌德瓦拉工厂为案例，系统研究了该厂在"反馈式生产系统"的企划下，如何对组装车间、材料车间等部门进行布局与工作流程的改革，同时如何实现汽车组装工序的高度平行化的物质流，以及通过组装车间工人的工作活动路径及以"汽车组装"的企划为核心的工作时间进行分析，来评估反馈式生产系统的工作效率。

这种把时间地理学应用于工厂生产活动与生产方式调整的创新研究

具有重要意义（Ellegård，1984；1997a，1997b）。从理论创新来看，个体路径与组织企划的交织是时间地理学从微观个体汇总上升到宏观社会的重要步骤，是个体路径"编织"成社会"网络"的重要枢纽，也是社会理论中所谓"个人的社会化"与"结构"形成及"结构化"的重要时空节点。只有当这些重要的组织企划在时空中不断再生产并固定存在，个体日常实践便形成了社会结构。而经典时间地理学往往缺乏组织的视角，相对忽略了从个体出发来构建社会网络模型的视野，因此常常被误解为仅关注个体行为的概念模型。

此外，将时间地理学从对个体日常生活的关注扩展到对社会与技术变革下生产系统重组研究，也具有较大的创新性。实际上，个体的日常活动系统与社会生产、消费、流通等各个系统紧密相关。技术进步推动的生产方式和生活方式的变革都会给地球环境带来重要影响，是我们地理学者开展人地关系研究的重要方面。日常生活中个体在不同的地方口袋中与不同的组织进行交互，也扮演了不同的角色，从个体活动出发，时间地理学有着非常广泛的应用场景。当我们关注生产系统时，在个体与组织的交互过程中，不仅从就业者个体在特定工作模式下的工作满意度出发（Trygg et al.，2017；Bendixen et al.，2014），提升和营造具有人文关怀的工作环境，还可以从生产系统的时间管理和生产质量出发，评估生产系统的效率。因此，通过企划和活动的地方秩序等概念，新时间地理学构建起一套非常灵活的分析框架，可以在个体与组织等不同时空尺度、不同对象尺度之间灵活切换。

### 6.3.3 从强调"物质空间制约"转向"社会文化制约"

技术的进步虽不断减弱了物质空间对人类行为的制约，但强化了社会文化制约。在经典时间地理学时期，快速城市化所带来的城市物质空间重构是非常激烈的，物质空间调整对于人们日常活动的实现作用更为明显。然而，随着信息化和城市化的不断发展，城市物质空间调整趋于稳定，而人口与社会变革以及技术进步所带来的生活方式转型等对日常活动的影响更为深远。

一方面，ICTs等新技术推动了移动性与生活方式的变革，以时间换空间的形式越来越多（如互联网购物、远程办公等），人们日常活动中能力制约的重要性相对下降，而组合制约和权威制约的重要性明显加强（Schwanen et al.，2008a）。此外，我们需要对ICTs影响下的活动和移动及其背后的社会文化意义进行重新定义，以帮助我们更好地理解和预判信息化带来的生活方式转型所产生的社会与环境后果。人们借助

ICTs 可以自如地穿梭于"前景"活动和"背景"活动，二者之间的影响机制愈发复杂，活动的地方秩序在虚拟空间和现实空间需要重新定义（Thulin et. al.，2020）。

另一方面，老龄化、生育等人口与社会变化对日常生活的影响也是无法忽视的。尤其步入后工业化时代，服务经济转型带来全社会对劳动力的大量需求，女性生育与参加社会劳动不仅是已婚有孩子女性日常活动的重要影响因素，也是社会政策制定的重要方面。20 世纪 90 年代，时间地理学对日本已婚女性日常活动和育儿设施等福利政策的研究，已经体现出日本"男主外、女主内"的社会文化对已婚女性就业的制约（Kamiya，1999；Okamoto et al.，2018）。而在高福利的欧洲国家，人口老龄化、鼓励女性生育而不断改革的产假福利政策、女性就业政策等社会性因素对退休者、已婚育儿女性等人群的日常活动模式和移动模式产生较大影响（Berg, et al.，2014；Frantál et al.，2019）。

无论是家庭企划对个体活动的影响，还是组织企划与个体企划的交织，都体现了家庭、组织作为社会制约对个体行为影响的重要性。如果说，经典时间地理学在规划中的应用更多地强调通过空间规划与空间调整来放松人类行为所面临的"物质空间"制约，那么新时间地理学则更加强调通过社会规划与社会政策调整来放松人类行为所面临的"社会文化制约"。

## 6.4 新时间地理学的未来

新时间地理学不是反对经典时间地理学、另辟蹊径，而是对经典时间地理学的不断发展与创新应用。经典时间地理学和新时间地理学所处的时代背景和学科背景不同，进一步推动了行为研究从"空间行为"走向"时空间中的行为"，推动了空间行为研究的转型。新时间地理学完善了"过去企划—过去活动—未来企划—未来活动"的过程视角对时空行为过程及其微观机理的解释，并发展出基于"企划—活动"系统的多维情境活动分析方法及其可视化工具，丰富和完善了时间地理学长短期结合、主客观结合、个体社会结合的分析框架，在理论和方法及应用上发展了时间地理学（张艳等，2016）。此外，新时间地理学也更新了我们亚洲地理学者对时间地理学的理解和认识（柴彦威等，2016）。恰逢"十二五"以来中国城市进入"二次转型"新阶段，更加注重高质量发展、生态文明以及生活质量的提升，新时间地理学为未来中国城市地理与城乡规划研究提供了独到的理论与方法，期待未来新时间地理学在时空间行为与生活圈规划研究中的全面应用与创新发展。

**第 6 章注释**

① 20 世纪 30 年代以前，瑞典向北美的国际迁移是主流，至 1930 年国际迁出和迁入移民基本持平，但 50 年代战后工业化的快速发展吸引了大量的国际移民成为产业工人。20 世纪 30—60 年代，瑞典城市化快速发展，工业生产在经济中占主导地位，而 70 年代以来，城市化发展到较高水平，服务经济占据主导地位。城市化的快速发展带来了生活方式的变迁，社会越发从垂直联系社会转向水平联系社会。人与自然的直接联系越来越弱化。不同代际对人地关系的认知形成巨大变化，年轻代际越来越不清楚满足人类生理需求的人类生活与农耕种植、食品原材料生产等过程的关系。20 世纪 70 年代，服务经济转型，社会劳动力需求不断增长，全社会劳动力短缺，开始呼吁提高女性劳动参与率，尤其是呼吁已婚女性回归就业。为与之相配套，大力发展高质量的公共育儿设施，1974 年起实施有偿生育休假的福利制度改革。

② 凯萨在哥德堡大学地理系本科学习期间开始接触并学习时间地理学，通过导师的介绍，她参加了哈格斯特朗早期的时间地理学研究项目，并与其合作发表了很有影响力的学术论文。

③ 哈格斯特朗一生的两部经典专著——《创新扩散的空间过程》[此为哈格斯特朗于 1953 年用瑞典语出版的博士论文，题为 Innovations för Loppet ur Korologisk Synpunkt，后由艾兰·普雷德（Allan Pred）于 1967 年翻译为英文出版，题为 Innovation Diffusion as a Spatial Process]与《存在的织物》[*The Fabric of Existence*（英文名），*Tillvaroväven*（瑞典名）]，都与时间地理学思想与方法密切相关。尤其是最后一本遗著，实际上在哈格斯特朗辞世之际并没有完成，后由凯萨等进行整理出版。

④ 凯萨是瑞典时间地理学派的核心人物之一，也是哈格斯特朗认可的时间地理学"传人"。林雪平大学培养了瑞典时间地理学第二代、第三代学者，使瑞典至今仍然是时间地理学的国际中心。她建立的时间地理学之屋，收藏并陈列了哈格斯特朗生前所有的图书与资料，成为时间地理学研究者朝圣之所在。

⑤ 2014 年、2016 年分别在瑞典林雪平大学成功举办了第一届及第二届时间地理学国际学术研讨，2018 年在北京大学举办了第三届，原计划 2020 年在时间地理学的起源地瑞典隆德大学召开第四届，由于新冠肺炎疫情影响，延期于 2022 年举办。

⑥ 凯萨及其研究团队与北京大学时间地理学研究团队开展了国家自然科学基金委员会与瑞典自然科学基金委员会联合资助的中瑞时间地理学国际交流项目"基于时间地理学的中瑞城市规划研究与教育合作"，于 2015—2018 年每年互访交流。

⑦ 在此之前，1977 年奈杰尔·思瑞夫特（Nigel Thrift）面向本科生编写了介绍时间地理学的讲义。参见 THRIFT N J. 1977. An introduction to time geography [Z]. Norwich：University of East Anglia。

# 7 企划

　　个体行为与宏观社会的结合、短期行为与长期行为的结合、主观能动性与客观制约的结合、定量研究与质性分析的结合等是行为地理学研究的基本方法论问题（柴彦威，2005）。新时间地理学进一步完善了经典时间地理学对时空行为的解读，尤其体现在企划（Project）与活动的地方秩序（Pockets of Local Orders，POLO）两个概念及其符号系统、可视化及应用等方面的创新。哈格斯特朗（Hägerstrand，1985）提出，个体路径的形成，除了受活动所处现实环境的客观制约外，在活动发生之前其实是企划决定了路径的走向。新时间地理学对企划的强调，正是对 20 世纪 80 年代经典时间地理学所遭受的过于物理主义、过分强调制约而忽略主观方面等的回应。

　　本章我们具体对企划这一概念及其应用研究展开介绍。在时间地理学的五个核心概念中，企划强调的是行为个体有意识的、目标导向的任务，它反映的是个体的内在主观性。企划的概念类比于舞台中演员们所扮演的角色和所依托的剧本，并体现为不同的任务，需要通过具体的活动来完成；角色和剧本影响演员个体路径的走向，是演员在不同场景中开展活动背后的内在逻辑。

## 7.1 企划的概念

　　经典时间地理学在解释人类空间行为时强调外部的客观制约分析（柴彦威等，1997），在一定程度上忽视了人类空间行为的主观方面，从而受到了学界的一些批判与质疑（Pred，1977）。哈格斯特朗（Hägerstrand，1982a，1982b）虽然强调客观制约分析的重要性，但后期不断完善时间地理学理论体系，试图形成一套主客观统一的行为论方法，这集中体现在时间地理学的企划的概念上。企划是时间地理学框架中的原生概念（Lenntorp，2004a），只不过在既往研究没有得到与路径、棱柱、制约等概念同等的关注度（Sui，2012；Hallin，1991；Lenntorp，1999）。

　　早期时间地理学并没有正面关注行为主体的情感、行为偏好等主观方面的因素，而是选择强调个体在行为决策过程中所受到的制约。这与当时瑞典社会经济转型与区域规划的需求紧密相关，那时的规划应用更多的是强调物质空间的优化布局（Lenntorp，1999）。哈格斯特朗曾提出，如果一味关注行为主体的主观性因素，而主观性因素难以预测与调控，那么对规划的实际问题便束手无策。相反，强调个体时空行为的客观制约，则能够通过调整城市资源的时空配置来减少个体行为所受到的制约，从而实现提高生活质量的目标。因此，时间地理学在诞生之初有着非常强烈的规划应用导向。

后期的时间地理学发展对行为主体主观因素的考虑受到了两个方面因素的影响：一方面来自行为地理学对个体"选择"与"能动性"的强调，从人的主体性角度理解行为与其所处空间之间的关系，弥补忽视人类主观能动性的不足。另一方面则是来源于自身理论的成熟与完善。企划从根本上反映了个体内在的主观能动性，也成为个体与个体、个体与组织交互的内在机制。时间地理学中的企划概念将个体行为的"主观"与"客观"方面进行了统一，实现了从"个体日常经历"到"社会结构化"、从"个体社会化"到"社会再生产"的理论升华，同时也贯通了"过去""现在""将来"的持续转换过程，是时间地理学理论体系的核心。

### 7.1.1 企划的理解

时间地理学中的企划是指"个人或组织为完成某一特定目标而进行的一系列必要的简单或复杂的任务"（Pred，1981c；Hägerstrand，1982a）。企划与一个具体的目标相关，由为实现这个具体目标而付诸的活动构成，可以说企划是任务导向的（Ellegård，1999）。因此，它构成了活动之间的内在逻辑，是活动时空安排与组织的重要原则（Lenntorp，1999）。

从根本上说，企划是一系列有内在联系的活动的配置与组合，许多不同的活动因为某个目标而关联在一起。一项企划中的活动不一定要像活动链上的活动那样连续发生而不被打断，它们可能分散在一天中的各个时间段里。反之，个体整日的活动链，却因个体要完成不同的企划而被分割成许多活动碎片。

任何企划的实现都需要个体或者组织利用各种资源保证活动的顺利开展，包括时间与空间及各种其他资源，并克服各种物理的或社会的制约。在这个过程中，很多企划根本无法实现，很多企划在实现的过程中不断调整，还有一部分企划能够最终得以实现（Hägerstrand，1982a）。企划是面向未来的，可能成功也可能失败。

企划有的非常宏大、长远，比如人生规划、职业规划等；有的也非常细小、短暂，比如上下班路上接送孩子、采购、做饭等。企划之间可能会存在竞争也可能相互包含，例如，哺乳期的母亲看病就医的个人企划和照顾婴儿的家庭企划。

### 7.1.2 企划与活动的关系

企划中的活动因共同目标和意义而相互关联，但企划与活动并不是简单的包含关系。对于个体企划而言，同一个企划可能会对应一组活动，而一个活动也有可能会对应若干个企划。对于家庭企划和组织企划而言，企划与活动的关系则更加复杂。同一个企划可能会由不同个体在不同时空中互动协作来实现。例如，家庭中照料孩子的企划，在核心家庭中可能分别有女家长和男家长分工完成，男性可能更多的是陪孩子玩耍，女性则更多承担孩子的衣食起居与辅导功课等活动。在企业组织中，同一个生产企划可能需要同一个车间的多名工人共同完成，围绕该企划他们需要相互配合开展一系列活动、与各种生产资料以及其他部门的员工形成时空组合及"活动束"。

企划概念挑战了传统时空行为分析中按活动类型或活动序列进行的行为汇总和解释，转而从个体或组织的主体意图的视角建立起活动之间的内在联系（Ellegård，1999）。在传统时空行为分析中，汇总到一起的活动可能没有什么联系，而事实却可能是不同类型的活动或不是连续发生的活动之间具有内在联系。从企划的视角来理解活动，或者说理解活动的企划情境，通过将活动与个体或组织的目标关联，赋予活动以意义，建立活动之间的联系，从而进行深入的时空行为分析。

企划与活动是相互依存、相互影响的。企划在前，活动在后，过去的行为由过去更早的企划引导，未来的行为由未来的企划引领。同时企划的实现又依赖于活动，没有实际发生的活动，企划中的目标或意图就不可能实现。此外，活动会反馈于企划，人们可能根据过去在特定情境下活动的经验、感受、态度等对未来企划的制定进行正向或负向反馈，对未来企划进行调整，从而构建个人主观世界与外在客观路径之间以及过去—现在—未来之间的联系（Ellegård，2018）。

### 7.1.3 企划的意义

1) 关联行为的"主观"与"客观"

时间地理学的路径符号系统刻画了个体在时空中连续运动的轨迹，并且是克服诸多制约后所实现的可观察到的行为结果。值得思考的是这条路径是如何形成的,其行为主体内在主观层面赋予这条路径哪些内容。正是由于行为个体的意图、记忆、感觉、知识、想象和目标等内在思维活动过于丰富,以至于很难构建一种视觉符号来将其完全展示出来,而恰恰是这些内在的思维活动决定了轨迹的走向(Hägerstrand,1982a)。

路径将平面地图上静止的图像立体起来,让地理研究者看到一个不断变换着的世界——未来持续不断地转变成过去。而企划将发生的活动和事件与其背后隐藏的目标和意义联系起来,并使得为了实现同一个目标而开展的诸多活动联结在一起成为一个整体。尽管这些活动在物理意义上可能是时空分隔的、发生于不断变化着的时空情境中(Hägerstrand,1982a)。路径描述了可以观察到的企划实现过程,但其背后的意图却不可见,而企划恰恰能够建立起意图和实现之间的桥梁,为解释时空行为的发生与变化提供了概念基础。因此,哈格斯特朗(Hägerstrand,1982a)认为,在时间地理学中没有什么概念比企划更加与生俱来。

因此,企划与路径体现了时间地理学对个体行为的外在(客观)结果与内在(精神)活动之间的辩证关系(Pred,1981c)。对于一个在时间线上永续前行的个体来说,他/她处在实体的行动和精神层面的活动之间相互作用的中心位置(Thrift et al.,1981;Olsson,1979),从企划的视角可以透视想法与行动的相互转化(Olsson,1979)。一方面,当个体通过在组织或个体企划中的实际参与,在实体空间中描绘出可观察到的路径,从而与其他个体与物体发生交互时,他/她不可避免地积累了内在的印象与经历,这些印象和经历对于他/她行为规则与规范的建构,对他/她信仰、价值观、态度、能力、期望、品位、厌恶等观念的塑造,以及有意识和潜意识中动机的形成及由此生发的有意识与潜意识的目标与意图(只有一部分目标和意图会被意识到)的形成都非常重要(Pred,1981c)。这些经历、交互和遭遇帮助个体定义和重新定义自己,去创造和更新自身的优点与缺点(Erikson,1977)。另一方面,在选择和开展组织企划以及定义和执行个体企划的过程中,个体需要在时空制约下选择和参与活动束,以将行动添加到个体日常与生命路径中去。这时的个体无法脱离他/她之前的印象与经历、源于此产生的目标和意图以及实践知识的影响(Pred,1981c)。

2)承载"个体"与"社会"二元性

企划与具体目标的相关性使得目标和意图与企划相对应。一般来说,组织目标对应组织总体和组织中个体的企划,个体目标对应个体企划并同时受到组织企划的影响。不同个体与组织企划之间常常互相包含，这意味着一系列活动束可以在多个不同层面的不同时空尺度上解读。一个新城镇的建设是一项宏观战略的组织企划，它由政府制定，具有组织意志，牵涉多部门和相关个体，具有粗略的时间节点，基本没有关注到空间细节。当比例尺放大，新城镇中某个工厂或学校的建立是一项组织企划，同时影响到建设者、学校筹备人员等个体的工作企划，但依然较少关注空间细节。当尺度上再细化以后，工厂中一台机床的组装或者学校里一周的数学课教学都可以看成一个企划，这样的企划既可以看成车间工作组或数学教研组的组织企划，也可以看成组装工人或者数学老师的个体企划，我们可以关注到活动更精细的时空信息。进一步放大比例尺，辨别齿轮中的一个铸件或者讲授一堂数学课也是一个企划。因此，通过尺度的不断细化，我们可以找到更小尺度上的连续过程并作为一个企划（Hägerstrand，1982a）。

不管是什么时空尺度上的企划，我们都可以根据目标或意图的制定者将企划划分为个体企划与组织企划。个体企划的目标来源于个人，执行的一系列活动旨在达成个体目标；组织企划的目标反映组织意志，相关个体实施的一系列活动服务于组织目标。无论是个体企划还是组织企划，只有通过人或物的行为活动才能使其得以实现。即使企划分属不同领域，之间没有内在联系，它们之间依然相互依赖，并在现实情境的组合中实现（Hägerstrand，1982a）。

个体企划是企划研究的基本尺度，组织企划的研究也离不开个体企划的分析。不考虑个体所在组织影响的企划研究相对简单，个体是其中唯一具有思维能力的主体，物理空间的时空配置相对有规律可循。组织企划代表集体意志，需要若干个体在一定的时空情境转换中完成，每个具有思维能力的个体都会给组织企划中活动的实施带来变数，由此增加了组织企划研究的不确定性与复杂性。个体企划往往并非完全独立存在，它会受到个体的其他企划以及个体所属组织的企划甚至其他个体的企划的影响。忽略上述影响，仅考虑一个个体企划本身的企划被称为独立定义的个体企划。

因此，组织企划对于理解个体企划实现过程、个体活动的微观情境而言至关重要，也是当前研究特别容易忽视的。从本质上讲，个体不可能脱离社会而单独存在，个体企划的实现需要个体在时空中不停地与其他个体进行"组合"，而往往个体以外的其他组织企划决定了这种时空组合的实现。家庭企划可以作为一类特殊的组织企划，当我们在分析个体日常活动和出行时，不得不考虑家庭企划的影响，即个体在家庭企划中所承担的角色和任务，以及家庭资源如何来进行分配等。这涉及家庭成员之间以及个体与家庭资源等为了实现特定企划而进行的组合与分工过程，它们对于理解个体活动和出行模式至关重要。

再如，工作单位企划对个体企划与活动的影响也是非常常见的。个体企划有时与单位企划会保持一致，例如，个体不断努力提高工作效率和产出，从而获得更高报酬，这和工厂希望扩大生产规模、降低生产成本、实现利润最大化的企划是一致的。在个人企划与单位企划交织的过程中，个人企划往往会服从单位企划，例如，单位对工作排班制的改变或者对远程会议的要求等，个体往往会根据单位企划来调整自己的活动日程。同理，医院等公共服务机构的服务时间、预约安排、就诊流程等组织企划，会直接影响到患者个体的活动与出行安排。

因此，当我们在理解个体日常活动的时候，首先，不能将活动孤立来看待，要看到活动与企划的内在联系。其次，还应该看到各个活动开展时个体企划与组织企划的交织过程，因为这个交织过程体现了个体与个体、个体与组织之间的权力关系，它们是个体与社会互动的过程。并且，在这个过程中，个体服从一定的社会规则和结构，同时个体也通过日常生活实践不断改变、塑造着社会结构，体现了个体与社会的二元性。当然，关于企划如何形成，它们之间的权力关系是怎样的以及如何产生的，这些内容已经进入了社会学与社会理论的范畴。时间地理学对于企划是如何形成的并没有展开论述，往往认为企划是给定的。凯萨从个人日常生活的角度，提出人们为了过好自己的生活，往往存在七大类主要的企划。我们将在下一章对此进行详细介绍。

3) 联结"生命路径"与"日常路径"

企划存在不同的时间尺度，长期的如人生企划，如养育孩子；而短期的如日常企划，如接送孩子上下学。很显然，人生企划与日常企划之间存在相互影响的辩证关系。日复一日的日常企划构成了人生企划，人生企划决定了日常企划的内容与方向。比如，对于养育孩子这项人生企划而言，照顾孩子、接送孩子上下学、陪伴孩子玩耍等日常企划是其重要组成部分，但并非该人生企划的全部。养育孩子这个企划应该更广泛地包含家长与孩子在婴儿期、幼年期和青少年时期等各个时期为实现该目标而开展的不同类型的活动。再如，园艺这项长期企划，花园主人为了经营出美丽的花园需要进行一系列活动，包括设计花园（计划种植花木品种、购买种子）、种植（挖坑、种植、施肥、浇水、割草）等不同类型的活动。营建花园之余，花园主人可以通过在花园漫步、欣赏花花树树来享受美丽的花园，可能会生发出关于修剪花木、增添装饰的新想法。上述企划中的活动都因园艺这个长期目标而联系起来，同时也不可避免地与其他企划语境的日常活动穿插进行（Ellegård, 1999）。因此，企划对构建长短期行为之间的交互机制奠定了理论基础。通过路径在不同时空尺度上的转化,结合企划的分析,有助于我们理解日常企划与人生企划、日常活动与生命事件之间的交互影响。

图 7-1 中竖轴代表时间,向上表示未来方向,与"出发点"相交的水平线表示现在,最上方的水平线是企划中未来完成目标的时间节点,垂直竖线代表过去的轨迹。左上角和右上角分别为两个不同的目标,未来的轨迹既可以朝右上方移动也可以朝左上方移动。如果我们完全按照计划进行,向左上方行进或右上方行进则可以在预定的时间点达成其中一个目标。如果将现在的时间线向上推移,那么左右两个目标都不可能在预定时间达成。

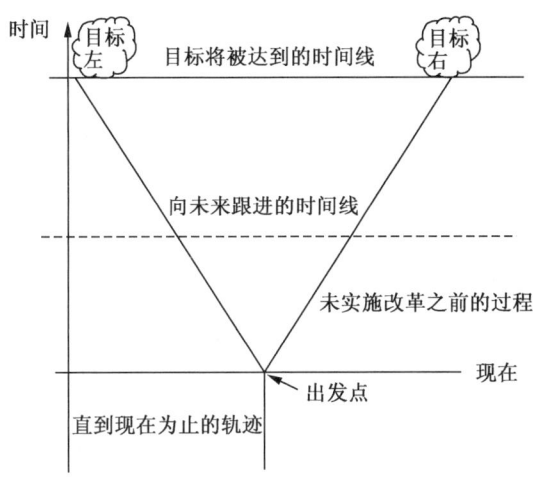

图 7-1　企划的目标与时间过程的关系

一个完整的企划包括孕育计划、活动实现、影响反馈三个主要阶段。在孕育计划阶段,企划关注未来,设定目标,计划着如何通过利用多种资源,开展具体的活动来实现目标;在活动实现阶段,聚焦现在,通过一系列与企划目标相关的活动实践向目标迈进,从而实现计划;在影响反馈阶段,回顾过往,无论企划目标是否实现,为达成企划目标开展的活动实践的结果都是企划的产品,这个结果会影响后续企划或者其他进行的企划。

我们以编织毛衣为例。企划的目标是编织一件毛衣,在编织活动还没有实行前,这是一个计划或主意;构想好毛衣的编织方式后开始编织毛衣,通过编织这个正在进行的动作将毛衣生产出来;当编织了一段时间之后,编织的过程成为一种经历,在完成整件毛衣后,这个企划的目标达成了,关于未来的计划转换成了生产完成的产品和过去的经历;如果编织带来了愉悦的体验,那么这个女孩很有可能愿意再次编织毛衣,这时就可以调用之前的经验,熟练运用之前的编织技法,也可以尝试其他编织方法（图7-2）。

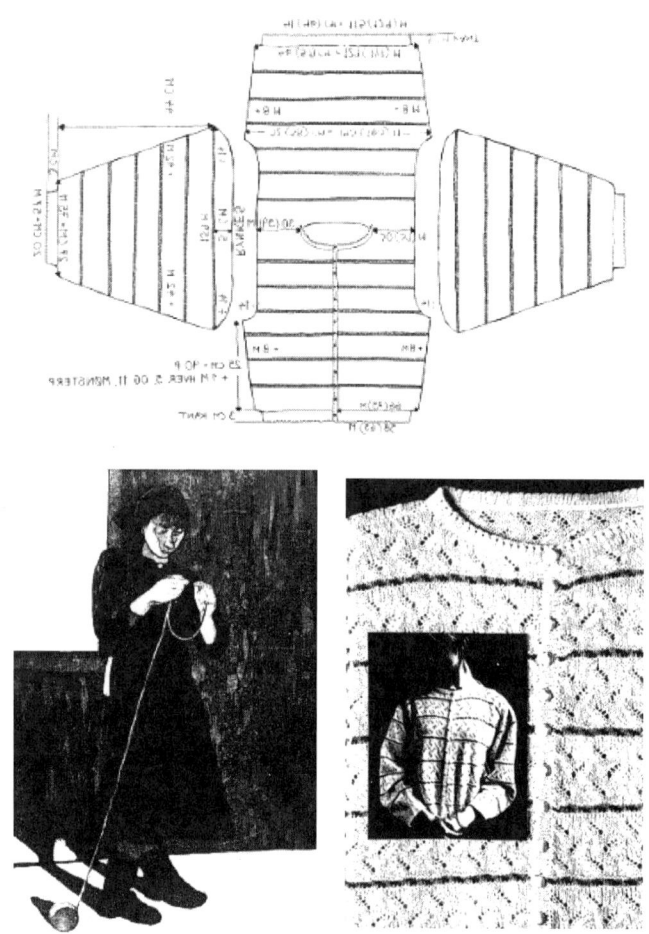

图7-2 编织毛衣企划的三个阶段场景

4)"企划—活动—企划"的闭环决策过程

新时间地理学尝试构建"企划—活动—企划"的闭环行为决策过程链，试图将时间地理学从强调客观制约的行为论方法扩展到主客观相互作用的行为论方法。凯萨将行为的实现过程分为"过去""现在""将来"三个阶段，以及"主观"（精神世界的意图）、"客观"（物质世界中的事件与路径）两个方面。在过去路径上发生的事件会向主观精神世界反馈评价（正面评价或是负面评价），并在内在精神世界储存起来，影响未来企划的形成；未来的行为既受到未来新的企划的引导，又取决于现实物质世界中个体所能利用的资源以及其受到的时空制约，最后在未来企划与未来制约的权衡与较量中实现将来向过去的持续不断的转化。

我们以采购聚会食材的企划为例来详细分析一个独立个体企划。图

7-3中竖轴代表时间，中间的横线表示现在，其上方和下方分别表示未来和过去。右侧图示记录了发生的事件和轨迹，在物质世界中可以观察到。左侧图示代表主观个人世界，记录下个体的想法、感受和意愿。图示右下方发生的事件已成往事，我们无法改变；它们在个体的世界中有一个镜像，记录了个体的体验和经历；这些经验在横线的上方有一个镜像叫作意愿和意向，好的经历可能会让我们更倾向去重复这件事，而不好的体验可能会让我们不想再经历同样的事情。

个体A（后文称A）起初在家中，为了准备聚会的食物，A打算去商店买熟食和水果，A离开家去了商店1，商店1的店员服务态度不好，让A对商店1留下了不佳的印象。A在商店1买了东西后返回家中准备聚会的食物，这时才发觉少了一种关键的配料，但是离聚会开始的时间不多了，A由于在商店1有过不愉快的购物经历，不愿意再去商店1，于是想到了比商店1距家远一些的商店2。可是如果需要在聚会开始前买到这种配料，去商店2购物再折返的时间已经不够。在聚会时间的限制下（菱形所示的时空棱柱范围），A只能再次去上次发生不愉快的商店1去补买配料。我们可以看到，过去发生的事情也就是经历体验对未来的行动意向产生了影响，在这个案例中由于A没有充足的时间，在现实世界的时空制约中做出了妥协的决策，由此说明时空制约可能会阻碍我们完成我们本想去做的事情。

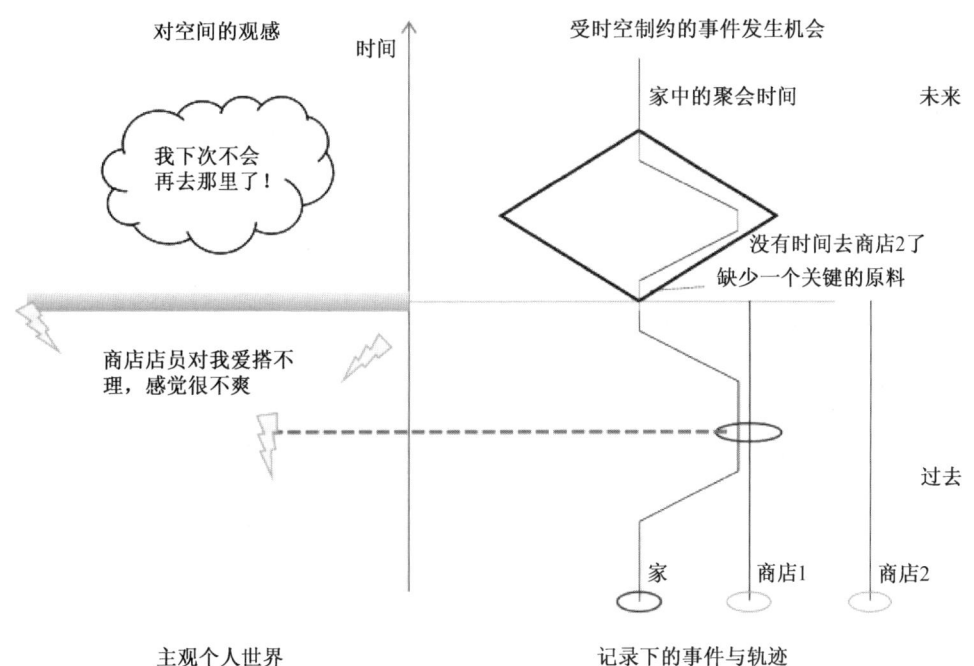

图7-3　采购聚会食材的企划

我们无法改变已经发生的活动及其在个人主观世界中的经历和体验，但我们能够在活动进行的当下发挥能动性，通过活动和移动改变当前进程。在未来，我们拥有一个机会空间去做出改变，这个机会空间受到时间与空间的制约。通过这个案例的分析，我们可以进一步把时空路径与企划结合起来思考两者的关系。任何企划的实现都需要一系列人与物的时空活动束，依据企划的目标，这些人和物的活动束必须具有特定的逻辑、连贯的秩序以及持续的时间。企划的完成在一定程度上可以灵活调整，这样就使得企划可以在中途打断或者与计划意愿不符时得以继续进行而不至于夭折（Hägerstrand，1982a）。

凯萨尝试还原了"企划—活动—企划"的闭环、循环反馈的行为决策过程。过去的企划影响着过去行为的走向，而在过去的日常生活实践（观察到的个体路径）中个体收集反馈信息，并进行未来企划的调整，从而可能会影响未来的行为，同时未来行为还受到外部客观制约的影响。这个闭环行为决策过程，在方法论上体现了行为决策过程中"外在"与"内在"、"过去"与"将来"的辩证统一，是对强调制约的行为论方法的重要完善与创新。但是该概念框架仍需要开展更多的案例研究来进行验证。

## 7.2 个人企划与组织企划

### 7.2.1 个体企划与组织企划的交织

企划情境（Project Context）既可以被用来分析个体层面的活动，也可以用来解析个体在家庭、商业组织、非营利组织等组织层面的交互关系下的时空行为（Ellegård，1999）。在现实生活中，很少有完全独立于其他企划的企划，企划与企划之间会出现交织。个体企划往往与该个体的其他企划、个体所属组织的企划甚至其他个体的企划交织。无论企划是否独立，都可以被单独作为研究对象，它与其他企划的关系可以作为时空行为分析的背景因素。每个人都是社会人，扮演多种社会角色，个体的企划往往与个体所属的组织的企划相关联，我们把这样的情景称为个体企划与组织企划的交织。

个体企划与组织企划相交的状态可能是短暂的，比如一个个体的日常路径途经一个剧场、商店等文化和经济机构以完成消费的企划。这样的相交状态也可能具有更长的时间区间，并且与许多时间点（段）和地点（域）关联，尤其是在一个个体的生命路径与一所机构中一个专门的独立存在的角色链接的情况下，比如大学里的学生、工厂中的工人、一个公共机构里的行政人员（Pred，1981c）。从组织的视角看，家庭组织的企划的目标是让全家人过上好的生活，因此，工作和收入对于家庭中的成年人来说尤其重要。公司组织的企划的主要目标是营利和生产高质量商品或提供高品质服务，对其而言，雇佣能够完成必要生产或服务活动的高技能员工十分重要。由于个体作为家庭成员和公司职员的社会身份及由附着于该身份的责任和义务，个体企划中关乎家庭与工作的部分不可避免地受到家庭企划与公司企划的重要影响。工作是个体非常重要的企划，作为家庭成员，个体企划的目标是赚取收入；作为公司成员，个体企划的目标则是在组织之中参与协作，完成具体工作任务。

从个体的视角看，一个个体企划可能同时具有多个目标，在不同组织企划的交织中理解个体企划有助于厘清个体的时空行为决策和时空活动。同时，组织企划目标的实现离不开成员个体的活动实践，并受到成员个体企划的影响。在企划交织情境中，个体企划的目标与家庭和公司企划的目标有机结合，共同通过工作这个时空行为实现（图 7-4）。

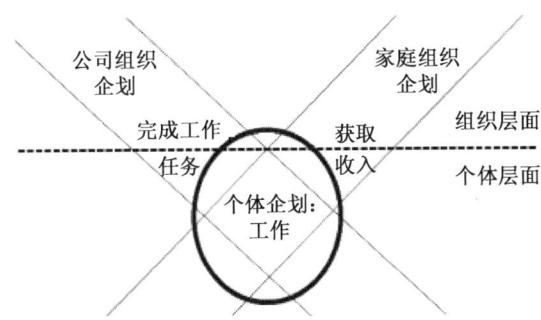

图 7-4　组织企划与个体企划的交织情景

## 7.2.2　交织情景下个体企划的调整

交织情景的企划研究可以帮助我们进行组织行为的分析，比如从企划的视角分析家庭联合行为与家庭分工以及从企划交织中出现的冲突和解决对策中理解组织管理变革。

从组织的视角来看人的主观和外部客观世界（图 7-5），现在时间线的下方和上方分别表示过去和未来。该组织在过去按照黑色竖线所示的模式运行，如果组织的运行模式不发生改变，那么在组织中工作的员工就会感到安全。设想该组织中有两类员工：一类是保守的、安于现状的；另一类是激进的、寻求改革的。虚线代表的保守派员工认为"我知道怎么做，我已经这样做很久了"，他们都是有经验的员工并且重复每天做的事情。若是组织的管理方想让员工做一些改变，那么保守的想法就不是一个好的倾向。在组织未来的机会空间中，实线代表的激进派员工主观上通过以往工作积累的经验以及对工作流程的反思产生改进的想法，他们为达成目标来学习新的工作模式。图中圆锥体中实线代表的是保守派员工的机会空间，他们想要按照以往惯常的方式来工作，则会与组织革新的企划目标产生冲突。

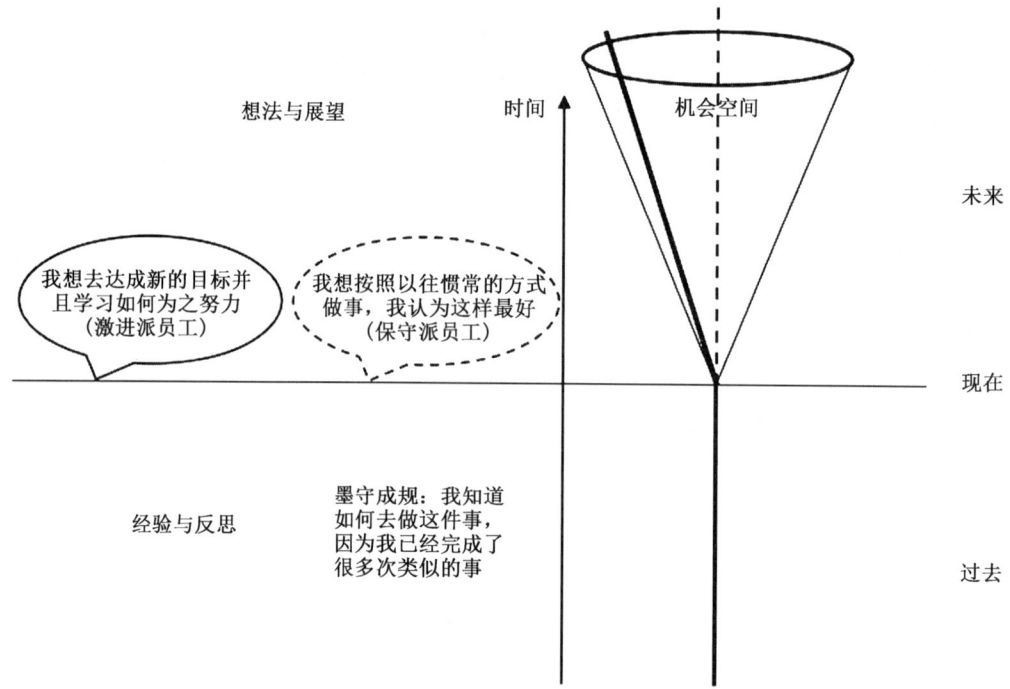

**图 7-5 组织革新中的保守派员工与激进派员工**

可以看出，组织革新面临很多困难。个人与组织目标会发生冲突，当组织革新的企划与保守派员工惯常工作的企划产生冲突时，组织运行模式革新的目标就会受到阻碍。个人企划左右着组织目标能否达成，与组织革新目标冲突的保守派员工要么一如既往地遵循原来的工作模式，要么与工作伙伴联合，架空渐进式的改革，这都会阻碍组织革新的推进。所以，为了达成工作模式革新的企划目标，组织负责人必须考虑到"现在"这个把"未来"转换为"过去"的时间节点，在"未来"的企划目标中必须包含过去经验之中对员工"有吸引力"的运营方式，更好地缓和个体企划与组织企划的冲突。只有将组织企划融入个体企划，使个体企划目标与组织企划目标紧密相连，才能更好地推进组织行为变革。

## 7.2.3 企划的案例分析

在 20 世纪 80 年代末以来的全球经济社会转型中，瑞典形成了以沃尔沃汽车为代表的，有别于传统大批量生产和以日本为代表的精细生产的反馈式生产系统。沃尔沃乌德瓦拉工厂是后者的典型代表。这个汽车组装厂的反馈式生产系统强调高度平行化的物质流，多个独立的车间同时进行多工序的整体性组装，每个车间内部包含若干个独立运作的工作组，每个工作组能够同时独立完成整台汽车的组装。在此生产系统中，每个工作组可以根据客户多样化的需求来进行汽车的组装，并且对于工人而言，其工作节奏非常有弹性，工作的自主性高，每个工人能够独立完成整车组装 1/4 乃至一半的工序，工作内容相比于传统流水线作业更加有趣。

生产流程的"结构性变革"同时需要企业组织在管理系统上也进行相应的改革，才能实现生产效率提高与工作环境改善的双赢。本案例从企划的视角出发，分析乌德瓦拉工厂组装车间工人的工作活动并评估反馈式生产系统下的工作效率。图 7-6 所示，反馈式生产系统的车间布局了三个工作台，在每个工作台的两边位置存放原料和零件。反馈式生产系统的装配步骤分为：（1）装载每辆车的材料架（车）；（2）车身和对应的材料架（车）被移至车间的装配台；（3）由材料和车身装配整车（图 7-6 上）。而在传统的流水线生产系统中，中间位置既是装配线，也作为工作台，每名工人有 1—3 分钟时间给每辆车装配零件，装配所需材料放在装配线两侧的传送带上（图 7-6 下）（Ellegård, 1984）。

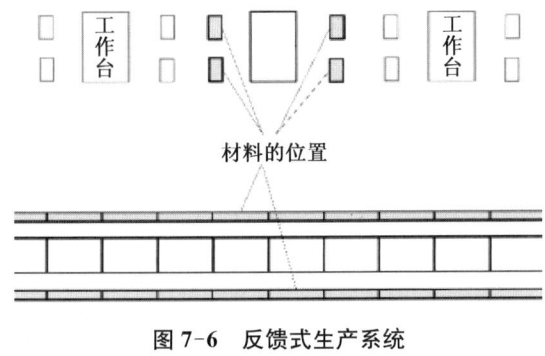

**图 7-6　反馈式生产系统**

在反馈式生产系统中，车间中配备了以 5 人为单位的生产小组，生产小组的工人们具备全新的知识集合，他们了解与汽车装配制造有关的基本知识（零部件装配、生产线的功能），每一位工人只用掌握汽车装配生产知识集合中的一部分，少数职工能够掌握全部相关知识。在这种新式生产系统中，装配工作更加能够调动员工的积极性，装配过程比流水线更加灵活。员工大多知晓做某项工作的意图和被布置给其他工人的工作的意义，这样的生产系统有助于员工形成全面的知识集合。

然而，在这样一个新式生产系统中却遇到了生产效率的掣肘，公司参照单辆车组装时间制定了一个生产小组每周装配 11 辆车的标准，而这个生产小组全力以赴只能装配 10 辆车，管理者认为该生产小组工作太慢，他们理所当然地认为用于装配的时间就是全部工作时间。但是，当生产工程师去核查生产小组的工作速度时，却发现装配工人都在精确地按照规范工作。那么，问题出在哪里呢？

对装配工人进行时空路径分析发现，生产工程师仅仅测量了装配工作的时间，却没注意到材料的错误传递造成了时间的浪费。从个人路径上观察到工人 1 曾离开装配工作台用计算机报告材料传递错误的信息，之后他又报告了一次材料传递错误信息，并紧接着去了模具工作台寻找合适的零部件。工人 2 也遇到了材料缺失的问题并耗费了一定的时间去处理。生产工程师在计算工人实际装配时间时忽略了工人处理材料传递错误问题的时间（图 7-7）。

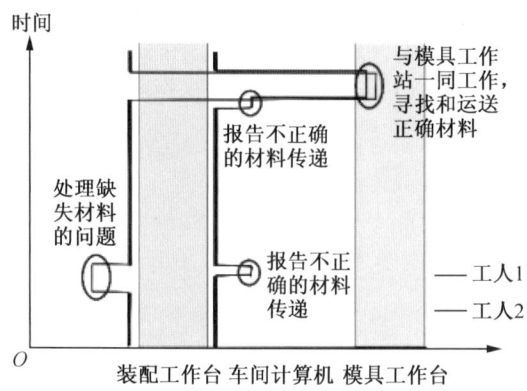

图 7-7 装配工人的时空路径（彩图见书末）

注：黑线代表工人 1；紫线代表工人 2。粗线代表实际装配时间；细线代表处理材料传递错误问题的时间。

在工厂装备流程管理中，一方面，个体的不可分割性未被尊重，即工人同一个时间只能在某个特定地点做一件事，向材料部门报告材料配送的失误以及到示范车间去帮忙就必须停止装配车间的组装工作。另一方面，虽然采用了新式生产系统，管理上却还在沿用旧式的部门分工，使得材料部门和装配部门相互隔离、没有协作，时常发生材料配送错误，从而降低了生产效率。材料部门和装配部门在对于同一种零部件采取两种不同的命名方式，材料部门以数字命名，而装配部门则根据其功能和形状命名。再者，两个部门的工作时间管理以不同的方式被看待，装配部门的生产时间是衡量是否达到生产目标的关键指标。从企划实现的角度看，对于材料部门而言，材料配送时间并不构成实现目标的关键，而传递正确的材料才是更重要的。装配部门要求装配时间短，而材料部门要求传递材料正确，但是材料部门不正确的材料传递会耗费装配部门相对更多的时间来处理，进而产生额外时间需求。形象地说，对于同一个零部件，材料部门发现错误传递一个转向轮只需要耗时 30 秒来处理，如重新发一个正确的零部件；但在装配部门，错误传递一个转向轮部件将带来 20 分钟的额外装配时间，工人首先发现材料传递错误，然后立刻向材料部门报告，等待新的材料传递均需要耗费额外的工作时间，这些时间虽然与装配任务（企划）无直接关系，但所有耗费的时间都被管理部门统计在组装时间上，从而得出组装部门效率太低的结论。

从企划的视角可以为乌德瓦拉工厂提出两条建议：一是整合装配和材料两个部门，使其朝着共同的生产目标努力；二是通过交换工作台学习（装配工人在材料台训练，材料工人在装配台训练），让他们学习对方的方式去谈论材料，并且了解对方实现组织目标的制约。这样可以尽量减少失败的材料传递，比单纯提高装配工作速度更为有效、可行。

## 7.3 企划研究展望

企划是时间地理学中不可或缺的原生概念，是为达到个人或组织的长期或短期目标而实施的活动安排，是考虑了主观因素后活动的客观呈现。在企划中，时间被看作将"未来"不断转换为"过去"的连续过程，一个完整企划包括孕育计划、活动实现、影响反馈三个主要阶段，关注实际活动与精神活动两个层面的辩证关系。个体企划与组织企划交织的情景分析考虑到组织企划对于个体的影响，有助于解释个体时空行为的发生机制。相对于传统的时空行为研究，企划框架下的研究不仅关注时空行为的客观发生，而且关注到时空行为的计划和时空行为结果的影响反馈。企划突破了传统时空行为分析中常常按活动类型或连续发生的活动序列进行时空行为的汇总和解释的研究范式，转而从个体或组织主体意图的视角构建了活动之间的关系，建立起意图和实现之间的桥梁，为时空行为的发生与解释提供了概念基础。

面对时空行为主客观、宏微观结合问题，行为地理学对于主体性进行正面应对，由内向外推断决策过程，而时间地理学的选择是从路径溯源企划，由外向内，在客观制约中引入主观意图，同时看到了个体的被动性与能动性，期冀实现对个体时空行为全方位的理解。

企划概念在时空间行为研究中的重要性日益彰显，但企划作为时间地理学的经典概念并未被广泛传播和接受。时空间行为的研究自二战后行为主义和人本主义地理学萌发、20世纪60年代时间地理学被提出至今步步深入，借力不断发展的信息与通信技术（ICTs）、地理信息系统（GIS）技术和行为模型，研究重点从时空间行为描述渗透到对时空间行为的解释和预测。既有的研究多通过路径或轨迹图示时空间行为，结合具体的活动赋予轨迹中点与线的时空语义，进而结合能力、权威、组合等时空制约来解释时空间行为。通过企划将人的意图引入时空间行为的研究范畴，关注到企划的孕育、动态调整、结果反馈等决策机制，辅助建立制约下的选择模型，可以帮助我们在客观时空制约的机遇空间中预测时空间行为。这是未来时空间行为与规划研究的一个新方向。

由于主观意图难以精确把握，从企划思想到具体行为的规范研究操作仍有很长的路要走。企划视角的时空间行为案例分析是时间地理学方法从制约视角到全面理解的新尝试，但限于研究手段的不足和既有企划实证研究的缺乏，基于企划的时空间行为研究框架还不完善。企划研究是未来时间地理学研究的一个新方向，期冀未来能与时间地理学同仁共同发展基于企划的时空间行为研究。

首先，个体企划与组织企划的交织、活动的地方秩序的嵌套为从个体活动到宏观社会运行提供了动态的分析框架，实现了个体与社会的整合。

其次，企划是个体外在行为的内在计划和目标，体现了时空中个体行为背后的主观意图。企划—活动系统揭示了企划与活动的对应关系，让时间地理学对个体行为的解读从外在客观走向内在主观世界，企划联结了时空个体行为的主观方面与客观方面（内在与外在方面）。

再次，企划联结了生命路径与日常路径（长期与短期），从企划视角来看，一些活动与不同阶段的长期目标紧密相关，而这些活动的开展与日常生活中的其他企划所对应的活动往往穿插进行，相互影响。不仅如此，企划—活动系统联通了时空中个体行为的外在客观结果与内在主观意图，"过去企划—过去活动—未来企划—未来活动"实现了对个体行为闭环决策过程的解读，同时存在地方秩序的重构，也为研究社会与技术变革下的日常活动转型及其环境后果提供了理论基础。

最后，活动日志调查等定量调查技术采集的是已经实现的个体路径行为数据，而对于企划的调查与分析，则需要结合活动日志开展深度访谈；当然，也可以基于研究者的判断来定义企划以及企划和活动的对应关系。但过去企划的实现过程（成功、调整、失败等）及过去行为与未来企划的反馈影响、长期企划与短期企划及不同企划之间的影响等议题尚需要未来的更多研究。

# 8 复杂情境中的日常活动

经典时间地理学的路径模型是绝对时间、绝对空间上的个体连续运动轨迹。时间对应的是钟表时刻，空间对应的是地理坐标。活动驻点可以用坐标系中的 $x$ 和 $y$ 点对来表示，而路径则是由点的连线而成。这种绝对时空观下的路径，反映的是个体在时空坐标系中的连续运动轨迹，是可以被观察到的外在行为结果。尽管这有助于将复杂的人类活动进行标准化的形态描述，并通过平均持续时长、平均距离等指标容易汇总出群体的行为特征与规律，但无法揭示个体行为背后丰富的情境。

并且，三维时空坐标体系下的个体路径容易让人产生误解，令人感到时空间就是时间维度加上空间维度，其中的时间和空间都是绝对时间和绝对空间。然而，这样过分简化的符号系统难以全面展示哈格斯特朗丰富的综合生态世界观（Lenntorp，1999）。当我们借助全球定位系统（GPS）、手机等移动定位技术获得大量的个体行为轨迹数据，比较容易地在地理信息系统（GIS）中实现其可视化的时候，或者借助绝对空间中的数学方法定量地刻画出行为模式的时候，我们是否想过，如此平均化、汇总化的行为模式，究竟是人的行为模式，还是 GPS 或其他物的行为模式？可视化的绚丽并不能掩盖对轨迹背后的情境理解的匮乏，我们无法只通过观察运动轨迹来了解个体在开展具体活动时的复杂情境。这实际上回到了空间行为研究的范式问题，即过分追求空间形式的描述不能到达对过程与机制的解释。

因此，新时间地理学正是源于对绝对时空观下路径模型过于简化、过于抽象的不满，凯萨等发展出相对时空观下的路径模型及其分析工具，倡导对路径进行"复杂化"地"还原"，通过分析行为背后的多维情境，来全面、细致、准确地刻画行为发生的过程与机制。新时间地理学强调相对时间与相对空间的概念，不再突出时间与空间上的绝对坐标位置，而强调时间上的先后次序（Before-and-Afterness）和空间上的共同存在（Side-by-Sideness）关系。这种相对时空观突出了活动之间的内在联系以及行为主体之间的相互作用。

凯萨（Ellegård，1999）把绝对时空观下的个体时空路径研究转向了相对时空观下的多情境路径研究，重新审视了人类活动的复杂情境性，丰富了路径背后的情境意义，提出并发展了日常情境（强调活动流的时间序列性）、企划情境（强调基于企划的活动之间的内在联系性）、地理情境（强调活动地点的时间序列性）、社会情境（强调共同在场的社会关联性）、技术情境（强调活动借助的技术工具）。

为了表达个体行为的复杂情境性，凯萨团队开发了复杂情境下个体路径的可视化工具"日常生活 2011"（Daily life 2011）软件，构造了不同方面的时间序列模型，如活动序列、地点序列、同伴序列、技术序列等（Ellegård et al.，2011a）。并且，凯萨团队还开发了既能进行群体间活动序列模式的横向比较，又不损失个体活动序列情境信息的个体路径可视化工具"活动序列可视化"（VISUAL-TimePAcTS）[①]（Ellegård et al.，2004a；Ellegård et al.，2006；Vrotsou et. al.，2010）。这些从活动的复杂情境性出发进行的可视化，在最大程度上挖掘与展示了活动日志中的信息，有助于开展社会文化制约下的行为分析。

## 8.1 审视日常活动的复杂情境性

人类活动具有复杂的、意义丰富的物质与社会环境中的情境性。在时间地理学框架下，个体为满足其人生中的不同生活需求，有目的地利用其周边各种资源（包括时间、空间以及其他人、物等资源）来开展各种活动以实现其目标，而活动能否顺利开展与目标可否实现同时还受到周边物理环境与社会环境的各种制约。因此，首先需要理解活动本身的特性及活动之间的联系。

日常生活中至少存在两类不同的活动：一种是在时空中的偶然存在、意外相遇。当个体在日常活动中相遇时，自己并不认识周围其他人，也不知道其意图与想法，例如，在面包店外排队时的偶然相遇、在公共汽车或者地铁中的偶然相遇等。还有一类则是不同个体为了共同的目标而相聚在特定的时间和特定的空间，一起构成特定集体而共同完成一些活动，它们在空间上往往相对固定，在时间上往往呈现出周期性、惯常性、重复性的特点（Ellegård，1999）。例如，研究小组的例会、工厂中的生产活动、家庭中的晚餐聚会等等。实际上，从时间地理学的视角看，个体的日常生活就是其在上述不同的偶然相遇情境与惯常性情境中不断切换并开展不同活动而形成的活动序列。然而，传统的时间利用研究中更多侧重于偶然情境中的个体行为研究，而时间地理学方法认为企划及活动之间相互联系，以及活动发生所经历的连续情境转换对于理解日常生活非常重要。

### 8.1.1 强调活动内在关联性的企划情境

企划是时间地理学中的核心概念之一,指为了完成特定目标而进行的一系列相互联系的活动(Hägerstrand,1982a,1985)。企划体现了个体行为内在的主观能动性,反映了行为的动机、目标和意图。然而,企划的最终实现还取决于周边环境中可利用的资源以及制约。因此,日常生活中有的企划成功实现了,有的企划消亡了,有的企划不断调整变化了。与企划不同,路径的概念则是那些实现了的企划、观察到的行为结果。此外,企划具有不同的时间尺度,有的企划是短期的、日常的,而有的企划是长期的生命企划,并且这两者之间存在着相互影响。

按照行为主体的不同,企划还可以分为个体企划与组织(集体)企划。在日常生活中,往往个体惯常性、反复性、时空固定性的活动均与组织企划有关,是个体路径与组织企划的交互,是个体承担不同社会角色时组织企划与个人企划共同影响下的行为结果。因此,时间地理学中的"企划"与"路径"的概念连接了人类行为的"主观"与"客观"、"内在"与"外在",打通了"长期"与"短期"、"人生"与"日常"、"过去""现在"与"将来"之间的联系,搭建了"个体"与"社会"、"个体日常生活经历"与"社会再生产"之间的二元性(Pred,1981a)。

企划情境(Project Context)是指那些为了满足个体或者集体长期或者短期目标而有目的性开展的多种活动的组织安排。企划情境中的活动并不一定要一个接续一个的连续组织起来,因为特定企划情境可能会因其他企划情境中的活动而被打断。企划情境强调活动之间的有机联系,而这种联系是基于共同的企划、共同的任务与目标。因此,企划情境中的活动也并非是同一类型的活动。例如,"园艺"企划,包括围绕"规划花园""实施园艺工作""休闲享受"等任务而开展的一系列不同类型的活动,包括选植物、买种子;挖洞、种植、采摘收货;园中漫步、赏花、赏景等。需要提醒的是,由于我们无法准确地从已经发生的、观察到的行为后果中反推原始的企划,因此,在进行日常活动的企划情境分析时,企划中的活动通常都是已发生的。

### 8.1.2 强调活动时间序列性的日常情境

与企划情境不同,日常情境(Everyday Context)则是活动有序排列、依次开展而形成不间断的"活动流"。即使如此，日常情境中的活动也并非任意排列、杂乱无章的。在人的生理性需求活动（如吃饭、睡觉等）以及受到工作、学习、购物等社会活动的社会时间秩序制约下，活动的日常情境存在一定的结构与规律。

因此，可以用具有特定节奏的活动序列来表达活动的日常情境。日常情境描绘了活动是如何一个接一个序列发生的，前一个活动是如何被后一个活动打断以及前一个活动是如何重新开始的。日常情境基于已发生的活动，可利用真实的时间利用情况，通过活动路径进行可视化（Ellegård et al.，2004a）。

### 8.1.3 强调活动地点序列性的地理情境

在时间地理学理论框架中，时间和空间都是重要的资源，任何活动都要占据一定的时间与空间资源。一些活动实现所依赖的重要资源、工具等都有着特定的地理分布。因此，活动分布于不同的地理空间，活动之间的转换需要空间移动，而空间移动需要花费时间。活动的地理情境（Geographical Context）中既存在着活动机会，同时也存在着各种制约。

此外，时间地理学尤其强调家作为住所的重要性，由于人有回家保证一定时间的睡眠等个体再生产的必要需求，以及家作为重要的基地，存储有个体非常熟悉、对于活动开展非常必要的各种资源，因此"回家原则"成为日常活动的重要制约。当然，工作单位、购物场所等也是重要的地理情境，它们在空间上相对固定，是个人路径与组织企划交织的地理情境，往往也是完成个体社会化、社会结构再生产的重要地理环境。因此，日常活动的地理情境性强调活动地理情境的连续转换过程。

### 8.1.4 强调活动社会关联性的社会情境

日常生活中的一些活动仅仅维持个人基本的物理生存需要，因此，仅仅由个人参与即可，而另一些活动则必须由多人联合来共同完成。这种联合行为与同伴关系便构成了活动的社会情境（Social Context）。在社会情境中，具体可以分为专业化分工与合作战略。社会情境往往存在于惯常性的活动而非偶然性的活动，它试图刻画人们如何在日常生活中相遇，共同参与活动来满足其个人需求，同时揭示出在社会制约下人们如何相互调整他们的日常生活。

## 8.2 日常活动的多维情境路径

### 8.2.1 基于企划的日常活动分类体系

以往的时间利用研究对于活动类型的划分以及时间的处理，都无法揭示出日常活动的复杂情境性。时间利用研究是对活动时间的汇总分析（Hellgren，2014），其汇总的基本单元是活动类型。活动被机械地划分为不同类型，活动被视为毫无联系的、同类的均质活动，而汇总的指标主要有平均持续时长。而活动发生的先后次序性、发生时刻与节奏性、活动之间的联系、活动的频率等重要情境性信息由于过度的平均汇总而被损失掉了。例如家务活动，连续做家务1小时，与断断续续多次做家务总计1小时，两者之间具有明显的不同（图8-1）。活动日志数据是有顺序的、连续不断的，而传统时间利用分析处理后的活动数据的顺序性和连续性都是破碎的（Hellgren，2014）。

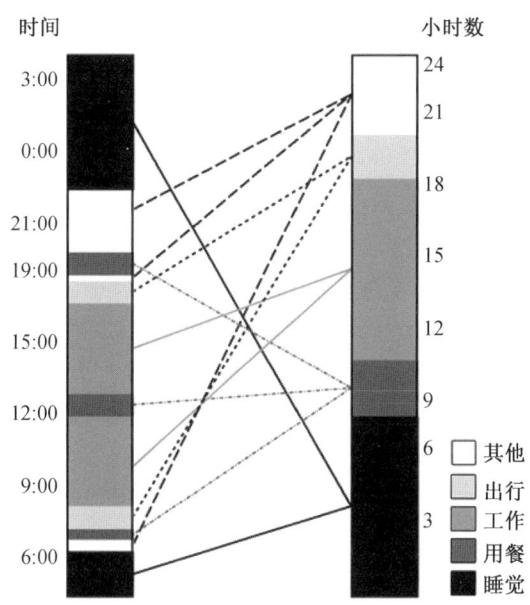

图8-1 活动序列分析与活动时间利用汇总分析

从时间地理学的视角看，首先，活动的分类不能任意武断，要基于活动内在的联系——企划进行分类；其次，通过构建个体日常活动的序列来弥补平均汇总的信息缺失。企划反映了活动之间的内在联系，即个体为了实现生活中的特定目标而围绕这个目标所开展的一系列活动。尽管这些活动可能属于不同的类型，具有不同的属性，但都由于共同的目标而有机联系起来，缺一不可，其重要性并不能仅以其持续时长来衡量。并且，企划存在不同的层级，一般而言，长期的、宏观的企划比较抽象，可能会存在很多相似性；而具体的、日常的企划可能会存在较大差异性。相应地，活动也存在不同的时空弹性，在时间安排上占主导性的企划，其对应的活动往往在时间与空间上相对固定。因此，时间地理学方法为理解日常活动的复杂情境性提供了独特的视角，基于企划突出活动之间的联系，基于过程突出日常活动的序列性与连续性。

在 20 世纪 80 年代晚期至 90 年代，凯萨（Ellegård，1999）为进一步分析日常活动的多样性与相似性，创新了时间地理学的日志调查方法（Time-Geographical Diary）。她采用自下而上的开放式编码，对瑞典城市居民实施了开放式日志调查，其中所有活动由被调查者用自己的语言来描述，获得约几百个日志、6 000 条不同的活动记录；并在此基础上开展深度访谈，了解不同年龄、性别、生命周期下的个体日常活动中的主要企划，以及企划与活动的对应关系，进而构建了基于企划—活动系统的活动编码系统。凯萨（Ellegård，1999）对活动理解的基本假设是关注"我"以及所有活动目的是为了"自我满足""过好自己的生活"。她提出的基于企划—活动系统的活动编码系统，存在多个层级与企划的等级对应，层级越高、越抽象、越相似，层级越低、越具体、越多样；并且她提倡可以在具体的研究中根据研究对象和问题，在不同层级灵活选择开展相应的分析。在此框架下，对活动进行分类的出发点是人类生活一般意义上的企划。凯萨将活动按照日常生活一般意义上的企划分为五个分类等级，即每一等级对应一个企划，而低等级的多个企划可以构成较高等级的企划，第五层则对应具体的活动（图 8-2）。

基于人的不同需求，最高等级的企划有七大类：第一类为"照顾自己"，包括人为了满足生理需求的一系列活动，如进餐、睡眠和个人健康等；第二类为"照顾他人"，包括帮助他人满足基本需求的一系列活动，如照顾小孩、老人、病人等；第三类为"家庭照料"，人们生活需要住所、衣物以及其他财产，对这些物质和经济来源进行的照料活动即家庭照料；第四类活动为"休闲娱乐"，是满足社交、阅读以及消遣娱乐等需求的活动的集合；第五类活动为"出行"，即使用不同的交通工具在不同地点之间移动的活动，不考虑出行目的；第六类活动为"采购和准备食物"，如买菜、洗菜等活动；第七类活动为"工作或上学"，教育对于获得工作而言十分必要，而工作是为了美好生活而获得收入的先决条件。

第二等级的分类层级对应 24 个较低等级的企划，而第三等级对应近 100 类更为具体的企划，第四等级则具有近 200 类企划，第五等级也就是最低等级对应具体的无法再进行任务分解的180类具体活动（Ellegård，2006）。以"家庭照料"为例，该企划的实现对应了以下更低层次的企划及具体的活动。为了进行活动的数字化管理以及可视化，使用一定的编码规则使得每类活动都具有其独特的代码（图8-2）。例如，"家庭照料"这一企划可以具体分解为"251照看房屋""280照看衣服""310照看物体""345家庭管理""360家庭购物""380家庭园艺""410家庭手工"七类子任务，而其中每一类子任务又可以被进一步分解为更小的任务，如"251照看房屋"的任务又被进一步分解为"252打扫""270整理床铺""275归置""277室内花卉照料"四类，其中"252打扫"进一步被细分为"253清洁""260彻底大扫除"两类子任务，而在"253清洁"中最后可以对应"254打扫""255吸尘""256擦洗""257掸拂"等具体的活动或动作（Ellegård，1999）。

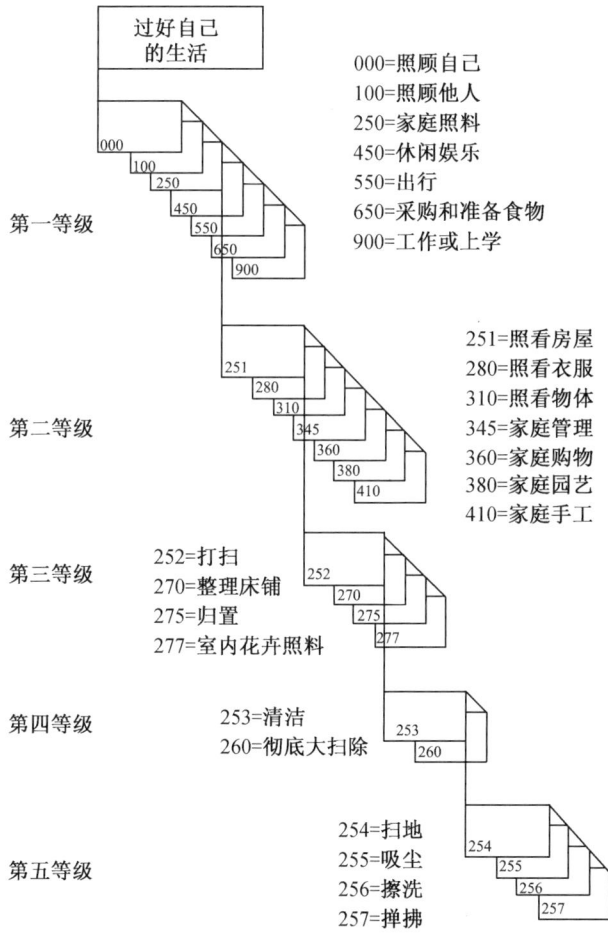

图8-2 基于"企划"的活动类型划分方法

8 复杂情境中的日常活动

与时间利用日志不同，时间地理学日志更加关注活动，以活动为主线，尤其强调被调查者对活动的理解，提倡自下而上地用被调查者自己的话语来描述当前时段的活动，以避免忽略花费时间较少但非常重要的活动，个体不可分割性使得日常生活中的活动一个接一个地连续不断地开展，从而形成活动序列的日常情境。时间地理学日志调查不仅提供了新的采集数据的方法，而且帮助被调查者记录和反思其日常生活，从而促进其活动的优化调整。

凯萨基于"企划"对活动进行分类是对活动分类研究的重要创新。首先，它突出了活动之间的内在联系，对于理解活动发生的企划背景有重要意义。在后续的可视化过程中，如果想分析家庭企划、组织企划对个体行为的影响，可以相对容易地筛选出某一特定企划下开展的所有活动及其在整个活动序列上的分布情况。"企划"—"任务"—"活动"的多层分类方法可以从不同尺度分析个体日常活动模式。其次，按照企划来对活动进行分级、分类编码，这一分类体系将"采购和准备食物、照顾他人"等相关的相对琐碎并容易被忽视的家内活动展示在了分类等级首层，其重要性得到彰显。而在后续的实证研究中，从日常生活的组织来看，这些活动应该与工作或上学等活动同等重要，尤其有助于体现个体在家庭角色或者组织中所承担的社会角色及其如何进行生活时间分配，并且便于开展对比研究。并且，家内活动与家内能源消费密切相关，只有将家内活动进行细分，才能通过不同家内活动利用电器的能耗参数对其家庭能源消耗总量进行测算（Karlsson et al.，2009；Ellegård et al.，2011）。

### 8.2.2 多维情境路径的可视化

1）多维情境路径的可视化分析

不同于个人路径模型对于时空运动轨迹的刻画，多维情境路径的可视化更加重视对活动复杂情境的信息采集、对多维情境的还原，便于直观分析什么时间在什么地点发生了什么以及当时处于什么情境中（图8-3），同时展示个体路径的日常情境、企划情境、地理情境、社会情境、情感情境、技术情境等。凯萨及其团队先后开发了"日常生活2011"（Daily Life 2011）、"活动序列可视化"（VISUAL-TimePAcTs）等个体与群体层面的时间地理学活动日志可视化分析工具（Ellegård et al.，2011a，2004a，2006），进一步促进了新时间地理学在不同学科领域的创新应用。学者们以日常活动的复杂性为出发点，关注社会变革中残障人士、老年人、就业女性等弱势群体日常活动所面临的制约（Orban et al.，

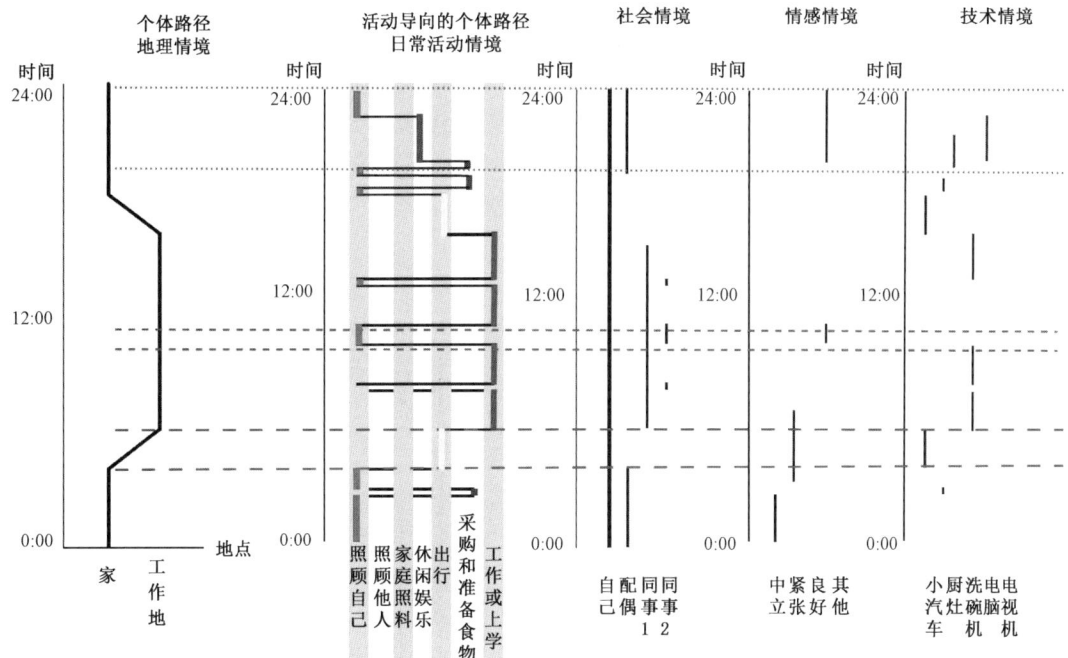

图 8-3　个体时空路径与多维情境下的活动路径比较（彩图见书末）

2012a；Orban，2013；Bredland et al.，2015；Vrotsou et al.，2017；Magnus，2018）；关注新技术等日常生活带来的影响，尤其是信息与通信技术（ICTs）对人们社会交往与物理移动性的影响（Thulin et al.，2012，2020）。

利用"日常生活 2011"软件，可以将活动日志进行编码并以多维路径的形式表达个体日常生活的复杂情境。选择特定活动或出行作为分析对象之后，可以横向观察该活动和出行在各个维度上的具体情境（图 8-3）。当选取"照顾自己"的这个活动时，可以通过查询和标注来突出这一活动所处的多维情境信息。通过横向分析该活动在各个情境维度上的信息，可同时看到这个活动在整体活动序列中的位置、该活动所处的地理情境、活动开展的社会情境、情感情境、技术情境等。

此外，凯萨提倡活动日志与深度访谈相结合，加强对活动背后的企划进行调查，并在多维情境路径中构建企划—活动系统，从企划的视角加强活动之间的联合分析以及企划实现过程的多维情境分析（图 8-4）。"日常生活 2011"软件可以帮助我们从每日情境和企划情境中描述和分析活动模式，有助于我们理解影响个体日常生活中的企划情境。在多维情境路径图上，可以通过纵向标记来突出在不同时间和地点分散开展的诸多活动，它们表面看起来没有联系，但依据对个体的访谈调查，研究者也可自行定义，可以将这些归属于特定企划的离散的活动关联起来分析,清晰展示出特定企划实施的过程。此外,可将特定家庭或组织企划所涉及的多个体活动路径联合起来分析,这样可以更加直观地分析个体之间的分工与联合、个体与组织企划的交互过程(图8-4)。例如,家庭成员之间的活动分布可以反映家庭的权力关系:谁买食物?谁做饭?谁洗碗?这些活动发生在何时何地?通过以上的分析可以得出该家庭的内部分工。

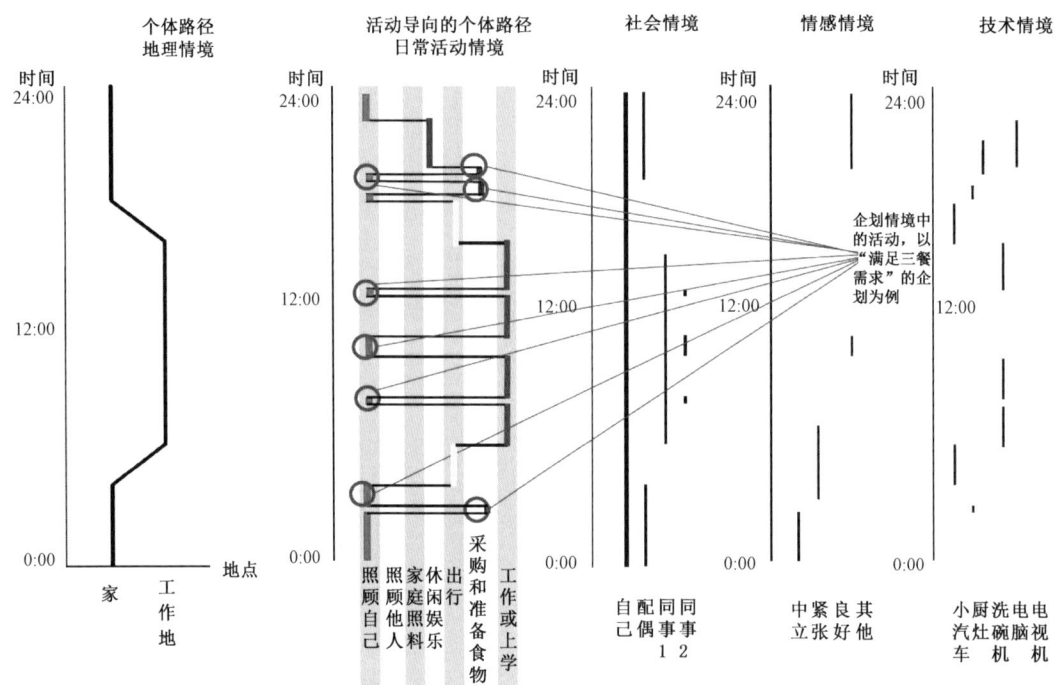

图8-4 多维情境路径中的企划—活动系统分析(彩图见书末)

2) 群体日常活动序列的可视化分析

个体的生活由各种活动构成,活动具有开始时间、持续时间。一个活动接着一个活动发生,即一个活动结束,另一个活动立即开始。但是,个体每天可进行的活动受到多种因素的影响,外在因素包括能力制约、组合制约、权威制约,内在因素为个体的偏好和理想。这些因素导致不同的活动具有不同的优先等级。为了对活动进行优先等级的排序,可以将一天的时间分为四种(Hellgren,2014):必要时间是为了满足生理需求而需要的时间,如吃饭睡觉、个人健康;期限时间是进行特定活动的时间,如上学、工作,包括通勤时间和等候时间;必须占用的时间是进行日常性活动的时间,如家务、购物、照顾小孩等等;空余时间则是其余剩下的时间。活动制约与活动优先等级导致个体每天的活动按一定的顺序进行,且这个顺序具有一定的意义(Hellgren,2014)。"日常生活 2011"软件通过纵轴的时间、横轴的活动类型进行个体活动序列的可视化。显而易见,手动处理大量个体的活动序列是不可行的。

"活动序列可视化"同样是一款交互式可视化应用软件,与"日常生活 2011"具有相似的原理和功能。它们是强大的、灵活的、可扩展的活动日志数据可视化软件。该系统基于模块化可视化环境可进行二次开发,并可与时空数据库进行交互查询,再基于查询结果进行可视化(Ellegård et al., 2004a)。不同的是,"日常活动 2011"软件仅适用于展示个体的每日活动,而"活动序列可视化"软件不仅可以展示个体,而且能展示群体的活动日志数据,并且具有能源消耗分析的功能。

"活动序列可视化"软件基于序列挖掘算法,以活动序列为可视化原则,对每个个体的每日活动进行可视化表达,可以快速且有效分析活动序列。软件以一条柱状代表个体每日活动的活动序列,不同的个体在一天中以不同的顺序进行不同的活动。但是,每个人都需要进行吃饭活动,大部分人都在晚上进行睡觉活动,因此相似的人群具有相似的活动序列模式。将多个个体排列组成柱状图,可以反映群体的活动序列模式(图 8-5)。比如,可以对个体的基本睡觉模式和群体的睡觉模式进行刻画。在群体中,每个人都进行了睡觉活动,但是他们入睡的时间和起床的时间在一定程度上具有差异。这个可视化软件可以展示某一种或多种特定活动在一天内的分布情况。

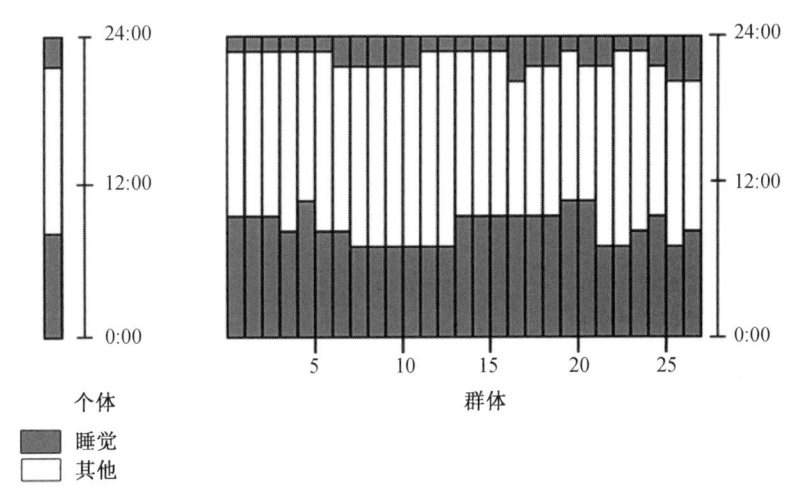

**图 8-5　个体与群体的活动序列**

注:样本按照某种顺序从左至右依次排列,每个样本都有编号,数字即代表样本编号,如"5"即第 5 号样本。

同样,"活动序列可视化"的分析数据是个人活动日志数据。以 1996 年瑞典统计局的时间利用数据为例,包括 179 个家庭、年龄为

10—97岁的人群工作日与休息日的活动日志数据（Ellegård et al., 2010）。个体的活动日志包括活动类型、活动时间、活动地点以及活动同伴。活动序列组成了整日活动，且日志连续不间断，即24小时中不存在空余时间。以工作日活动的可视化为例（图8-6），左图展示的是样本在工作日的活动日志，其中照顾自己、工作或上学、休闲娱乐这三类活动最突出。照顾自己的活动主要体现在睡眠活动上，出现在早上以及晚上，但是人群之间具有差异，例如，小孩入睡的时间比成人早。吃饭活动也属于照顾自己，可以发现在中午时刻附近有一条绿色色带，即午饭时间。工作或上学活动是第二个主要活动分类，在图中表现为红色。很明显，小孩的上学时间比成人工作时间短。休闲娱乐活动是第三个主要活动分类，主要出现在晚上。而女性由于在早上和晚上具有更多的照顾他人的活动，因此休闲娱乐活动相比较男性而言更加破碎。出行活动大部分位于工作或上学活动的前后，出现在早上和晚上。对于老人而言，他们不具有工作活动，取而代之，男性多为居家护理，女性多为居家护理、采购和准备食物活动。

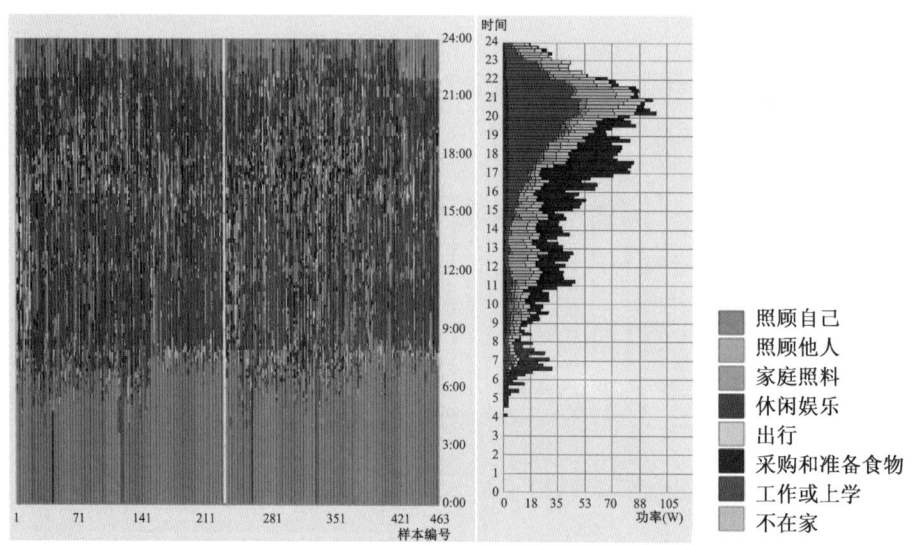

图8-6　工作日活动的可视化分析（彩图见书末）

另外，这个方法可以适应于不同细节程度的日志数据。例如，某丈夫是第三层级的日志数据，将其妻子的第五层级的日志数据转换为第三层级的日志数据之后，则可以进行两个人的活动对比，进一步分析家庭分工。并且，妻子具有更加细致的日志数据，可能间接反映丈夫的活动，从某种程度上来说，可以通过妻子的日志信息挖掘丈夫的日志信息。因此，这个分类方法可以在家庭之中将丈夫和妻子的活动关联起来，从而说明家庭活动分配，为研究家庭分工提供了一个实证基础

(Hellgren，2014)。

此外，"活动序列可视化"软件具有独特的能源消耗计算方法，通过电器与使用电器的活动之间的关系来构建能源使用模型，通过识别活动类型、活动出现频率、活动时长，以及每个家电的功率，计算能源消耗情况。该软件可计算个体日常行为的能源消耗情况，并且可基于个体、家庭、群体等多个尺度，进行能源消耗的负载曲线的运算以及可视化。

## 8.3 多维情境路径的应用研究

凯萨将新时间地理学方法开创性地应用于家庭能源消耗及资源使用等方面的研究，充分利用了新时间地理学突出家庭企划、家内活动分类细致、强调家庭分工及联合行为等特点，比较不同家庭构成背景下家庭分工/联合行为模式的差异对家庭能源消耗的影响（Ellegård et al.，2015；Isaksson et al.，2015a，2015b）。同时，对不同人群的日常活动模式进行聚类，比较不同行为模式人群的能源消耗（Hellgren，2014；Palm et al.，2017）。这些研究对人类日常活动的环境响应进行评估，对于实现环境的持续发展具有重要的现实意义。

### 8.3.1 家庭分工、日常活动模式及其社会影响

儿童健康、生活满意度等均与家庭日常活动的管理相关。然而，家庭成员的日常活动模式是怎样共享的，并且对家庭生活质量的提高、健康生活方式的形成等至关重要。借助"日常生活 2011"软件可以通过纵轴的时间，横轴的活动类型、地点以及活动同伴来展现父母双方一天内不同的活动，分析该家庭的家庭分工模式。通过对 30 个具有 4—6 岁患有肥胖症的小孩的家庭进行研究，根据父亲、母亲在照顾小孩活动上的占比及分工，将家庭分为四种类型：全家在一起的家庭、以儿童为中心的家庭、以个人为中心的家庭、以亲子为中心的家庭[②]（Orban et al.，2012b）。该研究聚焦在父母之间、父母与孩子之间的日常活动的联合模式，及其对控制孩子体重的生活方式进行调整的影响过程与机制。从制约的角度来分析父母与孩子的联合活动模式，有助于找到那些阻碍生活方式调整的关键因素。

图 8-7 展示的是以儿童为中心的家庭中夫妻的整日活动。横轴分为三个区域，其中，图中最左边区域代表活动，中间区域代表活动地点，最右边区域代表活动同伴，而横轴的坐标为不同活动或者地点、同伴的

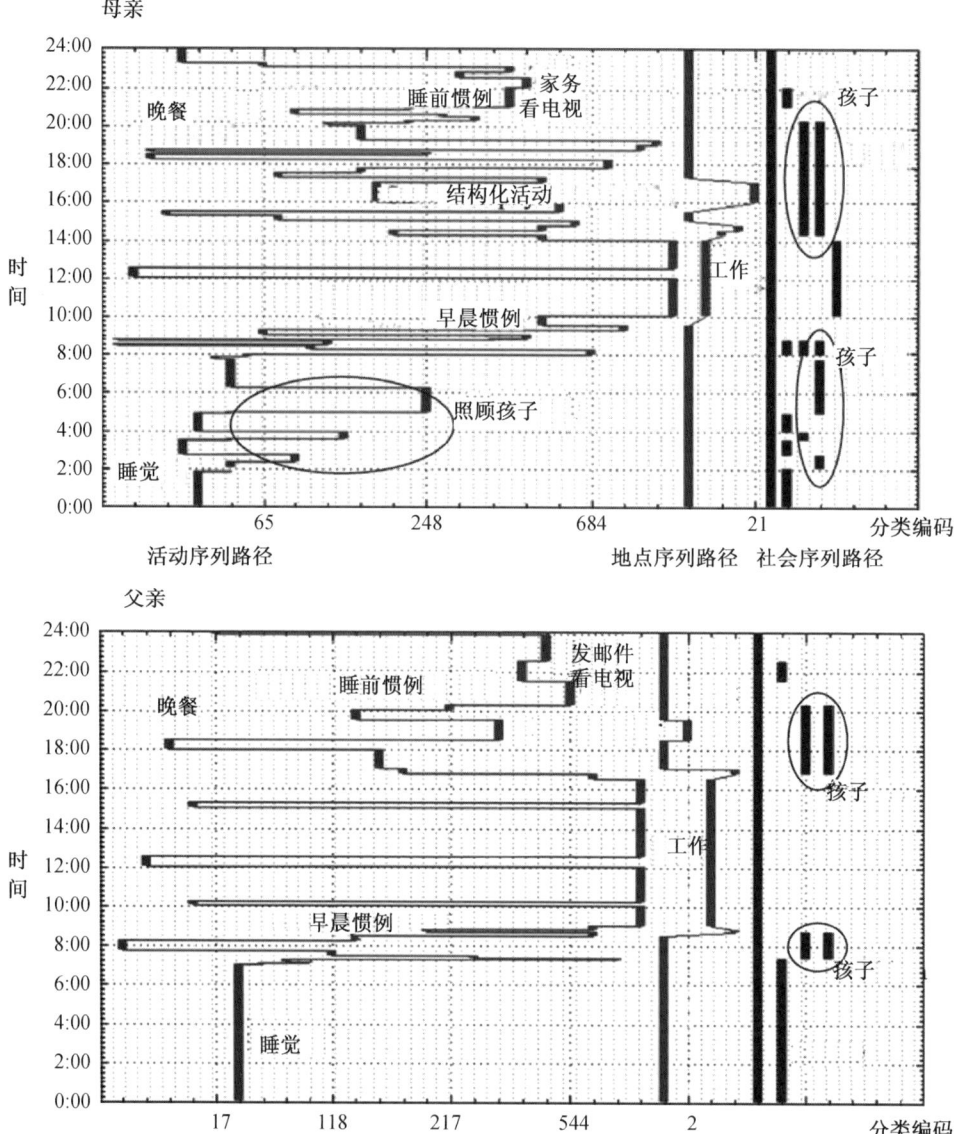

图 8-7 某夫妻整日活动序列对比分析

编码。通过可视化分析表明,夫妻双方都具有照顾小孩的活动,但是母亲照顾的时间较长。在早上和就寝时间,夫妻双方一起照顾小孩;在下午和晚上,夫妻双方分别照顾小孩。小孩睡觉后,父母都会看电视,母亲会做一些家务活动,父亲在睡觉前会使用电脑。

此外,借助"活动序列可视化"软件也可以对家庭男女家长的活动模型进行比较研究(图 8-8)(Ellegård et al., 2010)。在图 8-8 中,夫妻双方均有工作,丈夫比妻子的工作时间长。丈夫使用小汽车去上班。

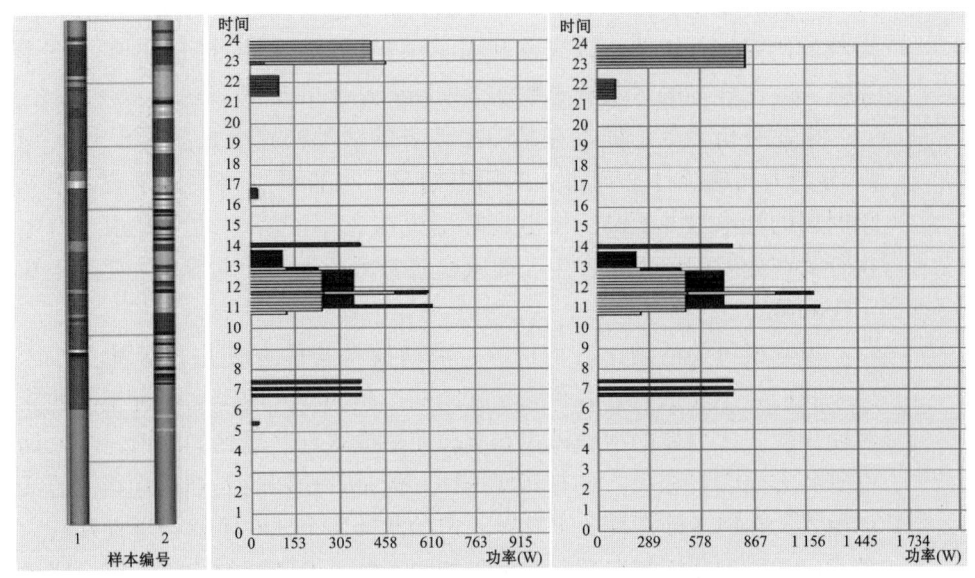

图 8-8 某夫妻工作日整日活动对比分析（彩图见书末）

注：1—丈夫；2—妻子。中间图为丈夫的活动；右图为妻子的活动。

夫妻早起，妻子照顾小孩，丈夫在家办公。妻子的活动序列明显破碎，被切割成短时间的活动，且其活动类型更多，直到下午才出门工作。而妻子工作前的活动主要是"照顾他人""购买和准备食物""居家护理"，而这些活动由于早饭、午饭而相互交织、相互切割，并伴随一些"休闲娱乐"活动。到了下午，妻子去朋友家接孩子，然后带着孩子去超市买食物。另外，在早上和下午，妻子都有洗衣和清洁的工作。家庭其他成员比丈夫先吃晚饭，丈夫下班回家才吃饭。在这个家庭中，丈夫只负责早餐，其余的家庭活动基本都由妻子承担。

家庭内部私人领域的家务劳动一直未得到研究者以及社会的太多关注。很显然，传统的"男主外、女主内"的性别分工模式已经不能完全适应现代家庭的稳定和发展，无论是工作、家务还是照料小孩等各方面，不再仅仅是某一家长"承包"。在这种情形下，通过夫妻或者家庭的活动模式，探求家庭分工模式，通过工作以及照料小孩的时空约束等，研究影响家庭劳动分配的因素就尤为重要。

## 8.3.2 日常活动模式与家庭能源消耗

人类 40% 的能源消耗产生于家内活动，因此，减少家庭的能源消耗是响应低碳和减排的重要方面，关注家庭成员的能源消耗情况刻不容缓。利用"活动序列可视化"软件来计算个体日常行为的能源消耗情况,并且可基于个体、家庭、群体、人群等进行多尺度对比。这里,以瑞典的研究进行说明,该研究利用了瑞典统计局提供的 1996 年 179 个家庭 463 个样本的活动日志数据(Ellegård et al.,2010)。

汇总分析 463 个样本在某一工作日的活动模式(见前图 8-6),以 10 分钟为间隔统计平均每人的用电情况。尽管早上需要做早餐,但是该时段的耗电量并不高。用电高峰出现在 20 点之后,主要是由于看电视行为在此时间段大量发生。而家庭照料所产生的耗电情况主要发生在下午和晚上。

家庭成员的活动、活动目的、活动模式与能源使用息息相关。因此,我们并不能认为具有相同家庭结构、相同收入的家庭具有相同的能源使用模式。个体的活动模式和能源使用模式与其受到的制约、个人偏好等各方面因素相关,具有其特殊性。但是,相似的人群具有相似的活动模式,在能源使用模式上具有一定的共性。个体在了解自身日常行为模式以及能源使用情况后,通过与相同人群能源消耗的均值对比,则可以有意识地调整自身活动,做出改变,以减少能源消耗。

此外,家庭能源消耗应该关注家庭中的每个成年人与能源消耗的日常活动,研究单位应该是家庭而非个人。尤其家庭企划是通过分工还是联合来实现的模式,对理解家庭能源消耗活动的情境至关重要,也为节能减排政策的落实提供了有效的突破口。此外,促进家庭中能源消耗技术的共享使用、减少其组合制约对于减少能源消耗也有重要意义(Isaksson et al.,2015b)。

## 8.4 活动的复杂情境研究展望

新时间地理学在研究人类日常行为中不断提出了一系列的新概念与新方法,比如企划、多情境活动路径等,并且这些新方法都以活动日志数据的连续性和顺序性为前提。活动序列更有助于个体时间使用的分析,企划可以反映其活动目的,而活动情境可以反映其行为习惯。人类活动交织在日常情境、企划情境、地理情境和社会情境之中,时间地理学的新方法更加强调深入探讨复杂情境性,因为每个情境都是研究人类活动的时间、地点、同伴等特殊视角。

目前,时空行为分析已在生活行为、日常活动空间、交通规划及社区规划等应用研究中显示出独特的价值,而多维情境路径的可视化方法将推动时空行为分析的进一步发展。这种复杂情境下的活动序列的可视化,可以根据研究问题的不同,进行不同空间尺度、时间尺度以及对象尺度的研究。关注个体以及大样本研究,将微观与宏观的结合依然是时间地理学的一个重点。并且，关注不同社会群体及个体间的差异性，尤其是老人、女性、儿童、残疾人等人群，在如今多元化以及强调个性化的社会依然十分重要。

## 第 8 章注释

① VISUAL-TimePAcTS 是缩写，我们整体翻译为"活动序列可视化"。具体而言，VISUAL 代表着可视化（Visualization），Time 是时间，P 代表地点（Places），Ac 代表活动（Activities），T 代表科技（Technologies）以及 S 代表活动同伴（Social Companionship）。

② 全家在一起的家庭：父母花时间和孩子在一起，父母也花时间在一起。以儿童为中心的家庭：父母均与儿童花时间相处，但父母在一起的时间不多。以个人为重点的家庭：在这个家庭中，父母与孩子和父母在一起的时间都很少。以亲子为中心的家庭：主要一位父母花时间与孩子在一起，而父母在一起的时间比较适度。

# 9 活动的地方秩序

在时间地理学的概念体系中，活动的地方秩序嵌套最能体现哈格斯特朗的综合生态世界观与地域综合研究方法。活动的地方秩序对应于活动及角色扮演所处的场景。舞台场景不仅由许多物质实体构成，而且包括了舞台中的其他演员。人们几乎所有的企划的实现都需要构建特定的地方秩序来保证其相关的活动能够得以顺利开展。时间地理学中活动的地方秩序这一概念希望将演员、角色、场景三者整合起来进行综合研究，尤其关注人与人的相互作用（社会的）以及人与物的相互作用（自然的）。

本书绪论章节也介绍过哈格斯特朗通过活动的地方秩序嵌套来表达地理共存个体之间的复杂联系及其动态变化性。但这一概念的内涵如此丰富，以至于难以用抽象、简化的符号系统进行表达。因此，该概念在早期的时间地理学方法中并没有明确的符号系统来表达，哈格斯特朗（Hägerstrand，1982b）只做了隐喻的阐述，并结合自己在瑞典南部村庄的生活经历开展了定性的描述。

活动的地方秩序是从个体行为的角度来理解空间结构与意义，关注个体为完成特定企划而在特定地方构建一套时空资源利用的秩序，以确保活动可以克服制约、不受外界干扰而顺利开展。不同时空尺度及对象尺度上的企划与地方秩序存在嵌套关系，并且相互影响，是链接微观个体与宏观社会的重要桥梁。企划与活动的地方秩序嵌套等概念完善了时间地理学对个体空间行为微观过程的完整解读，同时也构建了个体与社会互动过程的分析框架，为分析不同时空尺度的行为—空间互动机理奠定了方法论基础。

新时间地理学明确创建了活动的地方秩序嵌套的符号系统与分析方法。活动的地方秩序嵌套的符号系统对于理解个体行为背后的社会规则、人类活动与"社会—自然—技术"的相互作用过程至关重要，为开展地域综合分析奠定了重要的方法基础。

## 9.1 活动的地方秩序嵌套

### 9.1.1 活动的地方秩序

活动的地方秩序是由哈格斯特朗首先提出的，这得益于他对生活的细致观察和深切体验。他的父亲是小学老师，他家住在小学里，他发现每当到上课的时候，教室围绕教学活动形成一套特定的时空秩序；而在放学后及节假日，学校就会成为他个人学习、玩耍的活动场所，又形成另一套不同的时空规则。同一个地方、同样的资源，却由于不同的时间、行为主体及其使用不同，形成完全不同的时空秩序，体现出非常强的时间节奏性。可见，不同企划下的个体活动为地理空间赋予了不同的意义。

活动的地方秩序嵌套[①]的概念源于哈格斯特朗对于日常生活所形成的规律化、秩序化的人类活动模式的思考。他认为，人类活动的时空节奏与安排并不是杂乱无章的，而是要遵循由人们所生活的既定空间（地方）中所谓的地方秩序构建者（Pace-Setter）形成的地方秩序[②]。"秩序构建者"包括当地的学校、工厂、教堂等组织机构。人们要按照秩序化的时间去上下班，学生要遵循学校的秩序上学、放学，教堂只有周末供人们参观等（Hägerstrand，1982a）。这些秩序并不是刻意安排的，而是在人们的生活中潜移默化形成的，如自然规律、国家制度或科学技术的制约等。正如哈格斯特朗（Hägerstrand，1985）所说，人类任何活动的完成都需要一定不受干扰的时间与空间，而这些规律化的地方秩序就形成了一个个"时空箱"（Space-Time Tube），人类的活动就发生在这些时空箱中，如同自然界中蜜蜂会在不同的时节采集不同的花蜜一样。

凯萨与雷恩陶普（Ellegård，1999，2018；Lenntorp，1999，2003）也认为，行为主体、资源、工具等是地方秩序形成的最基本要素。因此，地方秩序强调人类活动与其发生所需的时空资源配置之间的关系，隐含人类行为背后各种城市资源在时间上的排列和空间上的组合。这体现出活动的地方秩序嵌套对于角色和演员而言，具有非常强的"场景"意义，它包括了行为主体开展活动时最直接、最综合的物质场景。此外，活动的地方秩序还包括了该"场景"中存在的正式或非正式的规定、规则系统，它们同样约束着舞台中演员们的行为，体现其社会结构性的特征。人们通过活动秩序的构建来保证活动的顺利实施。这些规则系统不仅管治本地的地方秩序口袋，而且与外部活动相关联。活动的地方秩序构建、维持与重构体现了个体与组织之间的权力关系。

### 9.1.2 企划与活动的地方秩序的关系

个体为完成特定企划而在特定地方构建起一套时空资源利用的秩序，以确保活动可以克服制约、不受外界干扰而顺利开展。活动的地方秩序的成功构建是特定企划实现的必要条件，这两个概念密不可分。活动的地方秩序既与特定企划相关联，也与特定地方相关联，是主观与客观相互作用的结果，是行为—空间互动的综合表达。

在这个地方秩序口袋中，个体有意或者无意地知道在何时何地可以与何种资源组合起来，以便克服制约、实现企划。这套地方秩序的成功建立，本质上取决于个体与其他个体以及其他组织之间的权力关系，体现了个体的能力与资源。从这个意义上讲，活动的地方秩序还更多体现出从个体行为的角度来理解空间结构与意义的主体性。

企划与活动的地方秩序是相辅相成、有机统一的一对概念。因为大多数人类活动都有着明确的目标和任务，即使那些看上去似乎没有明确目的性的活动，往往也与凯萨（Ellegård，1999）所提出的"人们为了过好自己的生活"而开展的七大类企划相关联。地方秩序的构建及存在意义，就是确保个体特定企划及活动的顺利开展。

活动的地方秩序是在个体企划实现的过程中不断与环境互动的结果，它的构建意味着个体有意或者无意地知道在特点区域中何时何地何种资源可以为我所用。换句话说，在具体的企划驱动下，人们往往会通过实践中不断摸索、积累的经验知识，构建出一套时空资源利用的秩序。在这个特定环境中，并不是所有的时空资源都会对企划的实现有帮助，也不是所有的资源都可以为我所用，而最终个体构建起来的这套活动的地方秩序，一定是针对特定企划或活动而言，是当前时空环境中能够利用的最有效的资源。

我们在第 7 章介绍过，企划可以是长期的、宏大的也可以是短期的、具体的。相应的，长期的、宏大的企划，其所构建起来的活动地方秩序往往也是长期的、相对制度化的，而那些短期的、具体的企划，如某一个具体任务，为其构建的活动地方秩序往往是短暂的、临时性的。

### 9.1.3 活动的地方秩序嵌套

地方秩序一方面包括了有着特定设施的时空，另一方面还包括了正式或非正式的规定、规则系统来保证活动的顺利实施。这些规则系统不仅管治本地的地方秩序口袋，而且与外部活动相关联。哈格斯特朗（Hägerstrand，1982a）形象地用中国的套盒来比喻地方秩序嵌套的过程，低等级地理空间的地方秩序要逐层嵌套进更高等级的地理空间的地方秩序中。个体日常活动在不同的地方秩序口袋中移动，但对不同地方秩序口袋的控制能力是不同的，低等级的地方秩序会服从高等级的地方秩序，体现出活动的地方秩序的嵌套。比如，一个家庭的生活秩序需要符合家庭成员所在工作地的运行秩序，而工作地秩序要符合所在地区的秩序，这样层层嵌套，最后形成不同等级的地方时空规则（Hägerstrand，1982a）。

嵌套的维度既包括在时间上的嵌套，又包括在空间上的嵌套。人是穿梭于不同等级地方秩序之间的行为主体，不同等级的地方秩序嵌套既要使人们在时间上能够合理安排，又要在空间上可达。活动的地方秩序嵌套体现了不同企划、不同行为主体之间的权力关系。

活动的地方秩序存在于各个地理空间尺度中。如果将整个城市或者区域作为所研究的地理空间单元，通过对地区地方秩序及其嵌套过程的分析，可以反映出城市或者区域宏观层面的城市空间结构与时间节奏，比如城市的职住关系、居民的生活时间分配等。而如果将研究的地理空间尺度缩小，则可以深入、细致地描述某一特定地理空间中地方秩序的形成过程，包括人与人之间的合作、人对资源的使用等微观过程。例如，在公园、教堂、工作地、生产线等不同的场所中构建不同的活动地方秩序，对于特定研究目标而言都是有意义的。

此外，地方秩序口袋内包含了人们为了实现某些企划所获取的资源和创造的条件。虽然它保护活动免受外在影响，但是地方秩序口袋是可以受到外部世界的影响而产生变化的。简言之，活动的地方秩序不是一成不变的。活动的地方秩序的构建、维持与重构体现了不同层级企划之间的权力关系。新技术的推广应用、新政策的实施等，都需要了解不同的秩序构建者之间的权力关系、企划的等级层级与优先度等。比如，借助地方秩序嵌套的概念来分析中央政府、地方政府、市场运营商如何构建富有活力和弹性的地方秩序，以保证宽带等电信设施建设的推广（Wihlborg et al.，2008）。借助活动的地方秩序可以分析居民日常活动中用水行为背后的企划与地方秩序的构建过程，从而为改造用水设施、调整用水行为而实现资源节约提供建议（Krantz，2006）。

## 9.2 地方秩序的形成与表达

### 9.2.1 地方秩序形成中的基本事件

哈格斯特朗认为，对于地方秩序的描述需要有一套完整的符号系统来定义个体路径中所代表的活动模式，展示一系列独立的活动是如何组合在一起的，用以反映地方秩序的形成。他将这些活动模式称之为"基本事件"（Elementary Events）（图 9-1）。分析个体时空行为中的基本事件，是从时空情境中解读地方秩序及其嵌套的重要基础与工具（Hägerstrand，2009）。

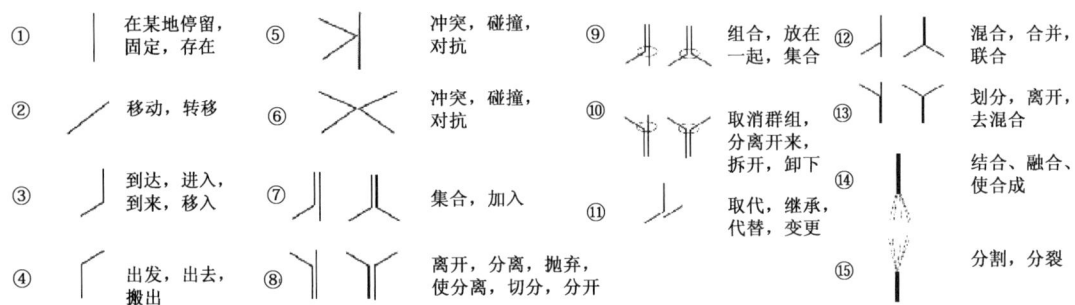

**图 9-1 地方秩序形成中的"基本事件"**

注：图中的①是一条直线，代表一个人在一个地方一直停留，没有发生位置的变化。②是一条斜线，代表一个人从一个地方移动到另一个地方，发生了位置的转移。③表示一个人从一个地方出发进入另一个地方，并在到达地停留。④表示一个人在一个地方停留一段时间后离开该地。⑤有两条线，代表两个人的活动，直线代表一个人一直停留在某地，折线代表另一个人到达该地方后，未进入就离开了，表示两个人的活动未产生任何交集。⑥有两条折线，表示两个人分别从两个地方到达某地，均未进入又各自离开去往不同的地方。⑦表示两个人在某地集合后，一起进入该地发生停留。⑧表示两个人在同一地点停留一段时间后分开，或者一个人留在原地，一个人去其他地方；或者两个人各自去了不同地方。⑨表示两个人在某地集合之后形成一个组合，一起完成某项活动（当然组合的过程也可以指人和工具或其他资源）。⑩表示两个人在某地共同完成某项活动后取消组合，分开去不同地方或进行不同的活动。⑪表示一个人在某地进行一项活动一段时间后离开，另一个人从另一个地方到达该地后继续进行这项活动，表示取代、继承。⑫表示两个事物合并、混合在一起，比如吃饭，身体从饮食中得到能量。⑬表示两个事物取消合并，分离开。⑭表示多个分散的事物合并在一起。⑮表示某个事物被分散成若干小的组成部分。

### 9.2.2 三种常见的地方秩序

哈格斯特朗（Hägerstrand，1982b）曾尝试用其儿时的生活经历来阐述这个概念的意义，并用其来解读瑞典工业化、城市化进程不同时代居民生活与生产活动、家与社会系统所形成的不同秩序及其嵌套关系。并且，哈格斯特朗提出，城市社会存在着三种典型的活动地方秩序：①家；②工作地；③服务场所（图 9-2）。图中的纵轴表示一天从 0 点到 24 点的时间，横轴表示地点，图中的每一条线段都代表一个人在所对应的地点中发生的基本事件。"家"的地方秩序是人们早上从家里出发，白天不在家中，下午再返回家里。"工作地"的地方秩序是早上人们从不同的地方到达这里，在这个空间中共同经历白天的工作时间，下班之后离开工作地去往不同的地方。而"服务场所"的地方秩序是人们进入的时间、停留的时长、离开的时间以及人们的出发地和离开之后的目的地各不相同。可见，任何一种地方秩序都是以所在的地理空间单元为载体，形成各自特有的规律化、秩序化的规则，表现在个体行为上就形成了在不同地理空间中不同个体的时空轨迹特征。

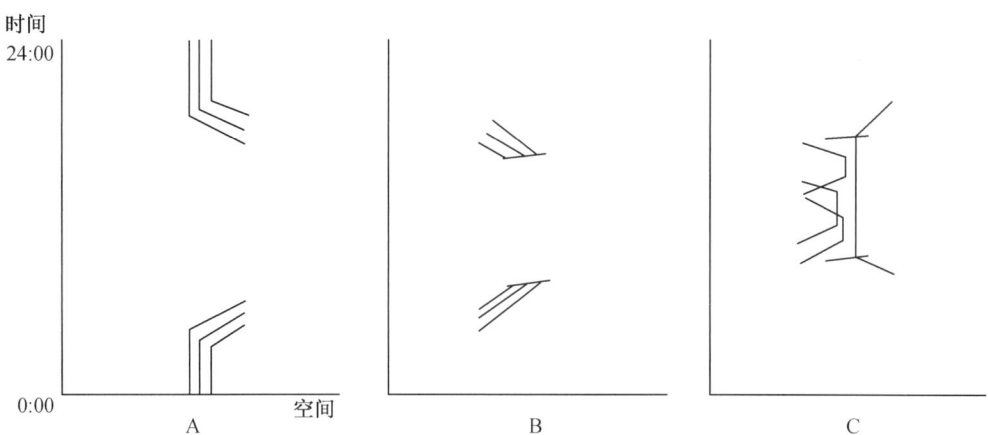

图 9-2　三种常见的地方秩序

注：A. 家；B. 工作地；C. 服务场所。

凯萨（Ellegård et al.，2004b）指出，随着交通和通信技术的进步及移动性的增加，活动空间与出行距离也在不断增加，但家在人们日常生活中的重要性并没有减少，在家的活动时间相比于其他地点的活动时间依旧占有最高的比重，因此，家作为重要的地方秩序口袋，需要得到更多关注。相比于其他活动地点，家里储存了更多的资源，更加便于开展家庭相关企划，并成为日常生活中的惯常。外出活动与出行是因为在特定地方口袋中缺少企划实现的相关资源；个体来来往往、进进出出使得地方秩序更加惯常化而稳固下来。

此外，20 世纪 70 年代以来，随着瑞典经济社会发生转型，奶制品制造业、汽车制造业等产业所反映的人类生产系统发生了重要变化，凯萨（Ellegård，1997a，1997b）将时间地理学方法尤其是活动的地方秩序概念应用于透视瑞典生产活动和生产系统的变革。生产活动的研究既体现了个体与组织企划的交织、从微观个体到宏观社会的整合，也体现了个体日常工作活动与人生职业生涯的整合（图 9-3）。

## 9.3 城市系统的地方秩序分析

最早进行宏观尺度的地方秩序及其嵌套的研究案例是哈格斯特朗（Hägerstrand，1982b）关于童年生活的瑞典南部小镇的研究，案例地

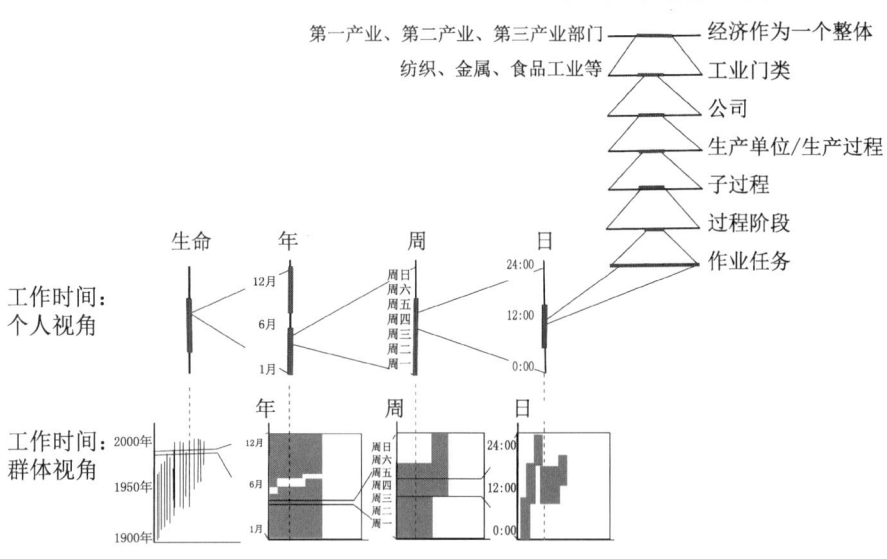

**图 9-3　个体工作活动与社会生产系统的嵌套关系**

区就位于瑞典南部的森林腹地中（图 9-4）。其中，布鲁克工厂是一个铸造厂，在它西南方 2.5 km 处是当地农民的村庄。这两个地方每处都有 150 个左右的居民；学校位于工厂和村庄中间。哈格斯特朗描述了 1925 年小镇里的人们一周发生在小镇里的普通生活。这里的地方秩序构建者包括布鲁克工厂、学校、教区教堂和奶牛③，其中学校、教区教堂是更高等级的秩序构建者。

哈格斯特朗逐个分析了小镇中的地方秩序构建者所形成的地方秩序及其嵌套过程（图 9-4）。底图是哈格斯特朗对小镇空间结构的抽象，纵轴代表从周一到周日的时间。右侧的一排矩形框代表布鲁克工厂的地方秩序，从周一到周五每天规律化的上班、下班，中间有一段午休时间，周六上午有半天工作时间。图中中间位置的一排小方块代表了学校的地方秩序。学校提供了一种高度规律化、近乎机械化的秩序，从周一到周五每天在固定的时间上学、放学。为了使孩子们中午可以回家吃午饭，学校的午休时间和工厂的午休时间保持一致。图中的双横线代表了村庄的地方秩序，即每天早上、中午、晚上要在固定的时间挤牛奶。波浪线代表了教堂的地方秩序，周六 18 点教堂的钟声响起，学校、工厂的地方秩序需要服从教堂的地方秩序，因此人们需要放下所有事情进行礼拜；同样，周日早上教堂的钟声再次响起，人们可以参与一整天的礼拜活动。

图 9-4 中的三条路径分别代表三个来自不同家庭的孩子的一周时空轨迹。左边的路径代表一个来自农民家庭的孩子，周一到周五规律地去

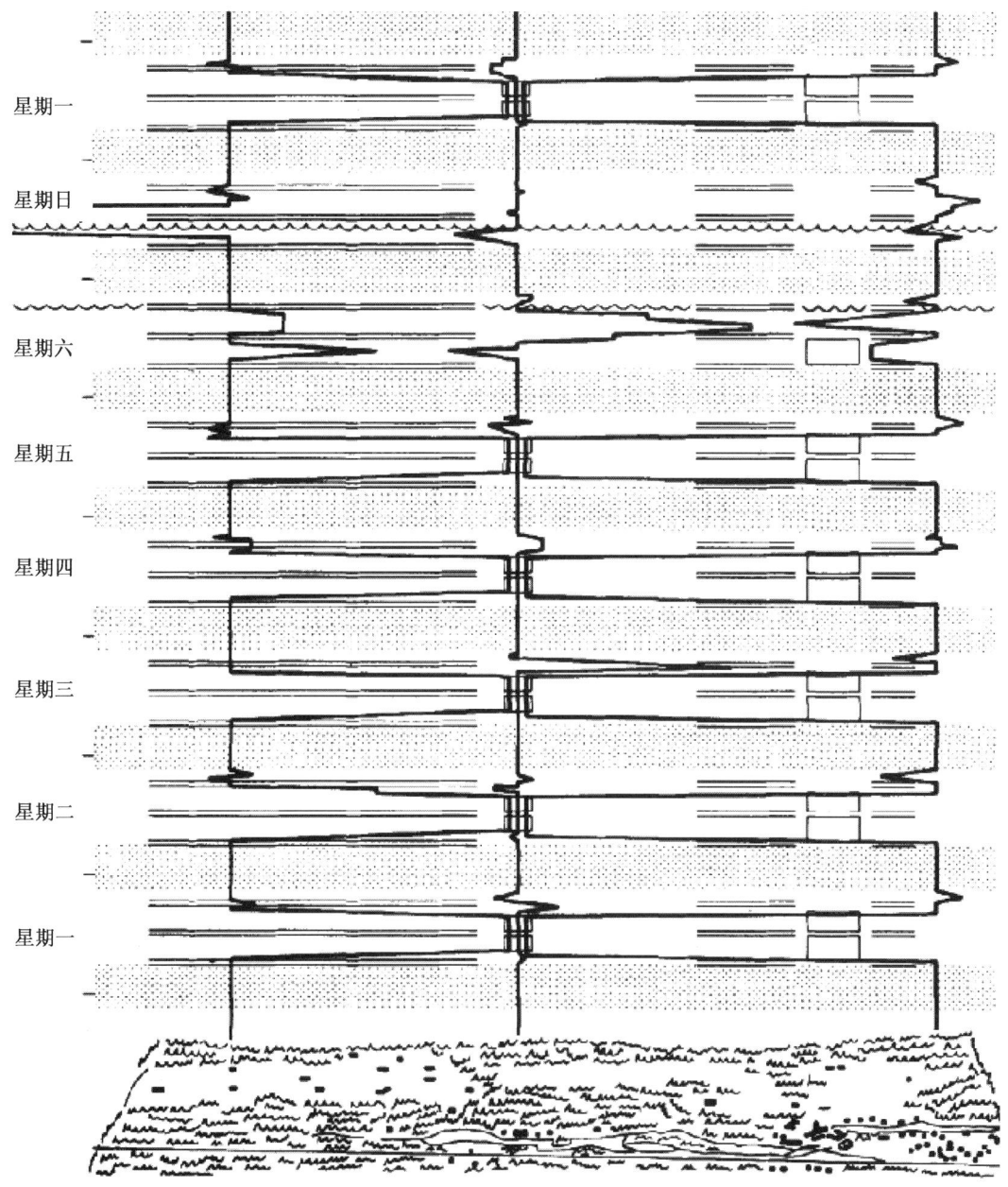

图 9-4 小镇一周的地方秩序及其嵌套

学校上学,下午放学后以及周六、周日会帮助家里挤牛奶,并在周六下午、周日去教堂做礼拜。右边的路径代表一个来自工人家庭的孩子,在遵守学校的秩序规律化地上学、放学之外,放学后会在家附近玩耍;周日则遵守教堂的秩序进行礼拜。中间的这条路径代表了哈格斯特朗自己一周的时空轨迹,由于他的父亲是学校的教师,家就在学校楼上,因此

9 活动的地方秩序 | 131

从周一到周五,他的主要活动范围都在学校附近,周六、周日去教堂做礼拜。

哈格斯特朗将个人时空路径与地方秩序的表达进行叠加,直观地展示了在一定的地理空间范围内,地方秩序及其嵌套对行为主体的影响,即人们的活动需要在地方秩序的影响下综合考虑时间上的可用性和空间上的可达性,最终形成所观察到的外部行为。哈格斯特朗用如上这些形象化的符号系统描述了宏观尺度居民的生活时间节奏和活动空间范围,展示了整个区域秩序化、规律化的生活图景。

随着城市空间结构的变化和社会科学技术的进步,同一个地理空间的地方秩序会发生相应变化,进而影响居民个体及其家庭成员的活动模式。哈格斯特朗(Hägerstrand,1985)以瑞典工业化过程中工厂地方秩序的变化对工人家庭日常生活的影响为例进行阐述(图9-5)。底图

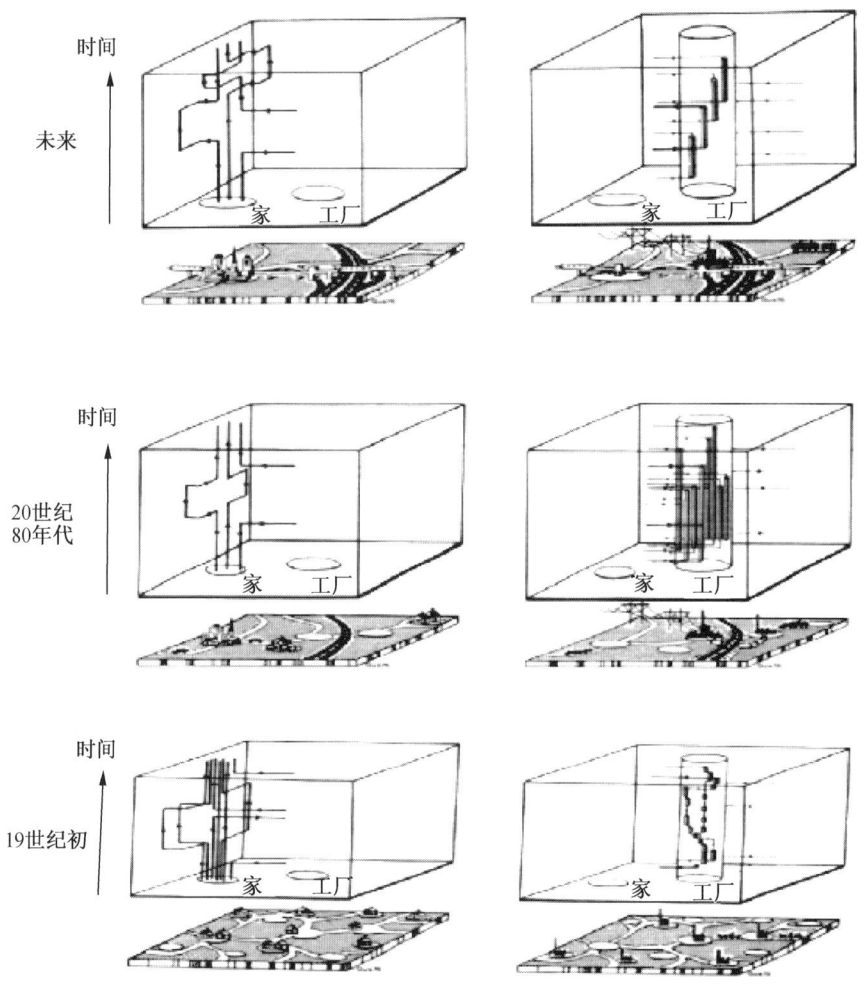

图9-5 不同社会阶段下工厂的地方秩序对工人家庭生活的影响

是对瑞典某一地区城市空间结构的抽象，纵轴代表一天 24 小时的时间。图中左侧的空间范围代表工人的家，柱体中的线条代表工人家庭中不同家庭成员的活动轨迹；右侧的空间范围代表一家制奶厂，柱体中的线条代表工人到达制奶厂之后的活动轨迹。在 19 世纪初的工业化发展初期，城市里分散着大量的小型手工作坊式制奶厂，制奶厂的工人需要随时从家里将新鲜的牛奶送到附近的制奶厂去，因此每个工人进入和离开制奶厂的时间并不确定，工厂的地方秩序表现出分散化、自由化的特点。由于工人一天会多次往返于家和制奶厂之间，因此需要随时有家庭成员在家帮助其完成挤牛奶的活动。到了 20 世纪 80 年代，随着科学技术的进步和城市主干道路的修建，制奶厂有专门的工人负责从各个奶牛场运送新鲜的牛奶，因此制奶工人并不需要每天多次往返于家和工作地，只需要早上从家去工厂，下午下班回家即可。制奶厂的地方秩序逐渐规律化和有序化。这时其他家庭成员可以比较自由地安排各自相对独立的生活。哈格斯特朗预计，未来随着城市道路系统的完善，远距离通勤的工人会增多，同时伴随工业化生产的发展，专业化水平会提高，工厂将会开始实行轮班制。工人们在工厂地方秩序的影响下表现出规律化、制度化的活动模式；而工人在家的时间也随着轮班的时间表现出规律化的变化。

## 9.4 生产活动的地方秩序分析

继哈格斯特朗之后，凯萨（Ellegård，2018）后来继续运用一系列形象、细致的符号系统，对微观尺度的某一特定地理空间的地方秩序进行细化和丰富，将人类的活动路径与地方资源的时空供给进行结合，直观地展示了在地方秩序影响下行为主体对资源的时空利用过程，开拓了新时间地理学的研究领域和发展方向。

凯萨通过对微观尺度地理空间的地方秩序中行为主体的具体活动模式与所使用地方资源过程的细致刻画，将行为主体的时空路径与对地方资源的使用时间和顺序结合，直观地展示了人类活动与其发生所需的时空资源配置之间的关系。首先，对路径形成的"基本事件"进行识别与符号化表达；其次，对地方秩序口袋中为了实现特定企划所需利用的关键物质资源、工具等进行识别；再次，分析行动者与其他资源相互作用的重要事件及其发生时刻、先后顺序、持续时长等；最后，用图示化的符号表达在企划实现活动中各种资源可利用的时间与空间的排列组合。

### 9.4.1 挤牛奶活动的地方秩序透视

食品工业最能反映不同社会发展阶段人与自然的联系，城市化与工业化带来乳制品生产系统的重构，从生产活动的微观过程来透视社会生产系统的宏观变化，深化了对社会变革下人与地关系变化过程的理解。凯萨（Ellegård，2018）研究乳制品的生产过程，将奶牛、机器、工具等资源在农场中的时空排列与工人的生产活动及其时空组合进行图示化表达，构建乳制品活动的地方秩序。

凯萨以瑞典一个普通奶牛场中奶牛棚的地方秩序为例，分析了工人如何与奶牛进行配合并使用挤奶工具完成挤牛奶活动的过程（图9-6）（Ellegård，2018；凯萨·埃勒高等，2016b）。红色的线段表示挤牛奶的活动。可以看出，工人每天需要完成两次挤牛奶的规律化的活动，分别在早上4：30左右和下午15：30左右，每天重复进行。但是将这一活动打开来看，则包括了一系列基本事件，这里以周三下午的挤牛奶活动（15：30—18：30）为例。红色的线代表工人的活动轨迹，黑色的线代表两头奶牛的活动轨迹。首先，工人从农场房屋出发，去草地上把牛牵过来，将它们带到奶牛棚开始挤奶。一段时间后，工人才完成对其中一头奶牛的挤奶工作后将这头奶牛牵到奶牛棚，工人和另一头奶牛继续停留在奶牛棚中。之后，工人完成对第二头奶牛的挤奶工作后，第二头奶牛离开奶牛棚，工人继续停留在奶牛棚中。一段时间后，工人才离开奶牛棚回到农场的房屋中。参考哈格斯特朗对地方秩序中基本事件的定义，在整个活动的完成过程中共发生了八类基本事件，其中每类基本事

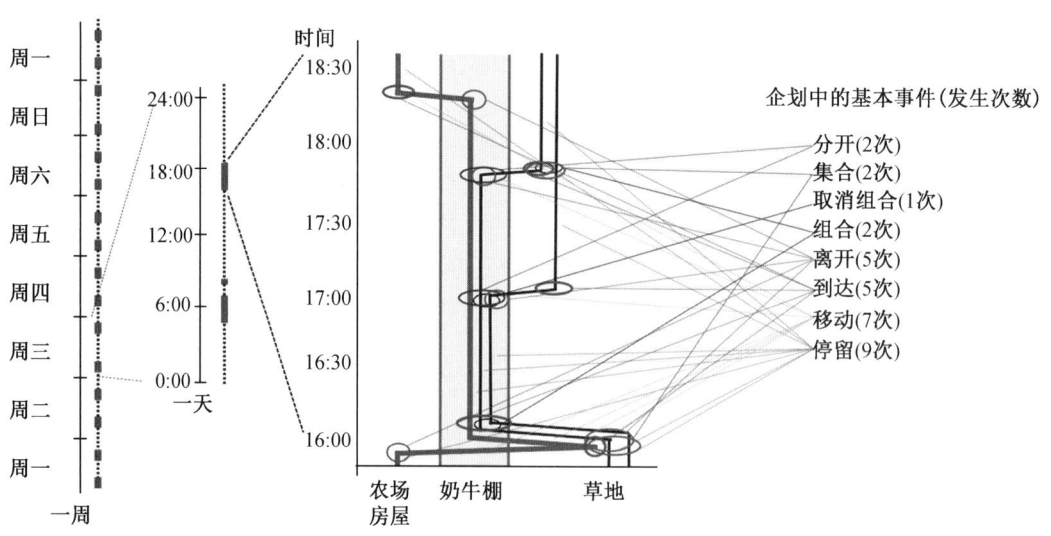

图9-6 挤牛奶过程中的基本事件（彩图见书末）

件及发生次数分别是停留（发生 9 次）、分开（发生 2 次）、集合（发生 2 次）、取消组合（发生 1 次）、组合（发生 2 次）、离开（发生 5 次）、到达（发生 5 次）、移动（发生 7 次）。

我们可以进一步分析工人在奶牛棚中使用挤奶工具完成挤牛奶的过程（图 9-7）。图中纵轴代表时间，横轴代表活动中的不同主体，用不同颜色的线条代表不同主体参与活动的过程。其中，红色的线条代表工人，黑色的四条线段分别代表四头奶牛，灰色的两条线条代表两个防踢链，紫色的线条代表盛奶盆，绿色的两条线条代表两个挤奶机，黄色的线条代表备用盛奶瓶。工人首先拿起 1 号挤奶机和 2 个防踢链，对 1 号奶牛进行挤奶。一段时间后，工人取来 2 号挤奶机，对 2 号奶牛进行挤奶。之后他将 1 号挤奶机取下，将牛奶倒入备用盛奶瓶中，再继续对 3 号奶牛进行挤奶。一段时间后，他将 2 号挤奶机从 2 号奶牛处取下，将牛奶倒入备用盛奶瓶中，再继续对 4 号奶牛进行挤奶。之后将 1 号挤奶机从 3 号奶牛处取下，将牛奶倒入备用盛奶瓶中。接着将备用盛奶瓶中的所有牛奶倒入盛奶盆中，然后将 2 号挤奶机取下，将牛奶继续倒在备用盛奶瓶中。如此循环，工人在挤牛奶过程中的不同时间使用不同的工具完成挤奶活动。可见，不同的地方资源在不同时间按规定的顺序依次被使用到活动过程中，于是奶牛棚的地方秩序被塑造起来（图 9-8）。

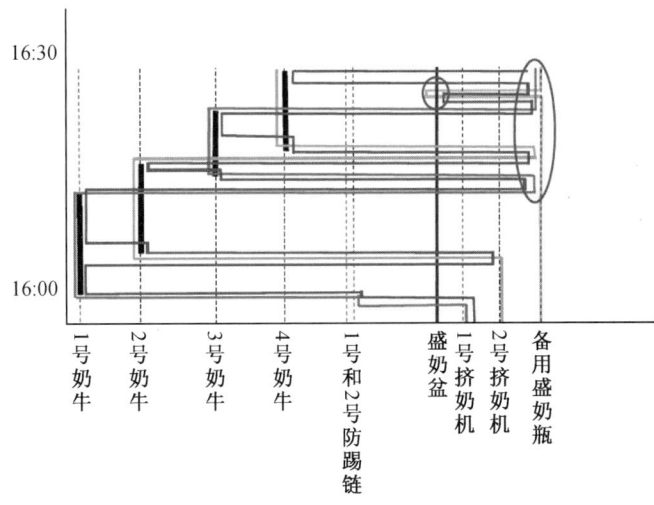

图 9-7 挤牛奶中所需资源的使用时间和使用顺序（彩图见书末）

### 9.4.2 汽车生产活动的地方秩序透视

凯萨还将活动的地方秩序运用于分析瑞典沃尔沃汽车生产系统从装

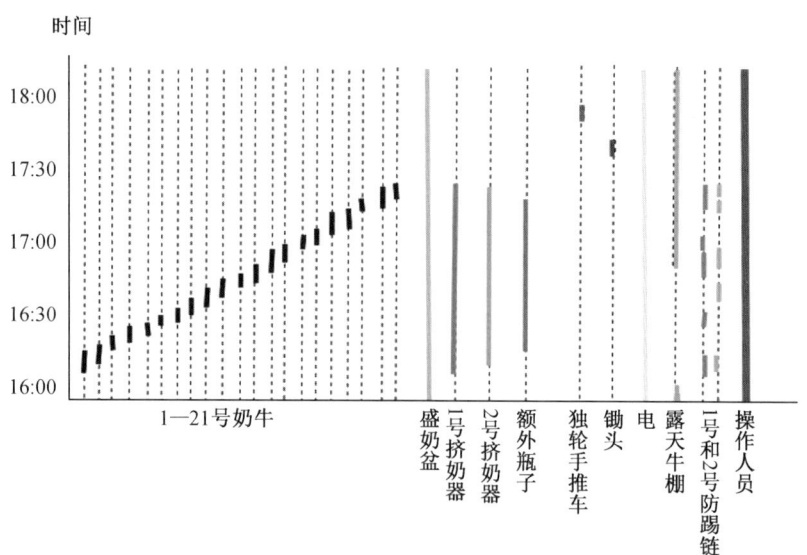

图 9-8 奶牛棚的地方秩序（彩图见书末）

配流水线转变为反思性生产系统的变革中，揭示在生产活动中工人如何与汽车配件等装配材料、车身、工作台等进行组合，并形成不同的地方秩序（图 9-9、图 9-10）。凯萨（Ellegård, 2018）通过不同生产方式下的地方秩序比较，不仅从计件工时来比较工作效率，而且从整个生产活

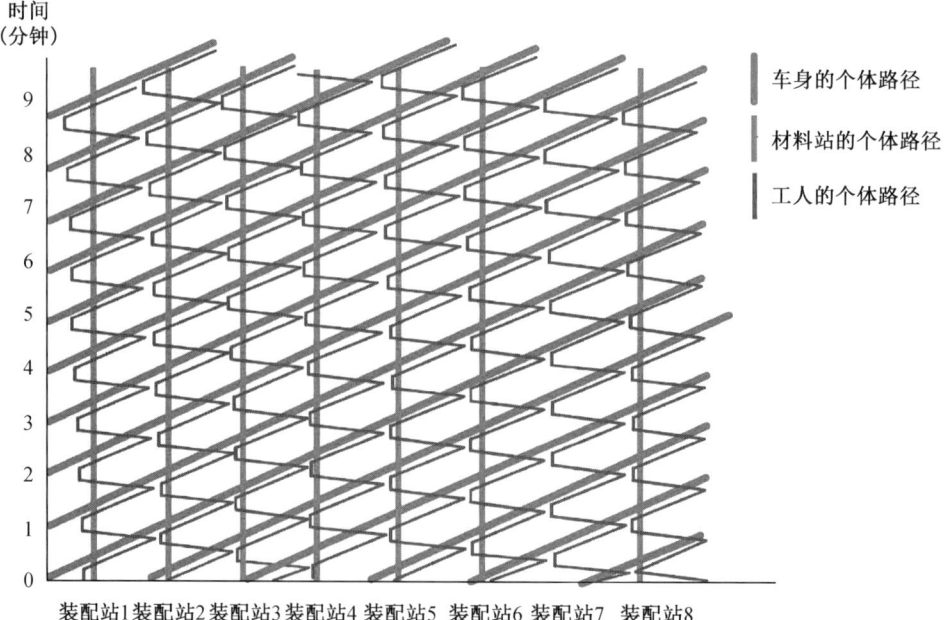

图 9-9 沃尔沃汽车厂装配流水线上的工作活动及其地方秩序（彩图见书末）

动对中间环节出错之后的修补纠正难度和耗时,以及工人对工作活动的满意度、请病假与请辞、工人技能和知识学习等方面评价了两种生产方式的优缺点。

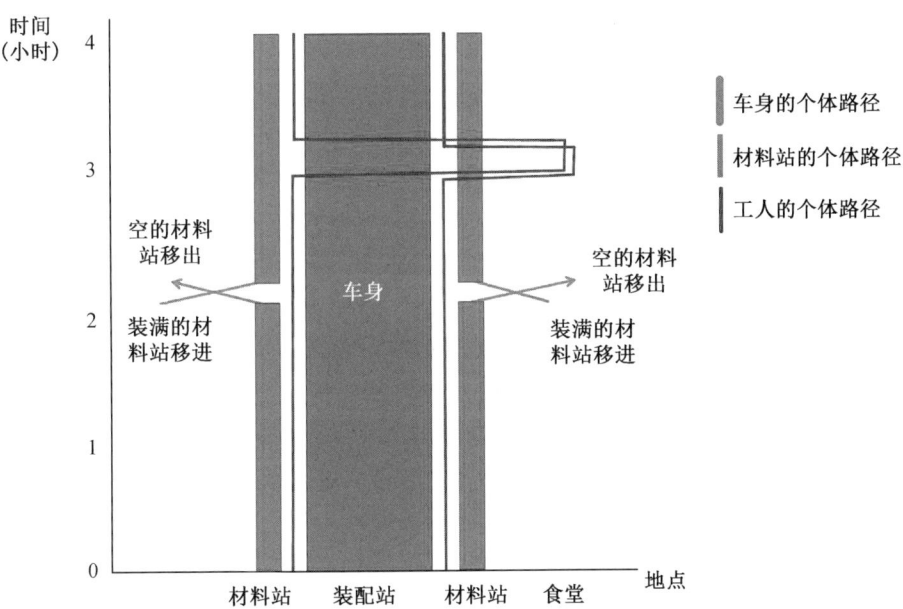

图 9-10 沃尔沃汽车反思性生产系统的工作活动及其地方秩序(彩图见书末)

在装配流水线上,每个工人只负责特定的装配任务,他所需要的零部件都陈列在固定的工作台上,汽车车身在流水线上移动,工人操作时拿着零部件随着流水线上的车身移动到下一个工作台时完成他所负责的任务,之后返回自己的工作台开始流水线上下一辆汽车的装配工作。图 9-9 展示了流水线上 8 名工人同时工作,每人都在规定的时间内完成了 10 辆汽车相应环节的装配任务。与之不同的是,在反思性生产方式下,一个车间只有 4 名工人协同完成整辆汽车的全部装配工作,每人承担 20%—25%的整车装配任务,大约每人花费 2 小时,但每个装配任务不重复只由其中一名工人操作。图 9-10 展示了车间中 2 名工人协同工作的地方秩序。车身两边是 2 名工人的工作台,约每 2 个小时完成一辆汽车的装配工作后,工作台上会送来下一辆汽车所需要的零部件,中间存在一个装卸的间隔。而工人一直在车间工作台上工作,他们具备整辆汽车装配的完整的知识和经验,工作中间会去食堂吃午餐。

## 9.5 活动的地方秩序嵌套研究展望

活动的地方秩序及其嵌套这一概念为全面理解人类活动的复杂性及

活动背后所映射的社会运行规则提供了重要的理论视角和研究方法。它强调通过对所研究地理空间单元内全要素的场景分析，揭示行为主体活动发生的时空机制，探索人类活动与其发生所需时空资源配置之间的关系，分析人类活动背后各种城市资源在时间上的排列和空间上的组合。近年来，以凯萨为代表的瑞典时间地理学者对这一概念的符号系统的细化和丰富，为未来挖掘个人行为决策机制、预测居民日常活动模式、分析城市活动—移动系统、开展社区生活圈时空间结构规划等研究开拓了思路。

我国关于活动的地方秩序的研究，尽管在理论上有所探索，但仍缺乏相关案例研究。在今后的研究中，不仅要深入了解和借鉴西方的相关理论研究，而且要立足中国的具体情况，尤其是考虑社会转型和快速城市化的特殊背景，基于不同地理空间尺度来探讨活动的地方秩序及其嵌套对居民日常行为模式的影响以及与空间环境相互作用的机制。例如，不同类型城市社区的地方秩序对居民日常活动模式的影响、郊区新城的地方秩序如何满足居民对时空资源的需求、地方秩序的嵌套对居民行为决策机制的影响等。最终为从个体层面理解人类行为的复杂性与中国城市的社会经济转型发展，以及发展以人为本的城市化建设提供科学依据。

**第 9 章注释**

① "Pockets of Local Orders"字面意思为"一系列地方秩序的层层囊括"，为强调时间地理学中对"活动"的理解，北京大学时间地理学研究团队在引进的时候将其翻译为"活动的地方秩序嵌套"。

② "Pace-Setter"字面意思为"领跑者"，为与"活动的地方秩序嵌套"对应，在本书中将其翻译为"地方秩序构建者"。

③ 当地农民主要养殖奶牛，并要根据奶牛的习性安排每天挤牛奶的时间，因此奶牛成为农民日常生活中重要的"秩序构建者"。

# 10　时间地理学的国际传播及学科影响

## 10.1　时间地理学的国际传播与发展

在时间地理学的全球传播、发展与应用过程中，由于各国各地区城市化发展阶段、社会文化与体制背景等差异，各自面临不同的城市可持续发展的挑战与问题，时间地理学应用的领域与发展路径各有特色。

20世纪60年代，哈格斯特朗及其团队在政府资助的瑞典城市化进程及其对居民影响的项目中创立了时间地理学。通过研究居民在城市背景中的日常生活，揭示城市组织化的活动安排及时空秩序与居民行为之间的相互关系，进而与居民的需求和制约结合起来，通过优化空间、调整时间、引导行为等手段来实现生活质量和社会福祉的提高（Hägerstrand，1970；Hägerstrand et al.，1974）。在该项目中，哈格斯特朗及隆德学派利用时间地理学来研究公共资源的时空分配问题，因此时间地理学的思想与方法受到政府重视，被引入瑞典的规划实践中，并产生了广泛的社会影响（Lenntorp，1978）。

1970年，哈格斯特朗（Hägerstrand，1970）时间地理学的经典论文正式发表以后，得到了国际地理学界的极大反响。此后，普雷德（Pred，1973b，1977）、思瑞夫特（Thrift，1977，1981）和卡尔施泰因（Calstein，1978）等人对时间地理学进行了大力介绍与推广，在欧美地理学界掀起了相关学科领域应用时间地理学方法的热潮。

在日本，1976年石水照雄（1976）首次介绍了时间地理学的主要概念，后来到了20世纪80年代后期，时间地理学方法受到广泛重视。时间地理学在20世纪70年末至80年代初被引入日本恰逢快速城市化末期、城市社会空间转型发展时期，郊区生活空间、城市结构、女性就业、少子化、老龄化及郊区空间的可持续发展、社会福利等成为时间地理学应用的主要领域。20世纪80年代至90年代是日本时间地理学发展应用的黄金时期。近期日本时间地理学研究正在与自然灾害管理和风险减少等更广泛的社会问题相结合（Okamoto et al.，2018）。

20 世纪 90 年代中后期以来，时间地理学与地理信息系统（GIS）的结合，进一步掀起时间地理学在北美的应用热潮，基于时间地理学的人类活动三维可视化与地理计算成为这一时期的代表性研究，个体时空可达性模型被较多应用于城市地理与交通出行研究。进入 21 世纪，信息化对人类活动的影响不断加剧，信息与通信技术（ICTs）的使用对时空制约的影响以及个体活动在虚拟环境与物质环境中的互动及其可视化表达再一次推动了时间地理学的兴起。可以说，时间地理学与 GIS 的结合成为这一时期时间地理学创新发展的重心。

在瑞典，时间地理学的发展始终与社会转型现实背景密切关联。20 世纪 60—70 年代瑞典城市化快速发展，追求区域公平、生活质量等城市化质量的提高，时间地理学在住房、交通等公共服务设施规划中得到应用。20 世纪 80 年代以来面临全球经济转型与生产组织模式转型，时间地理学在生产活动与产业转型发展中得到应用。20 世纪 90 年代以来面临全球气候变化及能源危机，时间地理学率先被应用于日常生活与能源利用领域。2000 年以来随着信息化的发展，时间地理学被应用于 ICTs 及其对日常生活与出行的影响，以及老龄化、公共健康等领域。总的来说，瑞典时间地理学的应用从促进城市空间可持续逐渐转向促进社会可持续及环境可持续的方面。时间地理学在瑞典以外的北欧国家也得到传播发展，尤其在职业疗法领域，时间地理学日志及其分析方法被广泛应用于生活方式干预与康复治疗。

### 10.1.1 时间地理学在瑞典

1）20 世纪 70 年代末以前经典时间地理学在城市与区域规划中的应用

时间地理学的最初应用主要是在城市与区域规划领域中的实证研究，时间尺度为一日，注重个人活动的时空棱柱。其中，最有名的是被称为可替代样本路径汇总活动评价法（PESASP）的交通规划计算机模拟模型。这是由瑞典隆德大学的雷恩陶普等人开发，是对哈格斯特朗时间地理学基本思想的最初也是最直接的应用研究（Lenntorp，1978）。相关研究已在第 5 章进行介绍，此处不再赘述。

把时间地理学方法作为城市与区域规划的一种工具进行的尝试性研究，是 20 世纪 60 年代后期至 70 年代初期时间地理学的主要应用方向。后来，隆德大学的研究小组得到瑞典政府的资助，又开始了在区域开发政策、国土规划、城市化及住宅政策等方面的应用研究。但直到 20 世纪 70 年代中期，这些应用研究主要还是沿着哈格斯特朗的基本观点进行。

到了 20 世纪 70 年代后期，时间地理学在许多方面得到应用，这突出反映在如 1977 年《经济地理》(*Economic Geography*)的基于时间地理学的瑞典城市与区域规划研究专刊当中。莫滕松（Mårtensson，1977）在研究社区影响儿童成长的方式时，注意到儿童一日的时间安排，应用时间地理学方法进行分析。凯萨、哈格斯特朗和雷恩陶普（Ellegård et al.，1977）三人在研究瑞典的日常人口移动时，利用时间地理学框架，提出有关单位及学校的日常活动安排的假想方案，以预测将来的需要。

由此可见，时间地理学的应用范围并不仅仅局限于区域规划中。普雷德（Pred，1973b）把时间地理学的可能应用领域分成四类，即区域与景观评价研究、创新的空间扩散研究、人口移动及城市发展研究和政治地理学研究。并且，普雷德（Pred，1973b）认为时间地理学还有以下一些可能的应用方向：如以某位关键人物的一生为主线来总结学科发展的历史；把大尺度的历史事件用小尺度的人的路径重新解释；对现代城市产业社会广泛存在的社会空间问题进行深入考察；通过研究社会制度对个人的日路径及生命路径的影响变化来认识家庭作用和形态的变化等。

继《经济地理》(*Economic Geography*)专刊后的第二年（即 1978 年），卡尔施泰因、帕克斯和思瑞夫特（Carlstein et al.，1978）共同编辑出版了 3 卷关于时间与空间的论文集，不仅有时间地理学的理论与实证研究成果，而且广泛包括与时间有关的地理学研究论文，而哈格斯特朗时间地理学的应用研究论文主要收编在第 2 卷的第 2 部分中。其中，哈格斯特朗（Hägerstrand，1978）结合自然、社会环境论述了个人的生活史（Life History）问题，列举了大量人口移动的实证研究结果。卡尔施泰因（Carlstein，1978）把创新扩散研究和时间地理学方法结合起来，以农耕的时空等为例进行了研究。莫滕松（Mårtensson，1977）以瑞典为例，选取人口密度不同的三个地区，研究影响个人或家庭日常生活的就业机会及服务业状况的地区间差异，并用日活动路径进行对比分析。奥兰德和卡尔施泰因（Olander et al.，1978）则把时间地理学方法应用于那时迅速发展的以信息交换和处理为主的第四产业的研究上。

2）20 世纪 80 年代中后期以来新时间地理学的创新应用

20 世纪 80 年代中后期以来，瑞典作为时间地理学理论和方法的带头者，引领并逐步扩大时间地理学在城市交通规划、女性研究、城市空间结构及通信技术等领域的应用范围，新概念、新领域不断扩展（Ellegård et al.，2012；Rose，1993）。新时间地理学的研究包括家庭内部分工（Isaksson et al.，2015b）、家庭活动对能源使用的影响（Ellegård et al.，2011b）、家庭企划（Ellegård，1996）、地方秩序空间的创造和再创造（Ellegård et al., 2004b）等议题，推进了时间地理学与城市社会学、能源使用等研究和社会实践相结合。由此可见，时间地理学的全生态世界观与其他学科结合的创新应用呈现出很好的有效性。

受到经济和技术转型的影响，企业的生产组织方式也在发生变革。利用时间地理学可以有效地理解在一家工厂或者公司内员工的时空行为组织，为企业管理提供支持（Trygg et al., 2017; Ellegård, 1984）。在后工业社会中，家庭活动成为资源能源消耗的主要途径之一。因此，降低家庭能源利用总量、提高家内活动能源利用的效率是推动社会可持续发展的有效方式之一。瑞典研究团队利用时间地理学在理解居民能源使用行为上有了重要进展，并与瑞典能源局等相关政府机构及地方组织合作，在一定程度上推动瑞典居民生活方式和整个社会向可持续发展方向转变（Isaksson et al., 2015a; Palm et al., 2017; Köhler et al., 2019; Köhler, 2018）。

时间地理学的跨学科传播也渗透到职业疗法（Occupational Therapy）等康复医学领域。借助时间地理学日志调查方法和新时间地理学多维情境分析，职业治疗师们从患者及家人的日常生活入手，让他们对日常生活方式进行反思，引导他们调整生活方式从而达到治疗或者预防、干预的目标（Orban et al., 2012a; Bendixen et al., 2014; Magnus, 2018; Anaby et al., 2020）。总之，时间地理学在相关学科的传播和影响，更加印证了哈格斯特朗创立时间地理学的初衷——构建起一套时空间整合的分析框架，整合不同学科对人类活动与环境互动的碎片化的认识，帮助修正原有理论或提出新理论（Lenntorp, 1999）。

### 10.1.2　时间地理学在北美

1）20世纪80年代早期的传播与创新应用

普雷德于20世纪60—70年代在隆德大学访问交流，对于推动时间地理学在英语国家的传播扩散发挥了重要作用。进入20世纪80年代以后，时间地理学的应用研究不只是哈格斯特朗基本概念的套用，而是研究者从各自的立场出发进行了创造性应用。其中，普雷德关于个人生活和社会结构及社会制度关系的研究引人注目。他曾留学瑞典隆德大学，受哈格斯特朗的影响较大，回到美国后他大力介绍了空间扩散理论与时间地理学，并不断致力于其应用研究。

普雷德（Pred, 1977）运用时间地理学的最初实证研究是关于创新如何影响个人生活的论文。他在美国电报普及对个人生活影响的研究中，由于采用了时间地理学方法，对个人的活动和经历进行了整体、连续而不是片面的考察。进入 20 世纪 80 年代以后，普雷德（Pred，1981a）致力于个人日常生活和社会条件之间关系的研究，他认为社会在制约人们日常时空利用的同时，又由人们的日常生活来构成，指出时间地理学不能把人的行为过于描绘成社会条件制约下的被动反应。在关于资本主义生产方式对个人及家庭时间利用影响的研究中，普雷德（Pred，1981b）不仅运用时间地理学的方法分析日常生活方式的短期变化过程，而且涉及社会整体的变化以及生产方式的长期变化过程，在不同时间尺度上把社会经济制度与个人的日常生活结合起来。这也是普雷德主张时间地理学应成为社会理论的主要理由。

他的这些主张受到社会学家吉登斯的社会结构化理论的影响。结构化理论辩证地看待个人行为与社会结构的关系，认为个人行为以社会结构为条件，而个人行为的结果又使社会结构再生产，这种再生产的过程被称为结构化。个人行为和社会结构的相互作用以及结构化过程中都存在的日常生活及时间和空间，成为结构化理论与时间地理学的交接点所在（Giddens，1984；张艳等，2012）。因此，普雷德在分析整体社会变化过程时采用结构化理论作为补充时间地理学的主要理论。他在 1984 年关于城市发展与个人生活关系等问题的研究中，都引用了结构化理论（Pred，1984a，1984b）。但截至目前，这方面的研究还停留在仅仅指出了时间地理学与结构化理论之间的相关性上（Gregson，1986），并且由于吉登斯的结构化理论也在不断完善之中，运用结构化理论的时间地理学研究有待深化。

除上述普雷德的一系列研究外，进入 20 世纪 80 年代以后时间地理学在其他方面也有一些应用研究成果。如米勒（Miller，1982）对 19 世纪居住在城市郊区的家庭妇女的生活行为的研究，福勒和基维尔（Forer et al.，1981）在现实城市空间中论述了女性的时空收支和公共交通对女性的制约以及其地域差异性。这些研究与普雷德和帕尔姆（Pred et al.，1978）关于现代女性日常生活制约的研究一样，都以女性的问题为研究对象，可看作时间地理学在女性地理学研究中的应用。20 世纪 70—80 年代以来西方发达国家中的女性就业率急剧上升，职住不断分离化的城市地域结构又使女性在就业和家务方面的双重劳动制约日益增加，因此关于女性的地理学研究成为一大热点。

除以上在地理学中的应用外，时间地理学方法也被运用于其他学科领域，特别是城市交通规划的交通量预测研究中（Jones，1979，1983）。

2）20 世纪 90 年代 GIS 推动时间地理学的复兴

进入 20 世纪 90 年代后，大规模、高精度的个体时空行为数据以及具有地理编码的数字化地图的可获得性、计算机运算能力的提高、与

GIS 的结合等推动了时间地理学在地理和规划领域应用的工具化，可以说推动了时间地理学的复兴（Miller，1991；Kwan，2004；Shaw et al.，2009）。时间地理学的理论思想、概念模型逐渐在 GIS 环境中被转换成模拟模型、可视化模块，被广泛应用于行为模式的探索式分析、规划与政策评估、交通行为建模等方面。此时，时间地理学研究的中心在一定程度上从欧洲转移到北美。

大规模、高精度个体时空行为数据的采集为时间地理学的工具化提供必要条件以及应用需求。传统个体行为的时空数据采集的主要途径是活动日志调查（柴彦威等，2009b），具有时空定位不准确、时间精度较粗、调查成本高等缺点（柴彦威等，2009b）。而在 GIS 环境下进行的基于位置识别技术（Location-Aware Technologies，LAT）（包括全球定位系统和基于无线通信网络的无线电传播方法）以及基于位置的服务（Location-Based Service，LBS）的微观个体时空行为数据采集方法克服了传统日志调查法的缺陷，使得大规模、高精度、长时段的微观个体行为数据的采集成为可能，这在时间地理学建立之初是无法想象的（柴彦威等，2010a，2010b）。早期运用时间地理学框架进行的模拟和分析，往往由于数据限制而以抽象、简化的代表性个体数据进行模拟，而 GIS 为基于时间地理学框架对大规模、高精度的现实个体时空行为数据进行可视化和地理计算提供了良好的平台，推动了时间地理学的工具化与广泛应用。此外，具有地理编码的高精度的空间数据库的可获得性，也是基于时间地理学框架的地理计算得以开展的必要条件之一。

总之，将时间地理学分析框架与 GIS 的可视化和地理计算功能进行结合，使得基于 GIS 的个体时空行为模式的地理可视化、时空可达性测度及其应用等成为热点，进一步推动了时间地理学在交通、女性地理学、城市规划等领域的广泛应用，带来了时间地理学的复兴。面向应用的时空可达性计算模块也在逐渐完善，为时间地理学在规划和政策评估方面应用的工具化奠定基础（Neutens et al.，2010a）。新技术对微观时空数据采集方式的更新，以及时间地理学对个体时空行为分析工具的应用，为将来模拟城市行为空间和空间行为、可视化城市活动移动系统、探索空间行为规划提供了必要条件，也必将对未来的城市规划提出新的挑战。

### 10.1.3 时间地理学在日本

1) 20 世纪 70—80 年代的引进与介绍

早在 1976 年，曾经访问过瑞典隆德大学的日本著名理论地理学家——名古屋大学石水照雄（1976）首次将时间地理学介绍给了日本地理学界，但在20世纪80年代中叶以前，日本地理学界并没有十分重视时间地理学的应用性研究。

日本地理学界最初运用时间地理学方法的是以高桥伸夫为首的筑波大学人文地理学研究组，他们主要是把哈格斯特朗的时空路径表示法运用于日本农村居民的生活行为及生活空间研究中（高桥伸夫等，1981）。这与筑波大学有一批活跃于国际地理学界的著名学者有关（村山祐司，1996），如山本正三、高桥伸夫、奥野隆史等。后来，筑波大学人文地理学研究组在近10多年的实证研究中，把生活组织形式、土地利用类型与居民生活空间结合起来，从整体上很好地总结了日本农村生活空间的特点，展示出时间地理学的有效性（高桥伸夫，1987，1990；高桥伸夫等，1981，1990，1993）。

20世纪80年代中期以后，时间地理学在日本地理学界得到了普遍重视，出现了许多介绍时间地理学的文章（栉谷圭司，1985a，1985b；杉浦芳夫，1985，1989；高阪宏行，1985；山田晴通，1987）。其中，值得一提的是以荒井良雄为首的时间地理学研究会。该研究会于1987年由年轻的地理学家发动成立，成立后的第二年即翻译出版了收录时间地理学主要研究成果的译著（荒井良雄等，1989），对时间地理学的推广起到了十分重要的作用。另外，日本国内的普及性刊物《地理》杂志上关于时间地理学的专刊也促进了时间地理学的全面普及（川口太郎，1989；神谷浩夫，1989a，1989b；栉谷圭司，1989；杉浦芳夫，1989；谷贝等，1989）。

可以看出，日本地理学界接受时间地理学用了近10年的时间。但是，随着日本整个社会不断走向成熟，发展目标从经济转向社会，以及公民对生活质量的日益重视等，时间地理学方法逐步得到重视且被广泛应用，以至于当时日本成为时间地理学研究最为盛行的国家之一。

2）20世纪80—90年代的创新应用

日本应用时间地理学的研究并不仅限于地理学界，社会学、交通工学、福利政策、生活史等学科也表示了极大的关注，并结合自己学科的特点开展了一系列探讨。另外，日本的时间地理学研究能够得到全方位地开展还有一个主要原因，那就是日本新闻媒体与社会学界对生活时间具有广泛兴趣。

早在1941年，日本放送协会（NHK）即已模仿英国广播公司（BBC）的做法，对分布在全国的5.2万人进行了生活时间调查；自1960年至今，这种全国性的调查每5年进行一次，以至于日本成为国民生活时间调查规模大、延续时间长、研究影响较大的国家之一。1990

年的调查结果按四大类活动（生活必需活动、社会生活活动、自由时间活动和其他活动）进行时间量的汇总，分析内容包括日本人一天的时间安排、日本人的时间意识结构、不同属性的居民的生活时间利用特点、自由时间利用结构及大都市圈居民生活时间利用的比较研究等（NHK世論調査部，1992）。

日本政府机构与社会学界也开展了生活时间的调查与研究。日本总理府统计局在1973年进行劳动力调查时附带了对居民工作日的生活时间调查，在日本被称为劳动力特别调查。1976年和1981年，日本总理府为综合把握国民生活状况所做的社会生活基本调查也属于生活时间调查。日本劳动省妇女少年局在1950年、1955年、1959年做过妇女劳动时间与生活时间的调查。日本经济计划厅国民生活局1972年在松山市、1974年在神户市进行了生活时间调查，以作为20世纪60年代生活时间国际比较研究的补充（经济企画厅国民生活局国民调查课，1975；Szalai，1966）。并且，1975年、1980年和1985年，日本社会学界中从事家政学研究的学者从家庭经营学的角度做了城市就业者夫妻生活时间调查，通过生活时间利用结构透视日本的"中流社会"问题，分析夫妻间时间利用差异与家庭犯罪等社会问题（伊藤セツ等，1984，1988）。

另外，日本人文地理学家荒井良雄等人在1988—1990年分别对东京郊区的埼玉县川越市、名古屋郊区的爱知县日进市以及作为地方城市的长野县下诹访町实施的活动日志调查中也包含了生活时间调查（荒井良雄等，1996；冈本耕平，1993）。

但是，地理学界的研究成果最多，并且一直起着领头羊的作用。并且，在数目众多的日本时间地理学研究成果中，神谷浩夫和荒井良雄等的系列研究尤其引人注目。他们不仅介绍和运用时间地理学的表示方法，而且积极致力于方法论上的不断创新和应用研究领域的不断开拓（神谷浩夫，1989a；川口太郎等，1991）。

神谷浩夫（1982）早在1982年就认识到可以将时间地理学的制约概念运用到消费者空间选择行为的研究中。同时，他也深受斯图尔特·蔡平（F. Stuart Chapin）的时空收支研究的影响，在研究日本家庭主妇的日常活动结构时，将这两种方法相互结合，对以时间为媒介的各种活动的组合方式进行了较为细致的探讨（神谷浩夫，1987，1989a）。后来的一段时期，神谷浩夫等人将研究对象锁定在已婚女性上，借用时间地理学中的活动路径表示方法，通过典型案例的调查与分析，不仅明确刻画出日本女性的行为特征，而且深入分析了影响她们进入劳动力市场的各种制约因素，并以此提出了设施配置与福利政策方面的建议（神谷浩夫，1993a，1993b；神谷浩夫等，1990)。

荒井良雄的近期研究则更多的是将时间地理学方法应用于城市地域研究中，注重居民生活活动空间基本结构的分析。他的研究特点是把时间地理学作为其分析框架的同时，又不仅仅依赖时间地理学方法，而是结合交通行为中的活动分析方法、社会学中的家庭生命周期理论及地理学中的空间结构模式等（荒井良雄，1992；荒井良雄等，1992，1996)。另外，地理学以外的其他领域应用时间地理学方法较有成效的是交通规划研究中的交通行为分析（近藤胜直，1987)。

总之，日本引入时间地理学最为核心的是去理解、阐释快速发展与转型的城市化过程，以及其中人的行为和时空的相互作用，最终引导政府政策和规划实践。随着日本战后经济大繁荣、城市大发展，居民在郊区化过程中日常行为的变化、受到的限制与空间的响应得到研究者的关注（荒井良雄等，1996；Okamoto，1995，1997)，比如郊区居民时空活动的性别差异（荒井良雄等，1996)、幼儿园的分布和开放时间与居民上下班的协调（Kamiya，1999；Kamiya et al.，1990)，以及便利店的快速扩张与营业时间的改变（Arai et al.，1994）等日本社会中非常重要的现象和问题。不仅如此，还对日本和中国两地的城市居民时空行为及背后的空间结构解释进行了对比，探讨不同背景下的共性和差异（荒井良雄等，2008；柴彦威，1999)。近年来，日本时间地理学者将时间地理学方法与更多的社会问题相结合，在延续之前研究的基础上，开始关注时间地理学与突发灾害时的"非惯常活动"的结合，试图利用时间地理学方法来减少灾害对于社会和居民的影响（Okamoto et al.，2018)。

此外，客观地说中国时间地理学的引进和发展与日本有着深厚的渊源，并且中日时间地理学研究的合作交流也推动了中国时间地理学的早期发展，下一章我们将具体展开介绍。

## 10.2 时间地理学的学科影响

时间地理学在其发展过程中，不断地在不同国家和地区间传播，在来自地理学科内外的各种批判中不断发展，对地理学以及其他相关学科产生了深远的影响。

### 10.2.1 在城市与区域规划中的应用

时间地理学从诞生之日起就有着非常强烈的规划应用导向，对瑞典的城市与区域规划产生了重要影响，也开启了以人为本、面向居民行为需求的规划研究先河。雷恩陶普、莫滕松、凯萨等人（Lenntorp，1970，1978；Mårtensson，1977；Ellegård et al.，1977）的研究向我们展示了时间地理学从日常活动出发理解城市活动系统，将个体/家庭时空需求与服务设施的时空供给相匹配，基于棱柱模型并通过调整物质空间来改变制约条件从而提高未来活动可能性等的面向居民行为需求的规划应用潜力。

雷恩陶普的棱柱模型及其规划应用已在第 5 章中进行介绍，此处不再赘述。另一个时间地理学规划应用的经典研究是凯萨等在对瑞典服务经济转型、公共部门不断扩张背景下开展的人口及公共服务供需匹配的研究。该研究将城市视为一个由生活时间的需求方和供给方构成的活动系统（Ellegård et al.，1977；Ellegård，2018）。生活时间的需求方是指各类企业和公共机构以及广大家庭中需要开展的活动，供给方是指城市中所有的个体所拥有的时间。按照城市的生活时间需求（即企业和公共机构以及家庭中需要开展的活动），将城市的生活时间资源（即城市中所有的个体每天拥有的时间总和）按照一定的时间布局方式（如工作时间安排、设施开放时间、公交运营安排等）进行配置。

个体的时间需要分配给不同的活动，而活动需要在不同的设施和服务场所去完成，活动成为个体时间与社会时间联系的桥梁。从个体不可分割性出发，该研究将个体 24 小时分配给不同的活动，包括生理性活动和交通出行等不能委托他人代替的活动，而工作、做饭、照料等活动可以由他人替代。7 岁、16 岁、66 岁等不同个体的活动时间分配不同，但每人每天均拥有 24 小时的时间资源。根据总体人口结构特点，可以测算人群时间的总量，这是社会中全部人口对设施服务的总需求，也被视为设施和服务的"时间供给总量"。此外，还需考虑设施和服务的开放时间，如学校、工作时间、商业及公共服务的开放时间、公共交通运营时刻表等，计算设施对人口的"时间需求总量"，最后将二者进行叠加，可以将全社会人口对设施和服务的供需进行匹配（图 10-1）。

规划的具体步骤为：①根据城市中各类企业和公共机构以及广大家庭中需要开展的活动，测算城市中各类活动（如睡眠、工作、交通出行、家务等）的时间需求；②根据城市人口特征，测算城市的生活时间资源数量及其分布；③按照城市中各个工作单位、学校、服务设施、公共交通设施等的时间安排，将城市生活时间需求与资源进行匹配。在这种规划模式下，城市规划者可通过调整各类企业、机构的工作时间以及各类设施的运营时间，推进城市生活时间需求与资源的合理匹配、满足不同家庭与个体的日常生活需要。

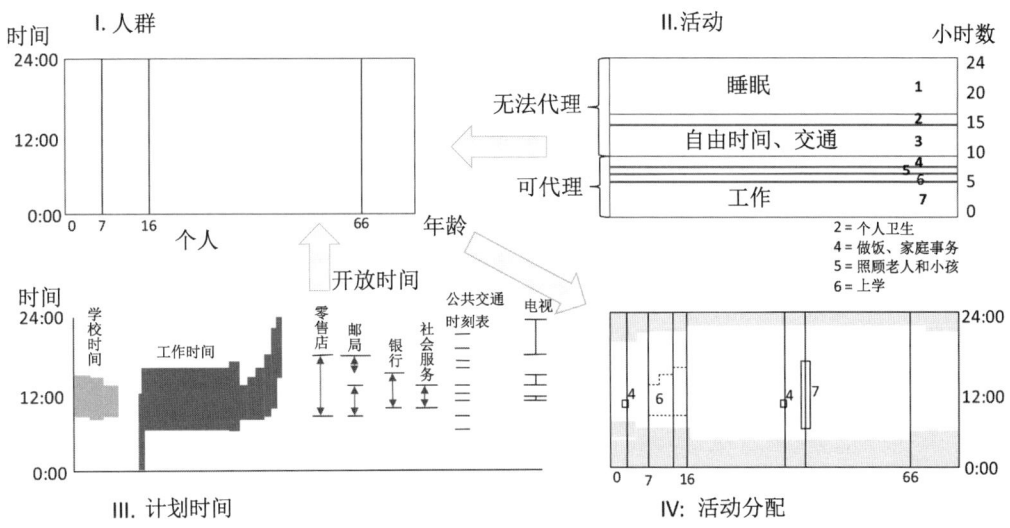

**图 10-1 人群时间与设施服务时刻表的供需匹配**

注：左上图和右下图的横轴是按照年龄大小从左至右排列的个体编号。

在此研究中，个体的不可分割性体现在两个方面：首先，公共部门对劳动力的需求，不应仅局限在适龄就业人口，而应针对全样本人口，因为被抚养人口尽管不直接参加劳动，但必须由其他人进行照料，也会产生就业需求。其次，个体日常活动中诸多的生理性及社会性需求，即使不是亲自开展活动也需要由其他人开展特定活动来得到满足。例如，买菜做饭、照顾孩子、家务活动等任务在家庭中总是需要有人来做，或者需要通过购买社会化服务来完成。凯萨等提出个体不可分割性在微观层面是显而易见的，但在宏观层面尤其是规划政策制定时更应该得到重视。

此外，基于时间地理学的时空可达性的测算在城市空间规划上也具有重要的意义。从个体的角度来讲，由于个体活动能力与安排的差异，个体能够利用的城市设施有所差异；从城市空间的角度来讲，城市资源的不合理配置、城市交通拥堵的出行能力制约，都造成了城市设施供给的不平等。受到时间地理学制约模型的影响，日常生活的地理学研究有着清晰的规划应用导向，即通过调整城市物质空间、降低其对个体行为模式的制约，从而实现生活质量的提高或社会公平的目标。具体而言，对于城市活动系统、活动模式的认识有助于城市规划者增进对城市居民如何利用城市空间、不同城市群体（比如女性、老年人、少数种族群体等）的日常活动模式多样性等城市生活的认识。并且，从政策层面上回答如果对城市建成环境进行调整（如改变公共服务设施的供给、调整公共交通价格等）是否会对不同城市群体的日常活动模式产生不同影响，从而为调整空间供给以实现生活质量提高以及社会公平等目标提供依据。

### 10.2.2　对交通行为研究的影响

时间地理学成为交通出行研究领域活动分析法的摇篮（Ellegård et al.，2012），从出行到活动—移动系统的研究焦点转移，对于理解日常生活、理解交通、理解城市空间有深刻的影响。

1）活动分析法

传统城市交通规划中所使用的交通需求量预测方法不适宜短期或局域的交通政策制定，与其研究交通时间和交通费用等传统交通选择因素，不如将重点放在一日居民活动构成及其联结状况等产生交通量的根本问题上。因此，可以把时间地理学的微观研究方法引入活动链的分析中，建立时空制约下的效应最大化模型。这种交通行为分析与城市地域中居民活动时空结构的研究方法十分类似，显示出极其广泛的应用前景（近藤胜直，1987）。

20世纪70年代中期，牛津大学交通研究中心构建了家庭活动出行模拟（The Household Activity Travel Simulator，HATS）模型，并基于小样本的家庭调查模拟诸如改变学校作息时间或者终止公共汽车服务等城市公共服务的外部环境会对个人活动模式产生的影响，结果发现仅仅改变学校的作息时间，看上去无关紧要，但实际上却引发了家庭中的孩子连同所有成年人的行为模式的一系列变化（Jones，1979）。

20世纪70年代城市交通分析由于对传统的"就出行而论出行"的交通需求预测模型的不满而转向活动分析法（Activity-Based Approach），将居民活动及其派生的移动（简称"活动—移动"）行为综合起来，进而将城市活动系统和城市出行系统进行整合，形成城市活动—移动系统（Urban Activity-Travel System），强调城市每个居民为了满足特定需求而追求日复一日的事务，在特定时空社会制约下参与的活动—移动行为，及其与所属的社会团体（如家庭、企业和组织部门等）的其他成员在活动—移动行为上的相互作用过程（Chapin，1974；Ettema，1996；Timmermans et al.，2002）。尽管由于各种原因，最终活动分析法没能在交通预测模型和政策分析中得以广泛应用，但达成共识的是活动分析法的确增进了对出行行为的理解（Pas，1988）。

2）性别与移动性研究

西方城市实证研究表明，家庭因素及空间因素是解释活动—移动模式的两个重要方面，它们既体现了个体的选择及偏好又反映了个体所面临的制约要素。而规划应用导向的实证研究则更多关注影响个体活动模式的制约因素。

家庭结构特征以及个体在家庭中所扮演的角色对其活动—移动模式有重要的影响。家庭生命周期通常由家庭规模、年龄、婚姻状况以及家庭中孩子的出生及其年龄等维度决定。尤其学龄前孩子会对家长的活动模式产生重要的影响。此外，个体在家庭中所扮演的角色，尤其是家庭分工以及性别角色也是影响个体活动模式的重要方面。

在二战过后的几十年中，在西方城市产业结构的去工业化、全球化过程中的产业转移及空间重构等背景下，经济发展对女性劳动力的需求不断上升，越来越多的已婚女性重新返回劳动力市场。社会转型与空间重构对基于单职工家庭、男家长的居住与就业区位选择的经典城市空间结构模型提出新的挑战（Hanson et al., 1991, 1995），并且也对城市交通出行需求的预测提出新的挑战。在此背景下，女性地理学者和交通地理学者开始关注"性别与移动性"（Gender and Mobility），即性别角色的重构对女性日常活动—出行模式的影响等议题。性别在塑造家庭内部劳动分工以及资源分配过程中发挥重要作用，从而显著地影响到工作女性与工作男性的时空活动模式。在西方城市，性别如何影响个人日常行为模式受到地理学与城市规划领域的广泛关注（Law, 1999; Hanson, 2010）。西方城市的实证研究不断地报告了日常活动—移动模式的性别差异的事实，即相对于男性，工作女性出行频率更低、活动空间范围更小（Pickup, 1984; Tivers, 1985; Hanson et al., 1995, 1981）、出行距离更短（Blumen et al., 1990; Blumen, 1994; Wyly, 1996, 1998; England, 1993; Hanson et al., 1991, 1995）、有更多的购物活动及购物出行、拥有更少的自由支配的休闲时间等（Hanson et al., 1980, 1981; McGuckin et al., 1999）。其中，大量研究探讨通勤（或职住联系）的性别差异及其原因。相比于就业男性，就业女性通勤距离显著较短，并且由此导致了一些女性就业的负面后果。而对于职住联系的性别差异的解释，女性在家庭中所承担的性别角色被认为是影响女性较低移动性以及性别化的日常活动模式的最重要的原因之一（Pickup, 1984）。

西方城市的实证研究对于日常活动模式性别差异的解释除了归因于地理空间安全性感知的性别差异、就业市场的性别隔离与女性就业岗位的空间分布特征等因素外，传统性别角色下的家庭劳动分工被认为是影响女性日常活动模式的重要因素之一。西方城市女性无论是否在家外参加工作都承担着绝大多数照料家庭的责任。而女性所参与的大量与性别角色相关的外出非工作活动往往在时间和空间上相对固定，这给女性的日常活动带来更严重的时空制约。因此，已婚女性在家庭中的性别角色及劳动分工为其带来了显著的负面的就业后果（Kwan，1999a，2000）。"家庭责任假说"（Household Responsibility Hypothesis）便阐述了女性所承担的家庭照料责任对女性参与其他日常活动施加了更大的时空预算制约（Kwan，1999a）。作为其后果，已婚女性为了更好地平衡家庭照料责任与家外有偿工作而不得不选择在居住地附近就业以及妥协选择兼职工作（Turner et al.，1997）。"空间陷阱假说"（Spatial Entrapment Hypothesis）也阐述了美国城市郊区中产阶层白人家庭中的已婚主妇在居住郊区化过程中所面临的困境：郊区女性往往在迁往郊区之后，由于较低的移动能力和女性角色的制约，只能在居住地附近寻找工作，这在很大程度上限制了其就业机会的数量与质量，并且仅能获得较低的工作报酬（Rapino et al.，2011）。此外，就业状态直接影响到个人对不同活动的参与频率。对美国家庭中女性的就业状态是否影响其自身以及男性配偶的活动模式进行检验，发现女性就业状态的不同并没有影响其配偶的活动模式，而对其自身参与不同活动的频率有很大影响（Hanson et al.，1981）。

在实证研究中对于"家庭责任假说"的验证，往往采用家庭中未成年孩子的出生以及数量等简化指标间接地测度家庭内部与性别角色相关的家庭照料责任，假定有未成年孩子（尤其是学龄前孩子）的家庭以及家中未成年孩子数目越多的家庭，女性将承担更多的家庭照料责任。然而，这样简化的指标显然无法真实反映家庭中男女家长之间的权力关系以及家庭内部劳动分工的过程。并且，已有研究指出如果调整家庭中男女家长之间的劳动分工以及两性关系，那些与性别角色相关的对女性日常活动参与产生的时空制约将会减弱。因此，为了满足产业结构调整对女性劳动力的需求、促进已婚女性顺利回归劳动力市场，应该呼吁已婚男性在家中承担更多的家务劳动，以减轻女性参加就业的时空制约（Kwan，1999a）。

### 10.2.3 对女性地理学研究的影响

1）早期研究

在现代城市社会中，女性日常活动受到的制约往往比男性更多。虽然有了长期的女性解放运动及女性主义研究，但现实生活中"男主外，女主内"的传统意识仍然十分牢固。因此，女性在组织自己的日常活动程序时考虑的因素较多，要进入劳动力市场就更加困难，需要在工作、家务、照顾小孩等活动中找到平衡。并且，随着城市的扩大与居住郊区化，女性的活动时间与空间受到更加严格的限制，时间分配上分化得更加破碎，受结合的制约更加明显。

如上所述，时间地理学在女性研究中显示出了极大的有效性（Miller，1982；Forer et al.，1981；Pred et al.，1978；神谷浩夫，1993a，1993b；神谷浩夫等，1990；荒井良雄，1992；荒井良雄等，1992，1996）。这里以早期米勒的研究为例说明时间地理学在女性研究中的应用。

米勒（Miller，1982）利用时间地理学方法对19世纪中后期居住在郊区的家庭主妇的生活行为进行复原与分析，总结出郊区家庭主妇受到的结合制约比能力制约更强等特征。米勒的研究问题包括：（1）阶层或社会经济地位在多大程度上影响妇女参加户外活动的能力？富有家庭把家务委派给仆人是否增加了妇女参加户外活动的机会？（2）已婚妇女的家庭角色是否限制了她们的户外活动？她们的家庭角色是与家庭生命周期相关还是完全由社会习惯来决定？（3）相对区位和交通革新在改善妇女参加户外活动方面是否起了重要作用？郊区妇女参与的户外活动是否少于中心城市的妇女？到达商品、服务和娱乐活动聚集的城市中心的快速交通发展是否改善了这种状况？（4）能否评价财富、家庭地位、中心—郊区区位影响中产阶级妇女获取必要活动的相对重要性？

米勒的研究按以下步骤进行：第一，利用社会经济阶层、年龄结构、家庭组成和其他人口学特征的人口普查数据，构建五个不同的假想的中产阶级家庭。第二，用大量计量资料推断典型的家庭活动模式，尤其是那些家庭持续运转所必需的不可委派的活动。把这些活动分配给家庭成员，并计算需要完成的时间，从而估计个人自由支配时间的长短。第三，重建当时的交通网络、产业及社会景观。用计算机模型生成1850年、1860年费城及其三个郊区的活动和交通设施状况。模型推算了费城三个郊区典型居住区位分别利用步行、公共汽车和马车完成假定活动日常所需的时间。第四，计算三个不同居住区、三种不同交通工具、五种假定活动日程的组合分别所需要的最少时间。第五，把家庭妇女完成这些活动所需要的最少时间与其时间资源状况相匹配。指定一套标准的活动日程，可以就家庭结构对家庭活动模式，最终是对个人时间资源的影响进行独立评价，并与相对区位、交通可达性等潜在的解释性变量做对比。最后在分析中加入权威制约和结合制约，评价不同解释性变量的诠释力。

这里不再详细介绍分析与模拟的过程，而是简要说明一下米勒的研究结论。

对于大多数女性而言，家庭结构与角色定位使她们难以参加一些生活所必需的或丰富生活的活动，她们因此受到的组合制约比移动能力等能力制约还大。在决定活动日程的因素中，交通工具的支付能力并不是主要的因素，同样居住地的相对区位也不能解释活动完成状况的差异。尽管有了快速交通工具，但并没有达到减少许多活动日程所需时间的程度，因而也不能为郊区妇女提供更多的活动机会。不管是在1850年还是在1860年，受制约最多的妇女，不管是居住在哪里，几乎都不能完成任何活动日程。因此，与能力制约（如使用快速交通工具的能力）和居住地的相对位置相比，组合制约（如一天中自由时间的总量及其分布状况）对活动日程更具有决定性。

当然，该研究中的家庭、活动日程、家务分配模式等都是假定的，因而忽视了家庭活动日程构建中的其他可能性，如可以通过雇佣临时工来重新分配、延缓家务活动来减轻个人的过度压力。但是，这并不等于否认活动的惯常化特征。因为绝大多数的家庭是遵从时空中往复的活动模式，或受家庭外工作和活动的控制（如上班、上学和其他社会活动），或受生理需要的控制（如睡眠、私事、备餐和吃饭等）。

综上所述，米勒利用代表中等家庭生活的惯常活动日程对不同结构家庭中的个人活动进行比较研究。利用时间地理学方法，他把这些琐碎的、单个的、多样化的日常活动放在一种过程中进行研究与比较，从主妇的日常生活的角度解构了城市郊区化及美国的郊区生活方式。这为历史记载、信件、日记、宣传册、家计本等中所包含的有关女性的史料的时间地理学系统研究提供了先例。而这将使城市史及女性史的传统研究有所创新。

2）时间地理学在女性主义地理学中的应用

时间地理学关注日常活动的制约，提出一些活动在时间和空间上是相对固定的，居民个体的活动选择和日常活动模式受到这些固定性活动的制约，进而限制其他活动的组织方式（Cullen，1972）。而这种固定性制约对于女性来说更为重要，由于工作和家务活动的双重制约，女性的日程安排更加没有弹性，难以根据她们自己的意愿进行调整（Kwan，2000）。基于对就业和家庭责任导致的时空固定性制约的关注，学者发现女性比男性经历了更多的固定性制约和时间预算制约（Kwan，2000；Schwanen，et al.，2008b；Ta et al.，2015）。例如，根据自我评价的制约，男性平均每天经历的空间固定性强的活动是6.81个而女性是7.62个，男性经历的时间固定性强的活动是5.85个而女性是6.25个（Schwanen et al.，2008b）。由于时空固定性制约的存在，活动和个体水平产生了显著的性别差异。

经典时间地理学也遭受到来自女性主义地理学者的批判，认为它忽视了女性的经历、情感，而呈现社会科学的男性主义倾向——时间地理通过简单地将身体视为物理的运动轨迹，而忽视情感，表达的是父权制所支配的空间、男性空间，忽视了家庭领域、母性关怀、激情与暴力等女性主义所关注的问题，忽视了女性交往的日常生活差异（Rose，1993）。

GIS 通常被认为是定量空间分析方法的一部分，被视为以实证主义为基础的定量空间分析工具，是与定性方法、批评理论截然不同的一种方法。关美宝（Kwan，2002）提出从女性主义的角度审视 GIS，并结合时间地理学将 GIS 重构为一种女性主义的研究方法。她借助时间地理学个体路径的概念和符号系统，在个体路径中通过访谈补充加入个体对活动所在的时空环境的情感、认知、偏好与评价等主观方面要素，提出地理叙述（Geo-Narrative）的方法，并对"9·11"事件后美国穆斯林妇女的日常活动及城市环境感知、经历进行案例分析。

非常有趣的是，时间地理学早期的实证研究，正如上文所介绍的很多研究，包括隆德学派早期的规划研究，均以女性为研究对象，强调女性角色所带来的个体日常活动的性别差异。对此可看作时间地理学并没有被全面理解，至少时间地理学概念体系中的个体路径模型被误解为时间地理学的全部。如果从企划与活动的地方秩序出发，来理解不同时空情境中女性参与有偿工作及移动性与家庭企划实现与地方秩序构建的动态过程，便不难看出不同家庭中女性工作—家庭平衡策略的差异性，也不难理解瑞典鼓励女性就业的相关政策对不同区域、不同家庭的实施效果可能存在差异（Scholten et al.，2012）。在地方秩序口袋中，企划实现过程资源中的获取与分配、权力关系、时空安排等对于从女性主义视角理解日常生活都至关重要，也说明新时间地理学对行为过程解释的理论框架并没有得到正确、全面的认识。

### 10.2.4　时间地理学与社会理论

1）结构化理论借鉴时间地理学

时间地理学也成为地理学社会化与社会学空间化学科交流的桥梁，启迪了吉登斯的结构化理论。同时，结构化理论关于时空的思考也推动了时间地理学在社会科学领域的传播。吉登斯（Giddens，1984）认可时间地理学："时空情境，尤其是时空位置和行动的物质环境之间的联系，不仅是社会生活的有趣边界，更影响到社会生活的构成与再生产。"

在时间地理学的理论体系中,社会被理解成区域个体的时空活动动路径及其关联构成的网络,社会的生产与再生产存在于人的日常实践中。时间地理学与结构化理论在日常生活的时空情境性上存在理论共鸣(Pred,1984a,1981a)。吉登斯吸收了时间地理学关于日常生活时空情境性的核心思想以及对于微观个体日常行为的图示化表达,在行动者日常实践中的例行化相遇的基础上发展了场所(Locale)的概念。这些例行化的场所被视为影响人类能动性与社会结构相互作用的地理媒介,是理解结构的形成以及结构化过程的关键(Giddens,1984)。事实上,场所(Locale)与区域化(Regionalization)的概念构成了联系吉登斯对时空间的概念化与超越哈格斯特朗的时间地理学背后的实证主义的桥梁,人们更多地把哈格斯特朗的工作看作现实主义的研究而不是人本主义的研究(马润潮,1999;约翰斯顿,1999)。

2)时间地理学与结构化理论的结合及情境理论的发展

吉登斯在结构化理论中对于时空以及个体行为者日常实践的思考,使得时间地理学被更广泛的社会科学领域所了解。此外,结构化理论与时间地理学的结合对于情境理论的构建也做出了有益的尝试(Lenntorp,1999)。人文地理学者,尤其是以艾兰·普雷德(Allan Pred)、奈杰尔·思瑞夫特(Nigel Thrift)、德里克·格雷戈里(Derek Gregory)等为代表的地理学者,认为时间地理学与结构化理论在日常生活的时空情境性上存在理论共鸣,并提倡将二者结合起来对社会系统以及地方性进行解释(Gregory,1989;Thrift,1983)。

20世纪80年代以来,时间地理学从早期公式化的表达、对制约本身的分析逐渐转向对人类生活的关联性以及社会生活"现状本身"的更为广泛的思考。哈格斯特朗对时间地理学的重新定位源于对人本主义认为时间地理学早期研究过于物质化(Physicalistic)、客观主义(Objectivism)(Buttimer,1976)等的回应。他认为单纯研究路径很难揭露相关联的事情背后的"目的和意义",企划产生路径,相交的路径形成状况(Situation)、"情境",这样便给予人的情感、愿望等更多的考虑(Hägerstrand,1982a)。这一阶段时间地理学分析的重点逐步转向对人类内心世界的意义、观点、情感、感受的关注,而这些维度与早期时间地理学以对象为基础的、对物质世界的强调截然不同(Lenntorp,1999)。这一时期时间地理学强调日常生活的时空情境性,并由此逐渐形成了社会科学领域的情境理论(Contextual Theory)。

哈格斯特朗强调了情境理论与合成理论(Composition Theory)的根本区别。合成理论是被主流自然科学乃至社会科学广为应用的研究范式，即根据事先的预想分类别地按照既有的、孤立的或者抽象的概念对世界进行安排以及解释。然而，针对存在于科学预测与现实世界"有目的行为的意外后果"的不可预测性的矛盾，哈格斯特朗反对这种以分类为基础的研究范式，而提倡通过综合的、系统的、整体的方法来认识现实世界。他以"图式"（Diorama）隐喻阐述了与科学分类法所截然不同的研究方法——情境理论①（Hägerstrand，1984）。他指出在现实世界一个给定界限的地域中，每个行为都发生于一定的空间和时间，而那些"在场"与"不在场"的人或事物对该行为势必发挥着作用，他们或者相互竞争乃至排斥以求生存，或者相互合作，从而对该行为起到推动抑或阻碍的作用，从而决定了该行为的直接后果。因此，可以将现实世界看作一个由各种相遇地点（驻点）形成的有着紧密纹理的结构，而不是由抽象的区域或者汇总的类别变量构成的系统。而该行为的次生后果同样也取决于一系列新的在场与不在场的人或事物。哈格斯特朗所提出的情境研究方法，本质上是要捕捉住特定环境与社会背景中的人与事物的地方性，来表达特定的时空情境中"在场"和"不在场"的事物之间的关联性与整体性（Gregson，1986；Hägerstrand，1984），从而才能从根本上把握现实行为的发展趋势，并进行预测和规划。从探讨情境的意义上看，哈格斯特朗的研究在哲学层面是属于人本主义的（约翰斯顿，1999），并且在一定程度上情境理论推动了地理学区域传统的复兴。

普雷德（Pred，1981a，1983，1984a，1985）试图将时间地理学与结构化理论进行结合，将个体的生命路径与宏观的社会再生产进行整合，从而提出对地方的全新阐释，即地方作为历史性的可能性过程。他认为个体的社会化过程与社会和空间的再生产过程是一个硬币的两面，也就是社会关系的宏观结构与日常生活的微观结构相互交织。人们在日常生活中无意识地再生产了社会，反过来说在社会化过程中又生产出了个体，从这个意义上说个体既是社会的生产者又是社会的产物。并且，他将此观点应用于分析 19 世纪重商主义时期（商业资本主义、工业化的浪潮推动着城市的形成）商人的日常生活、知识的获取以及波士顿港口城市的发展（Pred，1984b）。

总之，这一时期外部的批判以及内部的反思对于时间地理学的发展有着重大意义，然而对于企划是如何形成的、权力关系和社会关系是如何形成并维持等问题的探讨和回应，实际上已经不是地理学研究的主要领地而是进入了社会理论的核心。时间地理学注重现实物质性的本体论认识及其对个体行为的表示方法逐渐使之成为一种世界观、一种研究方法，成为理论构建的基础（Lenntorp，1999）。可以说，时间地理学与社会科学领域的对话成为人文地理学社会化以及社会理论空间化的媒介之一。

**第 10 章注释**

① 哈格斯特朗用西洋景来隐喻了情境（Situation or Context），不仅包括置身于其中的行为个体以及其日常活动中的相遇（形成的活动束），而且包括个体与物质实体如工具、机器等的结合来完成某个任务，还包括那些周围的自然生物以及人造物。

# 11 时间地理学在中国的引入与发展

## 11.1 时间地理学的引入

时间地理学一词最早被介绍到中国是在 20 世纪 80 年代末到 90 年代初[①]，其中杨吾扬在《中国大百科全书》地理卷（杨吾扬等，1990）中编写的"地理学发展史"词条中提及了"时—空地理学"。而关于时间地理学理论与方法的系统引进要等到 20 世纪 90 年代中期，柴彦威留日回国后率先在中国城市研究中对时间地理学的理论与方法进行应用，并较为全面地介绍了时间地理学的起源、主要概念与全球研究进展（柴彦威，1998；柴彦威等，1997），为中国人文地理学研究提供了微观个体行为的新视角。

正如时间地理学在瑞典的起源与发展离不开其城市化与社会转型的现实背景一样，时间地理学 20 世纪 80 年代在欧美、90 年代在亚洲不断传播，也呼应了这些国家及地区经济社会发展的需要。回顾过去近 30 年时间地理学在中国的引进与传播，不仅见证了中国人文地理学尤其是城市地理学的复兴，同时也反映出中国城市化快速发展与市场化转型下逐渐向以人为本发展的过程。这里，以柴彦威及北京大学时间地理学研究团队的学术路径为主线，回顾中国时间地理学的发展历程，审视时间地理学在中国的引入与应用、拓展与创新。

### 11.1.1 初识时间地理学

柴彦威在日本留学之前，就读并就职于西北师范大学地理系，所学地理学专业偏重自然地理，经济地理、人文地理尚在恢复期，更没有城市地理、社会地理、行为地理等，自然没有接触过时间地理学。

1989 年 2 月，柴彦威参加广岛大学人文地理学专业的硕士研究生入学考试，人文地理学课程的考题中有一个名词解释，即时间地理学（Time Geography），这是他第一次听到时间地理学。考试后一查，发现日本时间地理学的开拓者荒谷圭司（1985a，1985b）在 1985 年发表过两篇时间地理学的日文论文,既有时间地理学的综述,又有时间地理学的应用②。1989 年 4 月,柴彦威在东京参加日本地理学会春季学术大会,其中就有时间地理学的分会场③。而 1989 年的又一重要事件就是日本地理学会时间地理研究小组的成果出版(荒井良雄等,1989),包括了反映当时时间地理学的 8 篇英文论文的翻译及解说。

### 11.1.2　初步应用时间地理学

柴彦威(1991)的硕士学位论文以兰州市为案例,研究中国城市的土地利用结构与生活空间结构,特别是在生活空间结构的研究中,着眼于中国城市中的单位制度及单位空间,绘制了单位职工家庭成员概念化的活动路径,这是第一次尝试使用时间地理学方法。

后来,柴彦威(1993,1994)的博士学位论文以中日城市空间结构的比较为主题,以日本广岛市与中国兰州市为案例城市实施居民活动日志问卷调查,全面使用了时间地理学方法。通过导师森川洋的介绍,柴彦威获得了荒井良雄团队在日本使用过的活动日志调查问卷(图 11-1),经过修改后在日本广岛与中国兰州采用完全一样的方法实施了日志调查,收集到了宝贵的数据。他在居民生活空间的研究中借鉴了神

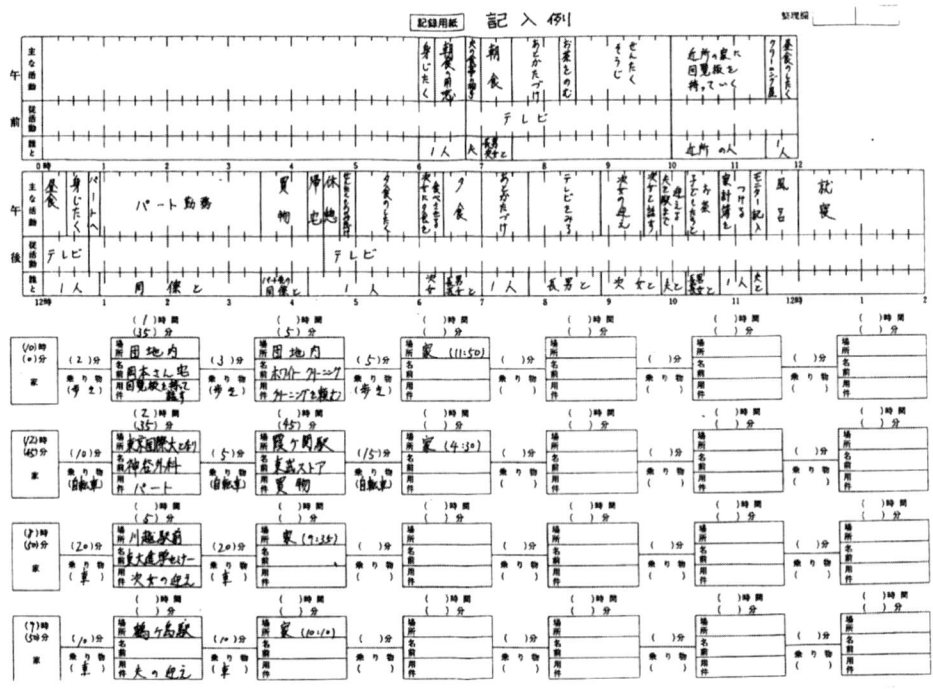

图 11-1　居民活动日志问卷调查表示意图

谷浩夫、荒井良雄等的方法（神谷浩夫等，1990；荒井良雄等，1996）。

### 11.1.3 全面应用时间地理学

1994 年柴彦威博士毕业后即就职于北京大学城市与环境学院，先后获得中国博士后科学基金、国家自然科学基金青年项目、教育部高等学校优秀青年教师教学与科研奖励基金等，开始全面引入时间地理学、行为地理学方法，开展转型期中国城市的活动空间结构研究（柴彦威，1996，1998；柴彦威等，2000a）。与此同时，北京大学时间地理学研究团队与日本时间地理学研究小组开展了多个国际合作研究项目，对中日城市活动系统、中日城市家庭就业与家务活动调整、中日城市老龄居民生活活动空间及福利服务等进行了比较研究（荒井良雄等，2008；柴彦威等，2010a，2010b）。

时间地理学在中国城市中的应用研究，不仅反映在对转型期中国城市与社会特征的行为透视，而且表现在对中国城市规划与管理的创新性探索。比如，利用网络与全球定位系统（GPS）等技术收集高时空精度的、长时段的居民行为数据，开发可视化平台并应用于居民智慧出行服务信息系统（柴彦威等，2013a）；利用 GPS 跟踪技术、机器学习技术等划分社区生活圈（柴彦威等，2019）。

### 11.1.4 走向新时间地理学

随着中国城市进入新型城镇化、以人为本发展的新阶段，时空行为视角的研究也在不断完善，特别是中国城市地理学界积极引入新时间地理学的概念与方法（柴彦威等，2016；张艳等，2016），形成中国时空行为研究网络，逐步构建中国城市研究的时空行为学派（Chai，2013；柴彦威等，2013a），提出空间—行为互动理论（柴彦威等，2017b）。面向未来，在理论方面，基于新时间地理学，深化研究中国城市转型过程和机理，深入理解其对个人日常活动和生活质量、满意度的影响，探索中国城市社会可持续发展模式。在应用方面，利用新时间地理学来引导智慧城市的建设与管理，完善城市体检评估，创新城市生活圈规划、城市生活时间规划、城市时空行为规划等。

## 11.2 时间地理学的理论研究

### 11.2.1 时间地理学的理论阐释

20 世纪 90 年代初期，柴彦威首次将时间地理学应用于兰州居民的日常活动和城市空间结构的实证研究（Chai，1996；柴彦威，1991，1996）。其后，时间地理学的核心概念和符号系统被系统引入（柴彦威等，1997；柴彦威，1998），时间地理学在瑞典、欧洲、美国、日本和其他国家的发展及应用也得以介绍（柴彦威等，2000a，2000b，2001），并且时间地理学在人口老龄化问题（柴彦威等，2002a）、企业地理学（刘志林等，2001）等方面也有望得以应用。

经过十多年的引入，中国的时间地理学研究逐渐成熟（柴彦威等，2009b），尤其是《国际城市规划》出版《时间地理学与城市规划》专栏，翻译并解说了哈格斯特朗的经典论文（柴彦威，2016），详细介绍了地理信息系统（GIS）与时间地理学结合下的最新方法论进展（关美宝，2010；萧世伦等，2010），探讨了时间地理学在中国城市规划中的应用可能（柴彦威等，2010c），包括人本导向的社区规划（塔娜等，2010）和旅游规划（黄潇婷，2010）等。

此后，关于时间地理学经典理论的翻译与解读不断推进（柴彦威等，2011a），追溯时间地理学的思想起源，重新解读其理论与方法的要点，以期中国学者准确、深入地理解。同时，加强学习日本、荷兰、美国等国家的时间地理学应用案例，剖析其方法应用的有效性及应用可能方向，为中国城市空间研究提供借鉴（柴彦威等，2012）。

### 11.2.2　与生命历程理论的结合

时间地理学在诞生之初就关注个体生命历程中居住迁移的长期时空过程，对个体长短期行为的结合研究有很多启示。结合中国城市制度变迁的独特性，中国学者构建了一个新的概念框架，试图将时间地理学与生命历程理论相结合，以更好地了解个体的长期时空行为（柴彦威等，2013c）。

生命历程理论提出于20世纪60年代，致力于分析个体生命历程与宏观社会文化变革之间的关系。它试图通过描述个体生命中的轨迹和转变，将生活的个体意义与社会意义联系起来。时间地理学和生命历程理论都从时间过程研究个体的生活变化，并且都强调时间和空间。两者之间的区别在于，时间地理学中的生命路径重视地点的空间变化，而生命历程理论中的生命轨迹则更多地关注心理或社会状态的变化。虽然两者都非常重视制约的作用，但时间地理学更关注物理实体制约，而生命历程理论则强调社会结构和社会关系的影响。并且，这两种方法都涉及长期和短期的关系，以及过去、现在和未来的动态。

因此，生命历程方法可以通过对个人长期时空行为过程的社会背景以及长期行为的时间累积效应的深入理解,来补充时间地理学的不足。对"生命路径"重新概念化,在社会变革的宏观背景下研究个人居住迁移、就业变化、婚姻和子女等生命事件。同时,通过添加个人的主观因素(如情绪、情感以及其他社会和心理因素)来丰富个体生命路径(柴彦威等,2013c)。

时间地理学强调个人的不可分割性,而生命历程理论则认为个体的生活事件和社会角色是相互联系的,生命路径不仅着眼于居住地的变化,而且包括个体的职业变迁、家庭变化等。因此,为了反映个人的独特性,我们把个体居住迁移和职业变换路径整合为一条生命路径(图11-2)。图11-2中展示了两条生命路径,左边是居住迁移路径,右边是职业变化路径。可以看出,该个体一生中已经移动了三次。他的第一个住所是小时候与父母一起生活的地方,他在这里一直居住到学业结束。后来,他搬到单位提供的公寓中,经历了一些重要的生命事件——结婚、孩子出生和工作调动,但仍然属于同一个单位。20世纪70年代末,他搬到了由单位提供的更大的房屋中,此后他一直在那里居住,其间经历了其他重要的生命事件:孩子长大并离开家组建新的家庭、自己退休、妻子去世。在居住迁移和职业变化的路径图上,可以添加主观满意度、感觉、情感和目的等主观维度,有助于理解制度变迁如何影响个体生命路径(柴宏博等,2016)。

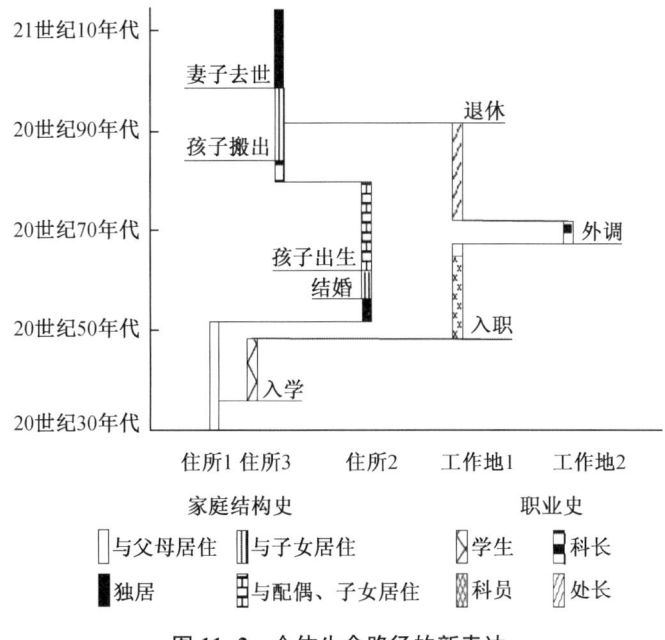

图 11-2 个体生命路径的新表达

## 11.3 时间地理学的实证研究

### 11.3.1 时间地理学的空间结构研究

时间地理学在中国最早的应用是对城市空间结构的行为理解，开拓了中国城市研究的新方法（柴彦威等，2002b）。该研究基于大连（1995年）、天津（1997年）和深圳（1998年）的活动日志调查，从时间利用、时间节奏和时空间结构等方面认识了转型期中的空间行为特征与城市空间变化（图11-3）。

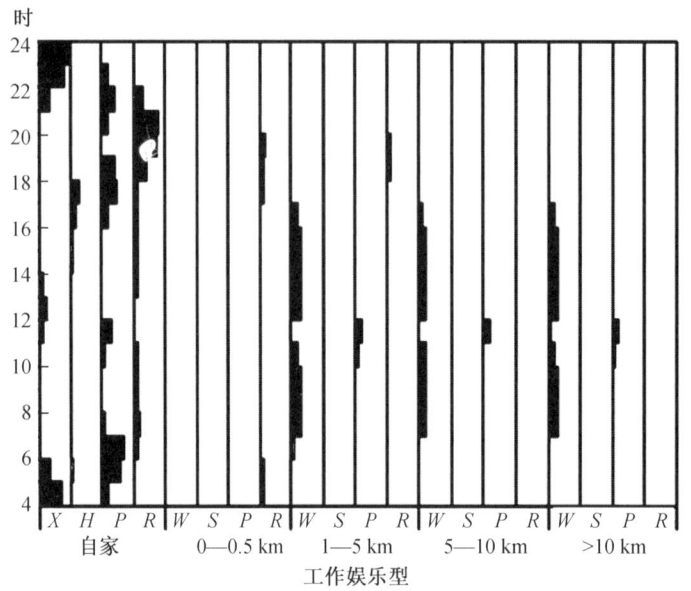
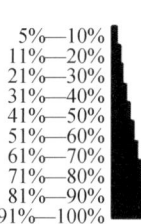

**图 11-3　大连市男性居民工作日活动时空间结构特征**

注：X—睡眠；H—家务；P—私事；R—娱乐；W—工作；S—购物。

2010年以后，柴彦威研究团队探索GPS设备辅助和基于网络平台的活动日志调查方法（柴彦威等，2013a），开发基于GIS的时空活动路径三维（3D）可视化分析工具，能够根据活动或社会经济属性对不同人群的时空路径和分布密度进行复杂查询（Chen et al.，2011），模拟在不同的情境下个体对城市服务设施的时空可达性（陈洁等，2015），并提出用于人类行为研究的时空GIS研究框架（陈洁等，2016）。周素红研究团队分别在2007年和2017年在广州进行了两次活动日志调查，并开发了新的时空分析工具，研究了城市居民日常活动和出行行为的时空模式（周素红等，2010），以及居民行为对城市交通需求的影响（Zhou et al.，2013）。黄潇婷还将时间地理学方法应用于游客的时空行为研究，并于2009年和2010年在北京颐和园、2014年在香港海洋公园进行了GPS辅助的游客活动日志调查，研究了游客的时空行为模式、时间制约和主观满意度并应用于旅游规划中（黄潇婷，2009，2014，2015；黄潇婷等，2016，2011）。

此外，也有一些采用时间地理方法的小样本案例研究，如针对北京的老年人群体（柴彦威等，2010b；Liu et al.，2013）、北京出租车司机（张纯等，2009）、北京农民工（兰宗敏等，2010）、南京低收入人群（刘玉亭等，2005）、新疆乌鲁木齐（郑凯等，2009）和青海西宁（柴彦威等，2017a；Tan et al.，2017；谭一洺等，2017c）的少数民族群体的研究。另外，尹章才将概率论与时间地理学相结合，并通过分析个体时空运动的不确定性进一步扩展了时间地理学方法（Winter et al.，2010；Yin et al.，2018）。概率时间地理学利用随机游走和卷积、概率空间等工具重新定义时间地理学的经典概念（Winter et al.，2011），为时间地理学的计量化和理论化奠定了新的基础。

近年来，以GPS和GIS为代表的新技术手段在时空行为研究中的应用，给时空行为在数据与方法、理论与应用上的新突破与转向提供了可能性（关美宝，2010）。并且，随着中国时间地理学研究的国际交流与合作的开展，国际时间地理学的前沿方法与研究议题开始影响中国城市研究的动态。《地理科学进展》的《时空间行为与地理学》专栏，从混合地理学、定性GIS、文献引用关系与知识图谱、移动性与健康、大数据背景等理论视角、技术手段、前沿方向，阐述了时间地理学视角下的时空间行为最新方向（关美宝等，2013a，2013b；古杰等，2014；秦萧等，2013）。

## 11.3.2　时间地理学的生活方式研究

1）理解日常生活

时间地理学在揭示中国城市独特的单位空间及单位社会的生活方式方面显示出极大的有效性（Chai，1996；柴彦威，1991，1996，1999），表达了个体或家庭在单位大院中的日常生活，解释了中国城市居民从单位到小区的日常活动模式转变。

1992年，柴彦威通过中国兰州和日本广岛的居民日常生活的刻画，比较了中日城市空间结构与生活方式的异同（Chai，1996；柴彦威，1993，1994，1999）。时间地理学的活动路径可以清晰地展示和比较两个城市中同一家庭男女家长的日常活动，以了解家庭成员如何在城市中组织一天 24 小时的活动（图 11-4）。在兰州，无论是居住在市中心还是郊区的双职工家庭，夫妻通常会回家吃午餐，而广岛的夫妻通常在工作场所附近吃午餐。在兰州，即使是在只有丈夫工作的单职工家庭中，中午丈夫也会回家与妻子一起吃午饭，而妻子通常会在丈夫回家之前在家附近购买和准备食物。

另外，在兰州的双职工家庭中，丈夫和妻子的工作时间（开始时间、结束时间和工作时长）基本相等，大约从 8：00 开始，17：00 至 18：00 结束。而广岛双职工家庭中的丈夫比妻子的工作时间更长，居住在郊区的家庭中的妻子通常只工作半天。

此外，还可以比较中国城市中不同单位大院的丈夫、妻子和孩子的日常活动路径（图 11-5）。在规模较大的单位大院中，由于土地混合利用和单位能够提供多种生活服务设施，家庭成员的日常活动空间与单位大院基本重合。在规模较小的单位大院中，由于无法提供较完备的服务和设施，妻子和孩子早晨离家时间更早，通勤和通学的距离更长（柴彦威，1994，1996，1999）。

时间地理学不仅局限于对个体时空行为的刻画，而且还可以比较不同人群的时空行为差异。基于兰州居民的时间利用数据进行聚类分析，划分出具有不同时间使用特征的六组居民，并对每一组人群绘制了时空

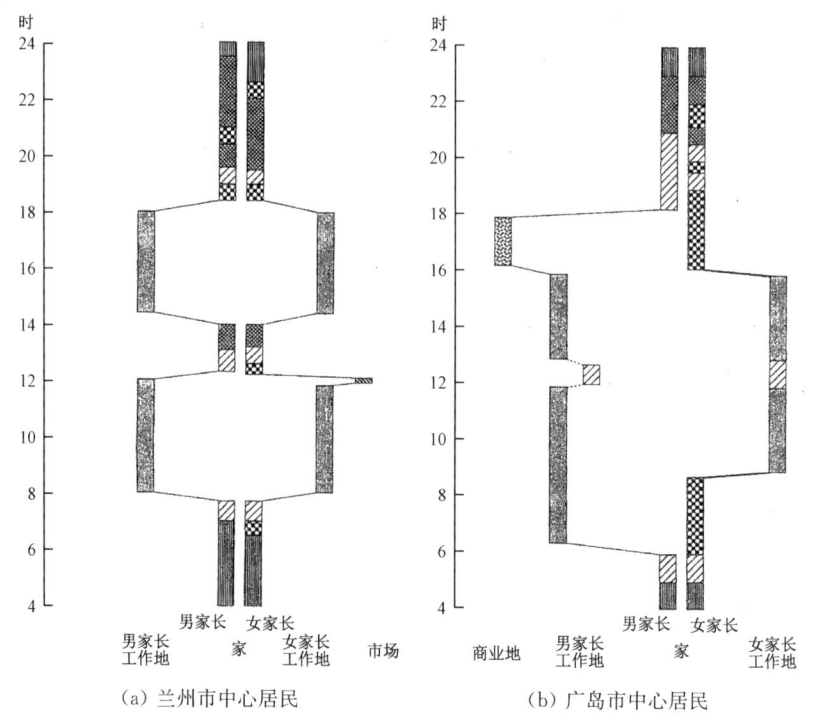

(a) 兰州市中心居民　　　　　(b) 广岛市中心居民

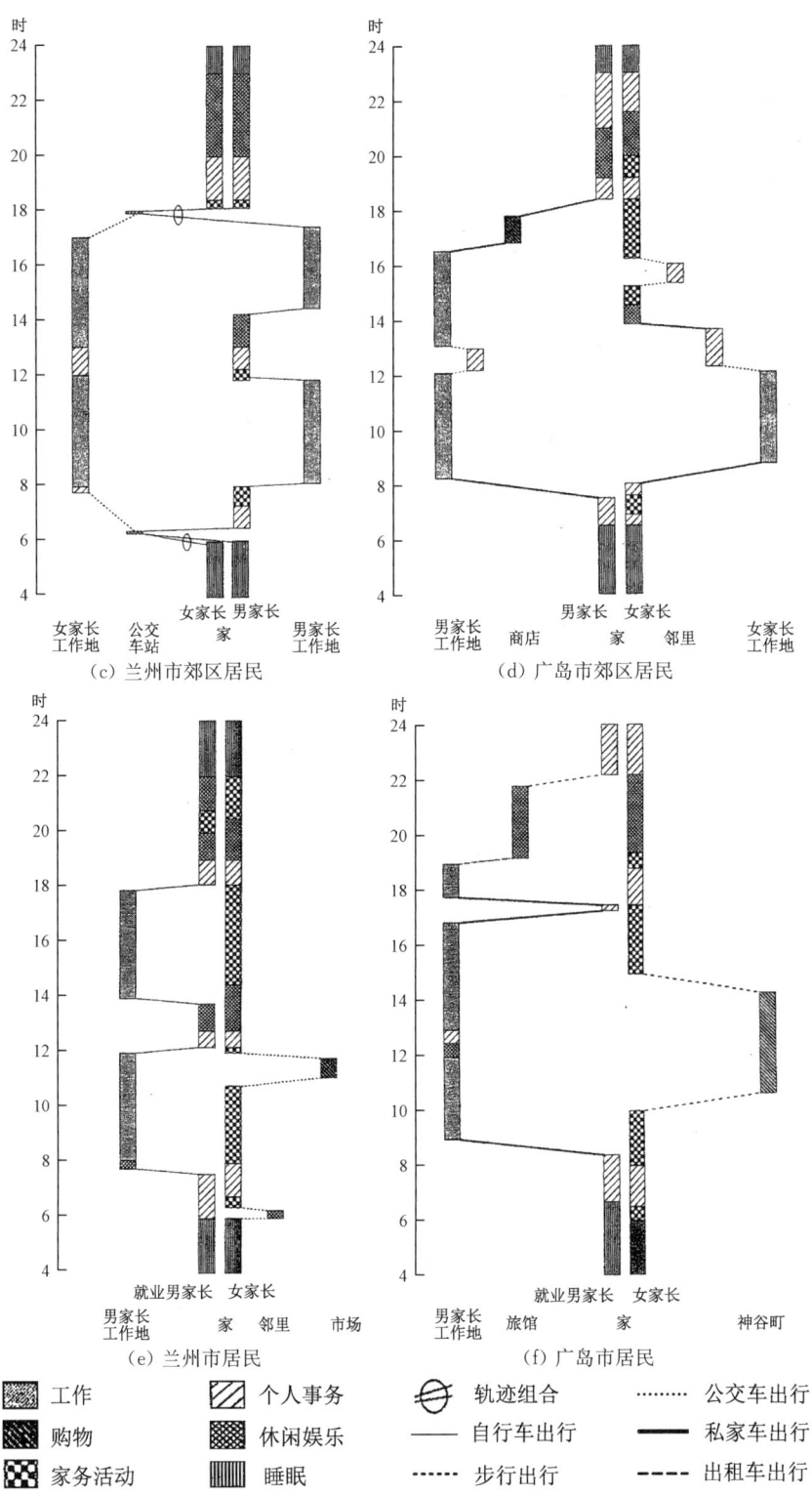

图 11-4 中日城市居民日常活动路径的比较

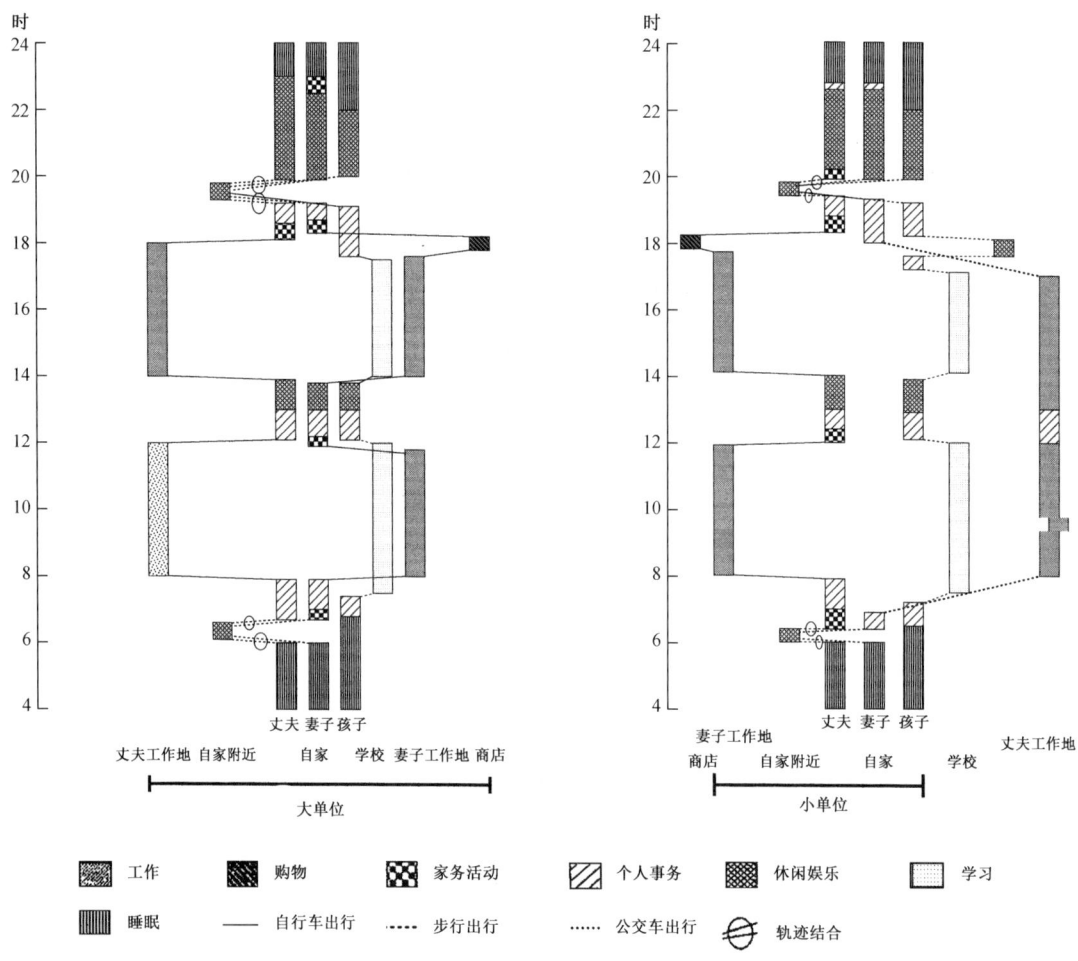

图 11-5 中国城市不同单位居民日常活动路径的比较

行为结构图（图 11-6）。从图中可以发现，工作组（W1 至 W4）和非工作组（W5 和 W6）的活动时空分布存在着很大差异。对于 W1 到 W4 中的大多数居民而言，其工作活动的时空模式非常相似，大约从 8：00 开始至 18：00 结束，并且工作地都位于家附近。人群差异分析包括活动时空分布、职住关系及日常活动空间范围、同伴关系等方面。值得一提的是，在当时没有借助 GIS 的三维可视化技术情况下，为了直观比较不同人群、不同城市与区域居民日常活动的时空间结构，构建了"时空活动结构"分析图式（图 11-6）。在二维时空中，在空间轴上，对地理空间进行圈层划分以及对活动进行类型划分，同时在时间轴上，借鉴个体路径的表达，细致地刻画出活动时间信息，而图中用色块宽度代表活动频率。总之，从居民日常活动出发来透视城市时空间结构是时间地理学方法在中国城市研究中的典型代表。

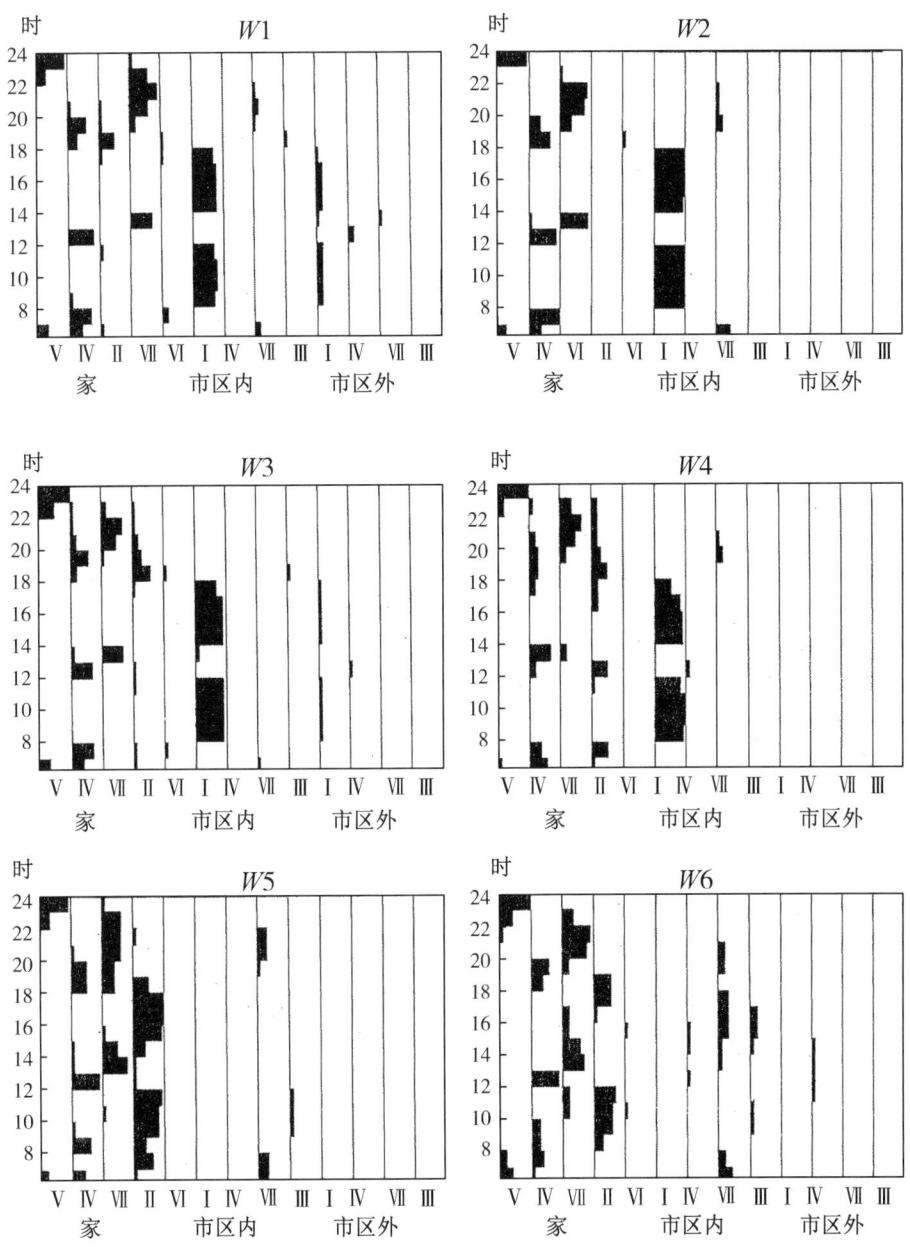

图 11-6 中国城市不同人群时空活动结构的比较

注：Ⅰ为工作；Ⅱ为家务；Ⅲ为购物；Ⅳ为个人事务；Ⅴ为睡眠；Ⅵ为出行；Ⅶ为休闲娱乐。

2）理解生活方式

在过去 30 年，中国城市的空间景观经历了从以单位大院为基础向多元化的社会空间的转变（Wang et al.，2011）。尽管在城市核心区，单位大院和其他传统街区仍然是中国城市的重要元素，郊区商品房的发展使"小区"逐渐成为城市建成环境中同等重要的组成部分,并分选出不同档次的小区。因此,通过中国城市居民日常行为的社区分异比较(Zhao et al.,2013),可以分析中国城市独特的社会和文化背景下建成环境与居民日常行为之间的联系,从而发现逐步多元化的城市与郊区生活方式(图11-7)。

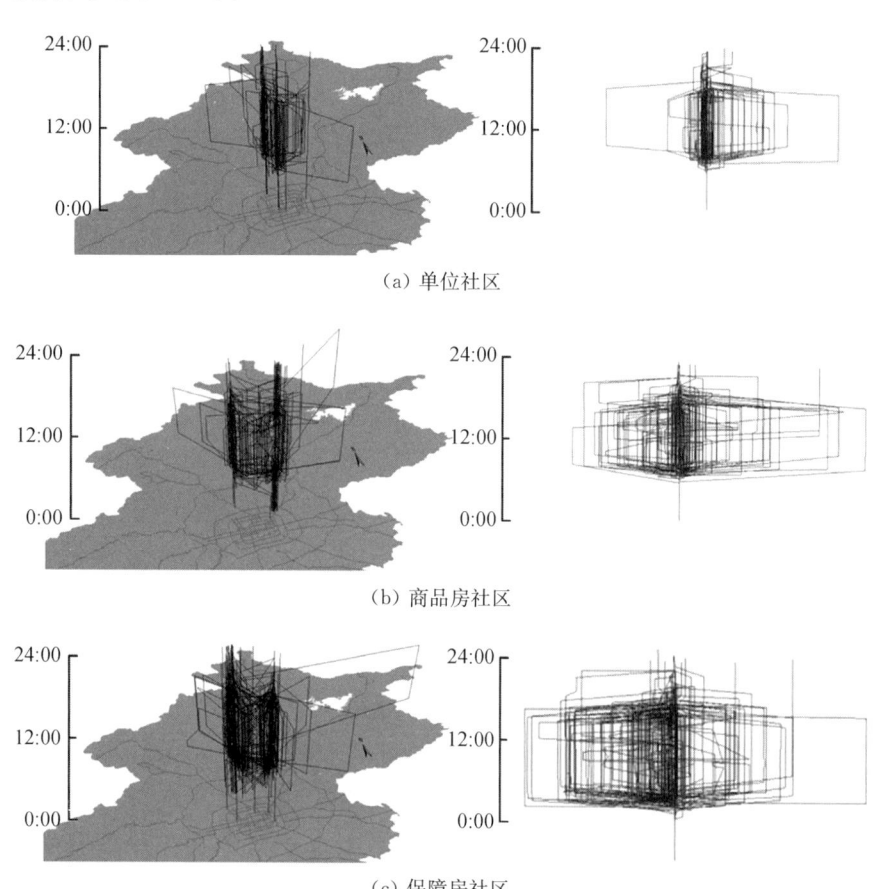

(a) 单位社区

(b) 商品房社区

(c) 保障房社区

**图 11-7　中国城市不同社区时空活动路径的比较**

北京市不同社区居民的工作和非工作活动的时空分布具有显著差异(张艳等,2014)。对于传统单位社区的居民来说,工作日的活动集中在其家附近(图11-8)。对于胡同社区或转型单位社区的居民而言,其工作活动分散在城市的不同地方,但主要在离居住地 10—15 km 的范围内。相比之下,居住在商品房和保障房的居民工作活动更加分散,活动空间更大,距离其居住地超过 20 km。休息日的家外非工作活动则不同,传统单位社区和商品房社区的居民进行了更多的家外活动,胡同社区和保障房社区的居民集中在居住地附近活动(张艳等,2014)。不同社区居民在活动空间密度、活动空间强度和空间排他性方面也存在很大

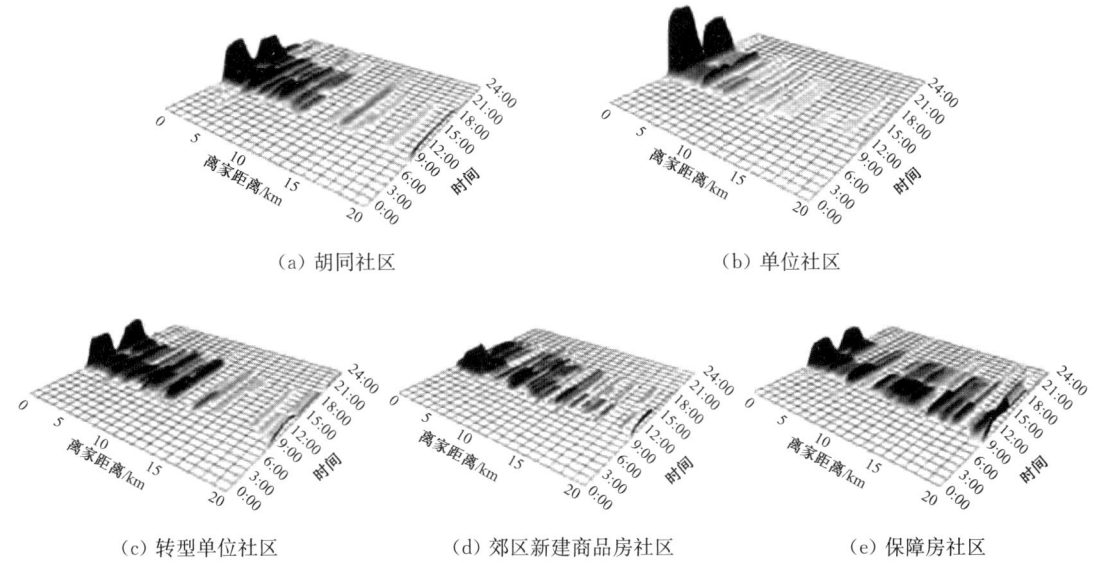

图 11-8　北京城市不同社区居民工作活动的时空分布

差异。城市空间的碎片化不仅是居住分异的结果，而且是不同群体时空行为的结果（Wang et al., 2012）。基于时间地理学的时空行为研究为分析中国城市化和郊区化背景下的生活方式转型提供了有效途径（塔娜等，2015b）。在 30 多年的转型过程中，中国城市郊区在土地利用上表现出破碎化的特征，在人口组成上表现出总体均质、单体异质的特征，而在生活模式上表现出复杂性与多样性的特征。基于北京郊区居民连续7天GPS辅助活动日志调查方法，通过对居民日常活动与出行的时空特征进行聚类，总结出北京市郊区存在"空间排斥""本地化""郊区性""两极化""城市依赖"等多样化的生活方式。并通过进一步将基于时空行为的生活方式类型与居民的社会经济属性、空间属性等进行关联，对于理解社会公平与福利政策制定有重要意义。

在城市空间的基本单元由单位转变为小区的过程中，居民的日常活动和生活方式不断趋于多样化和复杂化，并进一步带来了其他社会和环境后果。单位社区通勤距离较短（刘志林等，2009；柴彦威等，2010c），非机动出行更多（Wang et al., 2009, 2011）。此外，不同社区居民的时空制约也有差异，对于单位社区和保障房社区的居民来说，其活动的时空固定性对建成环境并不那么敏感（陈洁等，2015）。

对中国城市生活方式的理解，已经从日常行为的时空模式扩展到社会公平、公共卫生和环境可持续性等议题（兰宗敏等，2010；张艳等，2011；马静等，2011；Wang et al., 2012）。一方面，通过把宏观层面的制度变迁和城市空间重构与微观的时空行为模式相结合可以发现，市场

11　时间地理学在中国的引入与发展 | 171

化改革所导致的制度变迁和建成环境变化都对个人日常生活方式产生了重要影响。另一方面，单位作为计划经济时代的社会治理单元和基本空间单元，仍然深刻影响着居民的时空行为、生活方式和生活质量（张艳，2015）。

### 11.3.3 时间地理学的社会空间研究

在市场化改革背景下，中国城市的收入差距和社会空间分化日益加剧，住房制度改革进一步加剧了中国城市的社会空间隔离，引起了学界的广泛关注。时间地理学从时空行为的角度研究社会空间隔离，为中国城市社会分异提供了新的启示。

已有研究表明，即使居住在同一社区中的居民，其在居住区以外的日常活动也有可能会经历不同水平的社会空间分化。为了衡量活动空间的差异性，学者提出了范围（Extensity）、密度（Density）、多样性（Diversity）和排他性（Exclusivity）四个维度（Wang et al.，2012），有的研究构建了"人—活动空间—社会空间"的研究框架，通过活动空间特征来识别弱势群体（申悦等，2018）；有的研究构建了基于个体的社会背景暴露测度指标，解读少数民族的日常生活与民族间的互动（谭一洺，2017c）。收入水平、性别和民族已是研究社会分异的三个重要主题。

1）基于收入水平的社会分异

基于活动日志调查与 GIS 地理可视化技术，可以计算不同收入人群的个体可达性，以揭示时空行为的社会空间差异。比如，广州的研究发现，相比于高收入居民，低收入居民的活动空间制约更大，家外活动时间更长（周素红等，2010；Zhou et al.，2013）。北京低收入居民日常活动时空格局也出现了类似的结果（张艳等，2011）。另外还揭示了不同收入群体的可达性差异（塔娜等，2017），发现城市低收入居民的日常活动更集中在其家附近（刘玉亭等，2005）。

2）基于性别的社会分异

与西方城市不同，中国城市的女性就业率非常高。相比于西方城市中的男家长，中国家庭中的男家长承担了更多的家务劳动，家庭劳动分工的性别差异明显小于西方和日本城市（Stockman，1994）。通过时间利用分析发现，女性比男性承担了更多的家庭责任，而男性在工作和休闲活动上花费的时间更多（Cao et al.，2007）。在城市转型过程中，独特的社会和制度因素会影响双职工家庭的家庭分工和家内互动（张文佳等，2008）。一方面，单位制度的遗留可以为女性提供就业支持和育儿服务，使女性能够兼顾就业和照料任务（Stockman，1994）。并且，男性对家务劳动的分担显著影响了女性在工作日的活动模式，家庭劳动分工能够缓解性别角色对个体时空行为的影响（张艳，2015）。另一方面，在中国传统文化下，扩展家庭中的老年父母会协助年轻夫妻承担部分家庭照料的任务，从而在一定程度上有助于女性的家庭工作平衡（Ta et al.，2018）。

3）基于民族的社会分异

通过时空行为可以有效地揭示基于民族的社会分异，比如，乌鲁木齐的汉族和维吾尔族居民在工作日和周末的时空行为差异（郑凯等，2009，2011），西宁回族和汉族之间的时空行为和活动空间分异（Tan et al.，2017）。谭一洺等（2017a，2017b，2017c）借助时空路径、时空趋势面、活动空间等时间地理学分析技术，识别出回族居民比汉族居民有更强的时空制约，解释了建成环境对民族隔离的影响。

## 11.3.4 时间地理学的国际比较研究

2010年前后，基于时间地理学方法的中国城市时空行为研究进入国际交流与合作的新阶段。除了与日本时间地理学家合作外，中国时间地理学者还与来自美国、瑞典、荷兰、爱沙尼亚等国的时间地理学者建立了进一步的学术交流和合作关系。

2011年4月，柴彦威（Chai，2013）受邀在美国地理学家协会年会的主题会场做了中国城市时空行为研究与应用的发展过程和最新成果的主题演讲。2012年12月，北京大学时间地理学研究团队举办了"时空行为与智慧出行"的国际研讨会。2015年，在美国地理学家协会年会上，关美宝和柴彦威在"中国空间行为与城市规划"的专题会场正式宣布"中国城市时空行为研究国际网络（Urban China Space-Temporal Behavior Research Network，UCSB）成立。

近年来，中国和瑞典之间的时间地理学交流取得了丰富的成果，特别是与凯萨及其团队的面对面交流，加强了中国学者对时间地理学起源及最新进展的认识。2016年，中国时间地理学者与凯萨一道在《人文地理》出版《"新"时间地理学》专栏，全面介绍了企划、地方秩序等核心概念以及瑞典团队的最新研究（柴彦威等，2016；张艳等，2016；凯萨·埃勒高等，2016a，2016b，2016c）。

在时间地理学的全球传播、发展与应用过程中，由于各国各地区城市化发展阶段、社会文化与体制背景等的差异，各自面临不同的城市可持续发展的挑战与问题，时间地理学应用的领域与发展路径各有特色。

中国城市化发展历程落后于瑞典、日本，"十二五"以来才逐步开始强调从"量"的城市化向"质"的城市化转型、从快速扩张期向存量优化调整期转变、从注重经济生产向注重生活质量转变，以及从关注生产空间向关注生活空间转型。而瑞典在 20 世纪 60 年代，日本在 20 世纪 80 年代已经率先开始了这一转型过程。

因此，中国城市化及城市发展所面临的可持续转型问题可以从瑞典、日本、欧美等城市发展转型历程中汲取宝贵经验。未来，时间地理学方法将被广泛应用于中国城市转型过程及其对人们时空行为的影响研究，如日常生活的郊区化、日常活动方式的社区分异、家庭劳动分工以及日常活动模式的性别差异等。同时，亟待开展以时间地理学为核心的国际比较研究，将来自不同文化背景、发展阶段的研究成果进行对比，有利于获取关于城市可持续发展的新知识、验证并扩展时间地理学在面对当下可持续发展问题的新框架，并在不同国家乃至全世界贡献基于时间地理学支持政府促进城市可持续发展政策和规划实践的新经验。

## 11.4 时间地理学的应用研究

随着中国城市社会的转型，中国城市规划更加注重行为规划和社会规划，从诞生之初就与城市规划紧密相连的时间地理学，也被中国学者创造性地应用于中国城市规划与管理实践，同时这也成为中国时间地理学的发展特色。

具体而言，通过对时空行为进行地理可视化和模拟，能够预测并绘制旅游地和公共场所的人流量和活动模式（朱玮等，2008；王德等，2009a，2009b；黄潇婷等，2011；Huang et al.，2012）。通过整合活动—移动数据、土地使用数据、人口和经济普查数据，建立城市体征诊断指标，监测城市居民活动的时空格局，实现城市网格管理、压力诊断和其他治理功能（柴彦威等，2018）。基于居民日常活动的 GPS 数据对活动空间进行建模，识别并划分城市居民的日常生活圈（孙道胜等，2016，2017）。

### 11.4.1 智慧出行规划应用

2012 年开始柴彦威研究团队尝试将时间地理学应用于智慧出行规划（柴彦威等，2014b，2014c；Chai et al.，2018）。智慧出行规划包括以下三个步骤：首先，通过位置感知技术，收集多源活动—移动数据并将其与建成环境数据集成。其次，应用时间地理学分析方法，研究居民的活动—移动模式和出行决策的决定因素。最后，开发基于活动—移动的智慧出行规划系统［包括门户网站和移动应用程序（App）］，将分析结果转换为实时信息并发送给居民，提高出行决策的效率。在北京清河街道的智慧出行规划系统实验集成了多种类型的活动信息，包括可步行性地图、出行热点地图和实时交通状况；用户可以登录系统选择社区，获得系统发布的动态信息，这为其出行决策提供了有益支持（Chai et al.，2014）。

### 11.4.2 城市社会感知与诊断

微观地理空间大数据可获得性的提高为社会感知提供了全新的机会，引起了研究学者和规划师对个体流动性的关注（Yue et al.，2014；Liu et al.，2015b），而个体在空间中的流动对城市管理和风险预警具有重要意义。在时间地理学的理论指导下，北京大学研究团队建立了基于多源大数据分析的城市体征诊断指标体系，从建成环境、交通出行、城市活动—移动系统、城市运行系统的整合角度，按照"人、地""动、静"两个垂直维度，将城市分为四个子象限开展诊断工作，识别并预警城市运行的风险区域（柴彦威等，2018）。

### 11.4.3 城市社区生活圈规划

时间地理学方法能够根据居民的日常活动来识别和划分日常生活圈（柴彦威等，2015；Liu et al.，2015b；孙道胜等，2016，2017）。社区生活圈是居民在居住区周边开展的基本维持性活动和购物、体育锻炼等休闲活动所涉及的空间范围及相关设施资源的集合；基本生活圈是相邻社区生活圈的重叠交错，包括邻近居住区居民共享的基础设施；通勤生活圈是与通勤相关的生活空间，以工作地和居住地为锚点，通勤链上的工作活动和非工作活动（餐饮和购物）及相关设施都涵盖在通勤生活圈中。扩展生活圈由一些高等级、偶发的购物、休闲娱乐等活动的锚点构成，如周末到离家较远的郊区度假、探亲访友等活动。

生活圈研究将生活空间的概念扩展到整个城市，并提出了城市生活空间规划的思想，即通过重组社区活动、通勤活动、休闲活动、购物活动等来重建生活空间（柴彦威等，2015）。比如，在城市近郊区，居民除了在居住区附近完成日常活动外，主要向市中心和部分郊区就业地通勤，休闲活动分别指向远郊休闲地和中心城区商业中心，因此近郊区的理想生活圈模式为"圆形＋两个扇形"的纺锤形生活空间。基于城市生活空间的概念，可以探索理想的空间格局，并寻求一种城市空间资源时空供给与居民行为时空需求相匹配的最优方案。此类研究不仅指出了当前社区规划中存在的问题，而且尝试建立了在社会转型背景下以人为本的规划范式，为理解和规划中国城市提供了有意义的启示。

### 11.4.4 旅游时间规划

从时间地理学角度出发的旅游规划强调游客的体验，基于个体偏好布局旅游服务和设施。根据北京颐和园的游客行为调查发现，时间地理学在旅游景点动态管理、路线优化和时间规划方面的潜力巨大（黄潇婷，2009）。根据香港海洋公园的活动日志调查发现，表演或演出的固定性对游客的游览活动造成了强烈的制约，导致其活动空间很小，因此，建议在表演或演出规划中应考虑游客的时空可达性（赵莹等，2017）。根据游客流量、就餐和休息需求、参观时间和路线等，对大型展览活动（如上海世博会）中游客的时空格局进行建模分析，发现建模结果与实际情况具有极大的相似性，这对展览管理和基础设施规划具有重要意义（王德等，2015，2009a）。

## 11.5　中国时间地理学的未来

时间地理学从引入中国至今，已有近30年的探索。中国的时间地理学发展经历了理论引入与学习、实证研究与应用探索等阶段，并且在实证与规划应用等方面取得了长足进展，其中的一些领域紧跟国际研究热点与前沿，为时间地理学补充了中国实证。

面向未来，中国时间地理学研究任重而道远。

（1）时间地理学基础理论的研究与创新不足，新时间地理学的部分核心概念，如企划和活动的地方秩序嵌套等，在中国尚缺乏深入的讨论与应用；并且，时间地理学的理论与时空观在引入中国后，虽然对城市空间进行了解读，但是与转型期中国特色背景的结合仍然不够，时空行为与城市空间互动的理论构建仍在探索（柴彦威等，2017b）。

（2）数据上缺乏横向比较数据与纵向跟踪数据，不同研究的抽样方法和样本量之间差异较大，不利于不同时期和不同地域的比较；目前，对手机、签到等大数据进行了收集与分析，但研究方法上的针对性较差，研究结论与传统数据的经验相近，知识创新不足；对大数据量大、精度高等特点的利用不充分，同时存在缺乏社会经济属性信息等问题。

（3）以实证研究描述为主，考虑制约因素的时间地理学正面研究偏少，同时缺乏长时间尺度研究。目前的研究大多关注于相关关系，而对行为与城市空间因果关系的探讨不足，难以支撑相关的理论总结与实践应用。从研究主题上来看，存在对中国特色问题的关注不够，对目前环境暴露、家庭联合行为、公共设施需求分配和社会公平等国际前沿的讨论不足。

（4）规划上尚处于起步阶段，虽然产生了如日常生活圈、智慧社区等理念与构想，并开始了一些尝试性探索，但是对具体规划的指导性和操作性偏弱，强调空间规划的同时对时间规划的讨论相对较少。

在中国未来的时间地理学研究与实践应用探索中，应结合城市转型背景，提出适用于中国的时空间行为研究理论与模式，向国际前沿学习并创造性地运用数据收集、表达方式和分析处理方法，解决中国实证问题，并用规划手段进行应用。未来的研究主题可以在以下方面进行讨论与突破：①时间地理学基础理论的溯源与推广；②从时间地理学视角，明确空间与行为互动的因果关系，揭示中国城市社会转型过程与机理；③研究长短期行为的结合与应用，预测与模拟未来的时空行为；④应更加侧重对人类行为制约机制的正面研究，探索时空制约的量化模型研究；⑤基于时空间行为与时空制约的社会分异；⑥时空间行为与健康地理学研究；⑦信息与通信技术（ICTs）对时空制约的影响；⑧关注现代科技日新月异的变革对人们生活方式、社会组织模式的影响，及在"自然—社会（行为）—科技"互动过程中对人类行为所产生的环境影响进行评估，并基于此进行空间规划、时间规划和行为规划的创新应用。

另外值得一提的是，中国的时间地理学是在国际比较研究的背景下引入和发展的，最早引入的是对中国和日本城市的比较研究，第二阶段向美国学习基于 GIS 的时空行为可视化和地理计算方法，第三阶段开展北京和芝加哥、乌得勒支等中西城市的社会空间（Kwan et al.，2014；Ta et al.，2016；赵莹等，2014a）和文化差异的比较研究（Zhao et al.，2016）。国际合作拓展了时空间行为研究的前沿课题，如基于个体时空行为的社会隔离、环境污染暴露与健康结果等。未来，通过与日本、美国、荷兰和瑞典等的更广泛、更深入的合作研究，中国的时间地理学将会取得更大的成就。

**第 11 章注释**

① 1988 年出版的《行为地理学导论》（王兴中等译）、1990 年出版的《人文地理学词典》（张文奎编）都提及到行为地理学及时间地理学；陈传康在 1982 年和 1985 年发表过与行为地理学相关的中文论文。

② 实际上，很多日本时间地理学研究者都是从栉谷圭司的这两篇论文开始认识时间地理学的，包括后来成为日本时间地理学带头人的东京大学荒井良雄。

③ 日本地理学会时间地理研究小组于 1987 年成立，由东京大学荒井良雄领衔、名古屋大学冈本耕平、神谷浩夫以及明治大学川口太郎等为核心成员，该分会场主要就是介绍欧美时间地理学的研究进展，讨论日本引入时间地理学的必要性。

# 12 时间地理学展望

## 12.1 理论创新展望

### 12.1.1 跨学科应用推动理论创新

正如第1—2章所述，时间地理学不是一般意义上的理论，它为理论构建提供了综合生态世界观和概念框架。因此，我们期待时间地理学在更多领域的跨学科创新应用，与不同领域中的概念和理论相结合，推动新理论构建。

回顾时间地理学过去半个多世纪的发展，将时间地理学与其他社会科学理论进行结合，欧美学者们不断进行尝试并取得成功，推动了地理学的社会化和社会学的空间化。20世纪80年代普雷德（Pred，1984a）将时间地理学与结构化理论进行结合，在关于城市发展与个人生活关系等问题的研究中采用结构化理论对时间地理学进行补充，将个人行为和社会结构互动以及结构化的时空过程分析应用于从19世纪重商主义时期商人的日常生活来透视波士顿港口城市的发展。

此外，将时间地理学与行动者网络理论（Actor Network Theory）进行结合。时间地理学强调对行动者所在物质场景的关注，而行动者网络理论强调行动者在具体时空情境中的互动与网络的形成过程，二者结合有利于主观与客观的结合（Schwanen，2007）。也有学者提出，将时间地理学与社会学家皮埃尔·布迪厄（Pierre Bourdieu）的实践理论相结合，将时间地理学对日常生活个体行为过程性与地理空间的关注与社会实践理论中"场域""惯习""资本"等对社会关系与结构等的视角进行整合，能丰富时间地理学对社会和行为的解释力（刘一鸣等，2019）。

时代不断进步，需要将时间地理学置于更广阔的社会科学领域，进一步解读在新时代背景中制约对人们日常生活的影响和意义。后现代社会的属性是全球化、消费和"新经济"，其目标是将个人从一切限制其创造力和自由生活选择的事务中解放出来。信息与通信技术（ICTs）等新技术的使用，在一定程度上能够提高人们对时间利用的灵活性，代表着个体权力的增加。权力反映了时间地理学三大制约的不同方面内容，而人们想要克服制约的权力在根本上取决于人们怎样来定义"什么是美好的生活"。因此，新时代背景下权力与制约的关系进一步完善了时间地理学对权力如何产生的理论性解释的不足，也在一定程度上提高了其在新时代背景下的理论解释力（Wihlborg，2005）。

此外，时间地理学对个体时空行为的分析框架与情感地理学中有关情绪的空间性和时间性概念相结合，为动态地理解贫困发生的时空情境提供新的方法。从时间地理学视角来看，贫困是一种情境体验，是高度个人化的、与具体情境相关联的经历，个体过去的路径紧密相关，需要对个体在特定时空情境中的情感体验展开分析，注重情感体验等主观因素与客观环境的互动，从而对个体路径的形成进行解读（McQuoid et al.，2012）。

总之，在时间地理学框架上通过融入日常尺度及生命历程中个体生活的情感性意义、关系需求等主观性因素，能够为理解社会互动与社会融合的微观过程、研究环境暴露中的公共健康问题等提供有效的途径（Dijst，2018）。因此，我们期待时间地理学在更多领域中的创新应用和新理论的形成。

### 12.1.2 新时间地理学的中国本土化创新

自 20 世纪 70 年代以来，基于后福特主义经济转型、全球化、信息化、郊区化等新背景，西方城市开始进入后增长时代，新时间地理学也逐渐从"空间行为"向"空间中的行为"进行转移，从强调"空间制约"转向强调"社会文化制约"。除路径、制约、棱柱外，对经典时间地理学框架中企划、活动的地方秩序嵌套等概念进行了发展与创新应用。以瑞典林雪平大学凯萨·埃勒高教授为代表的新时间地理学发展起来（张艳等，2016）。新时间地理学丰富了个体轨迹背后的多维复杂情境，强调日常活动的社会性制约，从活动的地方秩序嵌套视角来解读不同尺度上日常生活的时空制约机制，为人本视角下关注需求的城市规划实践提供了新的视角与方法，并率先在日常生活与资源能源利用、信息技术与日常生活和移动性、家庭分工与职业健康、企业生产组织变革、老龄化、公共健康等领域进行应用。总之，新时间地理学在面向可持续发展的城市研究与规划实践中的应用，从强调促进城市空间的可持续性转向更加强调城市社会与生态环境的可持续性。

在中国，时间地理学方法自 20 世纪 90 年代中后期起得以系统引入（柴彦威，1998；柴彦威等，1997，2000a，2000b），在近 30 年的发展历程中，时间地理学已在转型期的不同规模城市、不同人群及不同领域得到了大量的实证应用，并与政府政策和城市规划密切结合，逐渐引领中国城市时空行为研究，成为中国城市转型行为学派的重要理论与方法基础，并开始尝试创新中国城市以人为本、面向居民行为需求的城市规划范式（柴彦威等，2013b；Chai，2013；Chai et al.，2016）。近年来，基于时间地理学的中国城市时空行为研究逐渐开始关注城市可持续发展的前沿议题，如基于时空行为的社会公平与社会隔离的研究（Wang et al.，2012；塔娜等，2015b；Ta et al.，2016），社会变动、社会制度和社会网络对活动移动模式的影响（赵莹等，2014b；Zhao et al.，2016；Ta et al.，2015），绿色出行与环境污染的研究（Ma et al.，2015a，2015b，2014），以及基于活动移动行为的健康地理研究（郭文伯等，2015；党云晓等，2014）等。

相比于瑞典，中国在城市化发展阶段、社会文化与体制背景方面存在显著差异，时间地理学应用的领域与发展路径各有特点。中国城市化发展历程明显落后于瑞典，"十二五"以来逐步开始从"量"的城市化向"质"的城市化转型转变、从快速扩张期向存量优化调整期转变、从注重经济生产向注重生活质量转变，以及从关注生产空间向关注生活空间转型。然而，当前中国的城市研究与规划管理实践仍然是"见物不见人"，对居民的个性化需求缺乏深入的分析与解读，难以应对城市社会转型、需求多元化和生活质量提升对城市精细化治理的新需求（宁越敏，2012；顾朝林，2011；周春山等，2013；姚士谋等，2014）。因此，中国城市转型研究与规划实践亟须"新"时间地理学在中国城市进行"本土化"与创新应用。此外，中国城市从计划经济向市场经济转型过程中，独特的城市单位现象也会对西方城市社区规划与治理模式提供宝贵的案例借鉴。

## 12.2 研究前沿展望

### 12.2.1 时间地理学与社会持续性

1）基于日常活动系统的社会分异与融合研究

在当前城市阶层日益分化、城市社会空间破碎化的背景下，过去相对固定的人、地方与活动三者之间的关系变得愈发复杂。对基于地方的城市居民的整体性剖析将不足以洞察城市社会分异的微观机理，忽视了居民在面对社会分异情境时的行为决策调整过程，难以再现不同群体所塑造的社会空间的真实场景，更与个体的日常生活状态相脱离。因此，城市社会分异与融合的研究已经从基于地方的研究转向基于个体时空行为、从静态关联转向动态过程联系的研究。

移动性带给人们与其他社会群体交流的丰富机会，并使得人们体验与所在居住区不同的社会环境成为可能（Wang et al.，2016）。居民开展家外日常活动的地点和所在居住区的社会环境具有明显差异（Shareck et al.，2014），并且传统基于居住区的社会分异研究存在地理背景的不确定性问题（Park et al.，2018）。

因此，伴随个体移动性的不断增加，传统的城市社会分异研究已逐渐由基于居住的、相对静态的社会分异转向基于个体日常活动时空行为的动态社会分异（Kwan，2013；Massey et al.，2009；Park et al.，2017，2018）。社会分异不仅存在于居民的居住空间，而且存在于居民日常生活中的其他活动空间，比如工作空间、休闲空间、购物空间等（Åslund et al.，2010；Lee et al.，2011；McQuoid et al.，2012；Schwanen et al.，2012；Wang et al.，2012）。城市社会分异研究更需要考虑居民的移动性和时间的动态性（Kwan，2013；Kwan et al.，2016；Park et al.，2018；Lee et al.，2011）。

时间地理学强调个体的不可分割性，路径、棱柱等概念和符号系统为研究个体与社会活动系统的整体研究提供了重要工具。从日常活动系统的整体性出发，社会分异与融合可能存在于不同的地方秩序口袋中，企划和活动的地方秩序嵌套的概念也为分析其背后的权力关系、社会结构等提供了新的视角。

2) 基于主客观关联的生活质量与满意度研究

时间地理学关注生活质量和宜居性等实际问题，更加强调行为主体的计划在特定时空中的活动的顺利开展情况。时空可达性及其相关的活动空间测度、活动机会的评价则成为衡量生活质量的重要方面，并提倡通过调整城市资源的空间布局、城市设施、就业等的时间安排等来提高特定群体的时空可达性或活动机会，从而实现生活质量提高和社会公平（Lenntorp，1976；Kwan，1999a，1999b；Dijst et al.，2002）。近年，反映个体在日常活动过程中的满意度研究逐渐成为生活质量研究的前沿（Dong et al.，2018）。

生活质量与幸福感涉及居民的日常体验，是个体对城市可持续性的经历与感受。幸福感既包括生活质量的自我满足与评价，也包括积极的情绪和体验（Ryff，2014）。城市空间形态对幸福感产生直接或间接影响，城市密度、城市化水平、环境质量、设施可达性等对居民生活质量与幸福感评价具有或多或少的贡献（王丰龙等，2015；Okulicz-Kozaryn et al.，2018）。

城市居民的经历与体验不仅受到空间因素的限制，而且存在于社区生活、社会网络、社会交往、社会互动等个体与社会互动的微观过程之中（Currie et al.，2010；Schwanen et al.，2014），如何从时空间行为的主客观方面进行关联并与生活质量、幸福感相结合是未来研究的重要方面。时间地理学为研究个体行为的时空过程、复杂情境提供了方法，尤其是新时间地理学关于企划—活动系统、个体企划与组织企划的交互、企划与活动的地方秩序等概念及其企划—活动—企划的决策系统，为理解上述问题奠定了理论基础。

3）基于个体与组织企划交互的社会互动与公平研究

城市社会正面临着高水平的社会极化、城市贫困与社会排斥、矛盾冲突等风险，呼吁城市发展和规划政策的重新思考。社会互动与社会公平是社会可持续性的重要方面，也是理解城市社会与多主体相互关系以及城市规避未来社会风险的重要内容。一方面强调免于或降低社会排斥，体现是否感受到自己或接纳他人作为社会一员；另一方面反映了社会关系作用下日常生活空间与体验的意义。良好的社会互动有助于增强社区的归属感、社会信任和凝聚力，有助于形成共同的价值观和积极正向的行为，提高社区抵御社会与自然风险的韧性，促进社区和社会的可持续性。

时空间行为研究对社会互动已经进行了一系列的探索，包括联合行为、活动空间交互、公共空间与社会包容等多个方面，如男女家长活动时间分配（Bernardo et al.，2015）、家庭协调机制对居民活动模式的改变（Feng et al.，2013；Ta et al.，2018）、行为与活动同伴（齐兰兰等，2018）等。此外，基于行为模式的活动空间接触识别也为社会交互研究提供了有效的方法（Zhang et al.，2017）。社会交互如何能有效地促进社会包容还需要对多主体联系及其行为决策过程关联进行更为深入的理解。目前虽然对单一主体的行为模式已经有了相对深入的剖析，但对多主体行为的研究仍处于描述阶段，多主体间行为联系、共同企划、行为决策互动的机制尚待进一步挖掘。

新时间地理学多维情景路径及其可视化为分析社会交互的过程提供了工具，个体与社会的交互实际上体现在个体日常活动系统中所构建的一系列活动的地方秩序，企划与地方秩序嵌套为分析个体与社会交互的社会文化背景、制度权力背景以及促进良好互动的社会政策制定提供了理论与方法基础。

### 12.2.2 时间地理学、新技术与社会变革

时间地理学立足"技术—社会—自然"互动的全生态综合世界观，强调人类活动的物质基础和由此产生的时空制约，有助于分析社会技术变动对人类活动的影响。尽管 ICTs 使用对活动同时性、空间有限性和空间移动消耗时间的制约有不同程度的放松，但没有从根本上改变制约原则。由于人是不可分割的物质实体、时空资源有限、活动占用一定时间和地表空间有限以及现状受到过去的影响等（Schwanen et al.，2008a），ICTs 所使用的虚拟社交环境中的个体及群体间的互动，同样需要考虑其实现的物质基础。

近年来，数字化和信息与通信技术的发展极大地改变了居民的日常生活。尽管中国城市化进程晚于西方发达国家，但中国城市数字化进程却与西方同步，甚至部分领域领先于西方。互联网及智能手机的使用已经对居民的日常生活产生了巨大影响。在数字化的社会与地理环境中，在现代城市生活中，人们在如何利用数字化移动通信技术方面仍然存在显著差异。而地理学关于数字化和 ICTs 的使用对日常生活的影响机理研究却相对匮乏。

理解社会和技术变革对人类活动、城市空间的影响机制，预判城市化与数字化背景下日常生活转型的社会及环境后果有重要的现实意义。中国城市化快速发展，城市化与数字化对日常生活的影响相互交织，问题更为突出、过程更为复杂，聚焦 ICTs 影响下的城市日常生活转型过程与机理，深入探讨 ICTs 的使用对日常活动及城市空间的影响，可为时间地理学的理论发展、中国城市空间—行为互动理论创新提供丰富的实证案例。

数字化在影响个体日常生活的同时，还会进一步对城市空间、社会和环境带来影响。对于城市物质空间而言，信息化带来的"线上/线下"活动对时间资源的争夺可能会减少居民对于实体设施的需求，进而改变实体空间。比如线上购物的增加会带来线下实体商店的减少和转型（Murphy，2007；Weltevreden et al.，2009）。对于城市社会而言，线上活动，尤其是以电脑为中介的互联网使用通常是在家中独自进行的，因而可能会带来社会隔离（Thulin et al.，2012；Vilhelmson et al.，2018）。远程办公的出现会模糊家庭和工作地之间的界限，移动互联网会进一步模糊工作和非工作活动的界限，在有利于减少城市交通的同时也可能会对居民的心理健康产生影响（Hubers et al.，2018；Vilhelmson et al.，2016）。最后，对于城市环境而言，ICTs 的使用究

竟能不能帮助减少交通出行，进而减少城市碳排放和空气污染，也是目前学界长期在争论的议题（刘学等，2016；Salomon，1986）。

对于ICTs使用影响下日常活动的可视化与互动机理分析框架，时间地理学运用企划、时空制约、活动的地方秩序等时间地理学核心概念，分析社交性活动在实体空间中的共同在场与虚拟空间中的共同在场之间的互动关系，探索虚拟空间中的共同在场对整体活动时空安排、可达性与移动性的影响等。时间地理学在活动日志调查与质性研究相结合、开展追踪调查等方面具有丰富的研究经验。时间地理学的最新研究发现，智能手机中介下的社交活动呈现实体活动和虚拟活动边界进一步模糊、前景活动和背景活动之间快速切换、新的虚拟组合制约出现等特征（Thulin，2018；Thulin et al.，2018，2020）。

1）ICTs影响下的日常生活转型研究

ICTs影响下的日常生活转型是时间地理学的前沿议题。ICTs能在一定程度上缓解部分日常活动的时空制约，并改变家庭的时间利用与分配，包括在家内活动的时间以及在社区内外的家外活动时间（Thulin et al.，2019；Vilhelmson et al.，2018）。

此外，数字化、网络可达性和ICTs的使用会影响家庭生活和工作活动等边界。在信息化背景下，数字设备将家庭变成一个有界的时空背景，形成特定的"地方秩序口袋"，使其对各种外部影响更具渗透性（Ellegård et al.，2004b；Thulin et al.，2020）。工作活动将更多地与家庭生活交织，甚至打断家庭生活，工作—生活的平衡和协调随之被打破（Thulin et al.，2020）。

在ICTs的影响下，绝对时空意义弱化，而相对时空概念日益重要。ICTs影响下的日常活动——并行活动、前景背景活动与多任务活动等的多维情境更为复杂。未来相关研究应该更好地应用企划、地方秩序嵌套、活动的多情境等新时间地理学的概念框架（凯萨·埃勒高等，2016a，2016b），来更深入地刻画与理解ICTs与日常生活的关系，理解行为的复杂性、动态性和多样性。

2）ICTs影响下的社会与环境后果

技术变化对日常生活的影响及其环境与社会后果是时间地理学研究的共同目标。远程办公、电子购物和其他远程活动可能会减少出行需求、节省时间成本，使出行模式变得灵活并更加符合家庭需求（Vilhelmson et al.，2016；Thulin et al.，2019；Mokhtarian et al.，2013）。移动信息与通信技术还能减轻出行负担，使用智能应用程序和解决方案使出行更加高效和灵活（Vilhelmson et al.，2011），带来更加愉快和有意义的出行体验（Lyons et al.，2016；Vilhelmson et al.，

2011)。

这种影响还体现在家庭—社会可持续性问题上，例如，实现家庭企划过程中的责任分工、家庭中性别关系和代际关系的改变，以及家庭—社区的组织。通过日常生活转型和社区治理与规划研究，深化理解个体可达性、家庭企划、地方秩序口袋等时间地理学核心概念，以及地理信息系统（GIS）技术的发展对时间地理学的推动作用。

### 12.2.3 时间地理学与健康生活方式研究

伴随着社会经济的飞速发展和城市实体空间的快速变迁，生活方式已经成为除基因和环境外影响个体健康的第三大关键因素（Saint et al.，2017）。探究城市环境与个体健康的关系是健康地理学的重要议题。个体的移动性和环境要素的时空变化共同塑造了动态复杂的地理情境，从而引起了相应的健康后果（Park et al.，2017）。因此，有必要从基于邻里的视角转向基于移动性的视角，探讨活动空间内的综合环境要素，包括健康促进要素与健康威胁要素对个体健康的综合影响。

时空间行为是城市环境对个体健康产生作用的关键媒介。已有研究基于惯常行为习惯或活动片段的分析割裂了个体行为选择的倾向性特征，忽视了时空资源的有限性和活动间的序列关系，以及活动特定的地理和社会情境。时间地理学强调个体是不可分割的单元，个体行为是客观制约和主观选择下共同作用的结果，为基于时空间行为的健康生活方式研究提供了新的视角和方法。

制约和企划是时间地理学的核心概念，其分别从客观制约和主观意图的角度阐述了时空间行为的形成过程。具体到健康生活方式的构建中，健康企划的制定往往先于日常活动的组织安排，从而决定了不同类型活动的优先次序和偏好结构。每日的健康维持活动嵌套于个体长期的健康相关企划之中。在客观制约方面，由睡眠、饮食等固定性活动和个体移动性组成的能力制约规定了日常活动的时空框架，其他任意性活动需寻找到可支配的时空资源才能得以开展。组合制约强调个体或群体必须与其他实体在同一时空进行联合活动的制约，而健康资源或环境要素的匮乏，或者其与个体行为在时空维度的不匹配（如健身场所的营业时间与居民的工作时间相冲突），将限制健康促进行为的发生。权威制约与法律、惯例和社会规范密切相关，如需要支付高额会员费的体育场馆，仅允许特权阶级进入的社交俱乐部等，不可避免地将一部分人排除在具有丰富健康资源和健康知识溢出的领域之外。

## 12.3 规划应用展望

### 12.3.1 基于时间地理学的社区生活圈规划

社区生活圈从日常活动、居民行为视角考察城市社区，是城市地理学和城市相关学科的研究前沿，也是我国国土空间规划体系创新的重要组成部分，以及中国城市社会可持续发展的重要抓手。伴随着流动性和信息化的不断深入，社区生活圈的主体日益多元化、社区活动和居民的时空行为日益多样化、社区空间的功能与意义日益丰富化，亟须城市社会地理学视角的研究创新与实践引导。

时间地理学是理解人与环境关系的社会—技术—生态综合方法，为早期基于生活空间的社区生活圈研究提供了重要基础。新时间地理学重视家庭以及其他组织企划的交互与时空组合，可为社区生活圈内个体、家庭、社区之间的复杂互动关系研究、时空行为的社会文化制约与多情境分析及模拟提供重要支撑。

（1）理论研究方面，新时间地理学围绕企划与活动的地方秩序等概念，从个体与社会交互、长短期交互等方面为社区生活圈的时空间结构研究奠定了理论与方法基础。首先，亟待开展社区生活圈作为活动的地方秩序的空间结构研究。时间地理学认为，个体日常活动在不同的地方秩序口袋中进行，企划的顺利实现取决于地方秩序的构建以及个体企划与组织企划交织过程中的权力关系（凯萨·埃勒高等，2016b；Ellegård et al.，2004b）。社区生活圈是中国城市居民日常生活非常重要的地方秩序口袋，其中包含个人、家庭和社区组织等不同主体。相关研究可以深入理解个人企划和日常活动、家庭企划和联合活动、组织企划和组织活动之间的关系，系统探讨个人、家庭和社区组织企划之间的时空嵌套关系，特别关注家庭企划如何嵌入个人企划、组织企划如何嵌入家庭和个人企划，并对空间嵌套关系进行可视化表达，实现从空间角度理解在日常实践中所形成的社区生活圈地方秩序。其次，需要探讨社区生活圈作为活动的地方秩序的长短期演变过程研究。基于空间结构研究成果，添加时间维度，研究社区生活圈中企划和地方秩序的动态变化。时间维度包括日常尺度和生命历程尺度（柴彦威等，2013c）。在日常尺度，相关研究可以在一周尺度内研究个人、家庭和社区日常活动与企划安排的日间差异，分析家庭地方秩序和社区生活圈地方秩序的动态变化特征，研究突发事件对于企划和地方秩序的影响。在生命历程尺度，相关研究可以分析生命事件对个人和家庭日常活动和企划的影响，探讨不同生命历程阶段的居民和家庭的时空行为特征、需求差异以及对社区生活圈内各类设施和服务的需求差异。

（2）技术方法方面，新时间地理学中反映个体主观能动性的企划与体现空间—行为互动过程的地方秩序，以及从"过去的企划""过去的路径""未来企划的调整"到"未来路径的调整"所形成的"企划—活动—企划"行为决策闭环，为开展时空行为的模拟和预测奠定了理论基础，希望开发针对复杂情境下社区生活圈的可视化符号体系与分析工具，为社区生活圈的研究和规划管理提供技术上的支撑。

（3）实证研究方面，新时间地理学研究居民时空行为与社区设施时空资源之间的动态匹配，研究居民时空行为与社会文化、主观感知等之间的互动关系，不仅可以优化社区生活圈的设施时空供需关系，而且可以开拓社区生活圈时间规划、居民时空行为规划、社区安全生活圈规划等新的规划与管理。

## 12.3.2 基于时间地理学的城市生活时间规划

当前城市的流动性特征日趋明显，时间业已成为当代城市生活方式的重要表征。传统以空间布局与空间决策为核心的城市规划与管理手段无法从根源上解决城市时空资源失配的问题，如何在城市规划中统筹时间要素以应对居民日益增长的移动需求，探索面向城市生活时间的新的规划范式是时间地理学规划应用的新方向。城市生活时间规划的提出和社会发展对城市规划的现实需求是密切相关的，并且深受地理学自20世纪70年代以来涌现的人本主义、女性主义等新思想流派的影响，标志着城市规划的人本转向、生活转向、家庭转向。

哈格斯特朗及其隆德学派在时间地理学的基础上，提出了一种以生活时间供需匹配为核心的新规划模式，将城市视为一个由生活时间的需求方和供给方构成的活动系统，根据城市的生活时间需求，将城市的生活时间资源按照一定的时间布局方式进行配置（Ellegård，2018），可视之为城市生活时间规划的理论原型。

但是目前，国内外尚未建立完整的城市生活时间规划体系，只有针对工作时间、服务设施运营时间、公共交通时刻表等特定活动时间的规划措施。例如，在工作时间方面，已有地方政府和企业以弹性工时制等方式减少工作时间的时空制约，作为推进居民工作—生活平衡的政策以及交通需求管理的措施；在服务设施运营时间方面，学者已认识到城市服务设施的公平配置需要考虑设施的运营时间安排，其研究推动了城市服务设施时间规划在部分欧洲国家的实践；在公共交通时间方面，交通管理部门一直重视公交时刻表、运营时段划分等方面的研究与规划应对。

我国的城市规划一直关注经济增长和物质空间布局，对居民的日常生活及其时空制约因素不够重视。随着我国经济社会发展进入新常态，满足居民日益增长的美好生活需要业已成为城市发展的新导向。"回归"家庭，重视城市生产活动与居民家庭生活的时空协调，将成为我国城市规划的重要发展趋势。这一新的背景对以时间地理学为核心的时空间行为研究提出了新的使命，亟待进一步推进城市生活时间规划的理论和方法探讨，并分阶段推动城市生活时间规划的实践应用。

## 12.4 国际合作展望

### 12.4.1 推进时间地理学者传承培养与交流合作

时间地理学全球研究网络目前已经初步形成，每两年举办一届的"时间地理学国际学术研讨会""时间地理学博士研究生培训"以及每年一次的美国地理学家协会年会时间地理学专题研讨会等已经成为时间地理学全球研究网络的品牌活动，并吸引越来越多来自不同国家和地区、不同学科的研究者参与其中。

未来，应加强不同层次的时间地理学研究者的合作交流，尤其重点关注新一代时间地理学者之间的学术交流与联合培养，加强时间地理学的学科传承与人才培养机制，推进时间地理学的国际合作与信息共享，推动时间地理学的理论和方法创新向新一代具有国际视野的研究者中传播，为进一步开展跨学科、国际比较的时间地理学研究提供研究基础。

### 12.4.2 推动时间地理学全球创新应用的国际比较研究

瑞典、欧美、日本和中国等国家和地区对时间地理学理论和方法的创新应用具有不同特色，亟须开展时间地理学在不同文化和制度背景、不同发展阶段、不同地理背景、不同可持续问题中应用的国际比较研究，进而总结时间地理学全球创新应用的路径和模式。加深对空间、社会与环境可持续发展中人地关系的动态过程与复杂机理的认识，推动城市转型的空间—行为互动理论的构建，推动新时间地理学在中国的本土化与创新应用。

理解社会—生态系统是应对城市可持续发展一系列关键议题和现实问题的基础，而时间地理学全生态综合世界观为实现该目标提供了有效的理论和方法。以居民时空行为为核心，形成一系列理解社会—生态系统、空间—行为互动系统的新知识，促进对空间—社会—环境可持续转型内涵的理解，并通过共性和个性的归纳和总结构建基于时间地理学的城市可持续发展理论。

# 参考文献

## • 中文文献 •

柴宏博，冯健，2016. 基于家庭生命历程的北京郊区居民行为空间研究[J]. 地理科学进展，35（12）：1506-1516.

柴彦威，1996. 以单位为基础的中国城市内部生活空间结构：兰州市的实证研究[J]. 地理研究，15（1）：30-38.

柴彦威，1998. 时间地理学的起源、主要概念及其应用[J]. 地理科学，18（1）：65-72.

柴彦威，1999. 中日城市内部空间结构比较研究[M]. 北京：北京大学出版社.

柴彦威，2005. 行为地理学研究的方法论问题[J]. 地域研究与开发，24（2）：1-5.

柴彦威，等，2010a. 城市空间与消费者行为[M]. 南京：东南大学出版社.

柴彦威，等，2010b. 中国城市老年人的活动空间[M]. 北京：科学出版社.

柴彦威，等，2014a. 空间行为与行为空间[M]. 南京：东南大学出版社.

柴彦威，龚华，2000a. 关注人们生活质量的时间地理学[J]. 中国科学院院刊，15（6）：417-420.

柴彦威，龚华，2001. 城市社会的时间地理学研究[J]. 北京大学学报（哲学社会科学版），38（5）：17-24.

柴彦威，凯萨·埃勒高（Kajsa Ellegård），张艳，2016. "新"时间地理学专栏导言[J]. 人文地理，31（5）：17-18, 31.

柴彦威，李春江，夏万渠，等，2019. 城市社区生活圈划定模型：以北京市清河街道为例[J]. 城市发展研究，26（9）：1-8, 68.

柴彦威，李峥嵘，刘志林，等，2000b. 时间地理学研究现状与展望[J]. 人文地理，15（6）：54-59.

柴彦威，刘伯初，刘瑜，等，2018. 基于多源大数据的城市体征诊断指数构建与计算：以上海市为例[J]. 地理科学，38（1）：1-10.

柴彦威，刘璇，2002a. 城市老龄化问题研究的时间地理学框架与展望[J]. 地域研究与开发，21（3）：55-59.

柴彦威，刘志林，李峥嵘，等，2002b. 中国城市的时空间结构[M]. 北京：北京大学出版社.

柴彦威，申悦，陈梓烽，2014b. 基于时空行为的人本导向的智慧城市规划与管理[J]. 国际城市规划，29（6）：31-37, 50.

柴彦威，申悦，马修军，等，2013a. 北京居民活动与出行行为时空数据采集与管理[J]. 地理研究, 32(1): 441-451.

柴彦威, 申悦, 塔娜, 2014c. 基于时空间行为研究的智慧出行应用[J]. 城市规划, 38(3): 83-89.

柴彦威, 沈洁, 2008. 基于活动分析法的人类空间行为研究[J]. 地理科学, 28(5): 594-600.

柴彦威, 沈洁, 赵莹, 2010c. 城市交通出行行为研究方法前沿[J]. 中国科技论文在线, 5(5): 402-409.

柴彦威, 塔娜, 2011a. 中国行为地理学研究近期进展[J]. 干旱区地理, 34(1): 1-11.

柴彦威, 塔娜, 2013b. 中国时空间行为研究进展[J]. 地理科学进展, 32(9): 1362-1373.

柴彦威, 塔娜, 张艳, 2013c. 融入生命历程理论、面向长期空间行为的时间地理学再思考[J]. 人文地理, 28(2): 1-6.

柴彦威, 谭一洺, 2017a. 中国西部城市居民时空间行为特征研究: 以西宁市为例[J]. 人文地理, 32(4): 37-44.

柴彦威, 谭一洺, 申悦, 等, 2017b. 空间—行为互动理论构建的基本思路[J]. 地理研究, 36(10): 1959-1970.

柴彦威, 王恩宙, 1997. 时间地理学的基本概念与表示方法[J]. 经济地理, 17(3): 55-61.

柴彦威, 张文佳, 张艳, 等, 2009a. 微观个体行为时空数据的生产过程与质量管理: 以北京居民活动日志调查为例[J]. 人文地理, 24(6): 1-9.

柴彦威, 张雪, 孙道胜, 2015. 基于时空间行为的城市生活圈规划研究: 以北京市为例[J]. 城市规划学刊, 59(3): 61-69.

柴彦威, 张艳, 2011b. 哈格斯特朗: 区域科学中的人[M]// 蔡云龙, 比尔·威科夫. 地理学思想经典解读. 北京: 商务印书馆: 167-174.

柴彦威, 张艳, 2012. 时间地理学及其在城市地理学中的应用[M]// 柴彦威, 等. 城市地理学思想与方法. 北京: 科学出版社.

柴彦威, 张艳, 刘志林, 2011c. 职住分离的空间差异性及其影响因素研究[J]. 地理学报, 66(2): 157-166.

柴彦威, 赵莹, 2009b. 时间地理学研究最新进展[J]. 地理科学, 29(4): 593-600.

柴彦威, 赵莹, 马修军, 等, 2010d. 基于移动定位的行为数据采集与地理应用研究[J]. 地域研究与开发, 29(6): 1-7.

柴彦威, 赵莹, 张艳, 2010e. 面向城市规划应用的时间地理学研究[J]. 国际城市规划, 25(6): 3-9.

陈洁, 陆锋, 翟瀚, 等, 2015. 面向活动地点推荐的个人时空可达性方法[J]. 地理学报, 70(6): 931-940.

陈洁, 萧世伦, 陆锋, 2016. 面向人类行为研究的时空GIS[J]. 地球信息科学学报，18（12）：1583-1587.

党云晓，张文忠，余建辉，等，2014. 北京居民主观幸福感评价及影响因素研究［J］. 地理科学进展，33（10）：1312-1321.

顾朝林，2011. 转型发展与未来城市的思考［J］. 城市规划，35（11）：23-34，41.

古杰，周素红，闫小培，2014. 生命历程视角下广州市居民日常出行的时空路径分析［J］. 人文地理，29（3）：56-62.

关美宝，2010. 时间地理学研究中的GIS方法：人类行为模式的地理计算与地理可视化［J］. 申悦，赵莹，柴彦威，译. 国际城市规划，25（6）：18-26.

关美宝，2013. 超越地理学二元性：混合地理学的思考［J］. 地理科学进展，32（9）：1307-1315.

关美宝，谷志莲，塔娜，等，2013a. 定性GIS在时空间行为研究中的应用［J］. 地理科学进展，32（9）：1316-1331.

关美宝，郭文伯，柴彦威，2013b. 人类移动性与健康研究中的时间问题［J］. 地理科学进展，32（9）：1344-1351.

郭文伯，张艳，柴彦威，2015. 城市居民出行的空气污染暴露测度及其影响机制：北京市郊区社区的案例分析［J］. 地理研究，34（7）：1310-1318.

黄潇婷，2009. 基于时间地理学的景区旅游者时空行为模式研究：以北京颐和园为例［J］. 旅游学刊，24（6）：82-87.

黄潇婷，2010. 时间地理学与旅游规划［J］. 国际城市规划，25（6）：40-44.

黄潇婷，2014. 基于GPS与日志调查的旅游者时空行为数据质量对比［J］. 旅游学刊，29（3）：100-106.

黄潇婷，2015. 基于时空路径的旅游情感体验过程研究：以香港海洋公园为例［J］. 旅游学刊，30（6）：39-45.

黄潇婷，李玟璇，张海平，等，2016. 基于GPS数据的旅游时空行为评价研究［J］. 旅游学刊，31（9）：40-49.

黄潇婷，马修军，2011. 基于GPS数据的旅游者活动节奏研究［J］. 旅游学刊，26（12）：26-29.

凯萨·埃勒高（Kajsa Ellegård），刘伯初，张艳，等，2016a. 时间地理学的企划概念及其研究案例［J］. 人文地理，31（5）：32-38.

凯萨·埃勒高（Kajsa Ellegård），张雪，张艳，等，2016b. 基于地方秩序嵌套的人类活动研究［J］. 人文地理，31（5）：25-31.

凯萨·埃勒高（Kajsa Ellegård），张艳，蒋晨，等，2016c. 复杂情境中的日常活动可视化与应用研究［J］. 人文地理，31（5）：39-46.

兰宗敏，冯健，2010. 城中村流动人口的时间利用以及生活活动时空间结构：对北京 5 个城中村的调查 [J]. 地理研究，29（6）：1092-1104.

刘学，甄峰，王波，等，2016. 时空制约对南京城市居民网上购物频率的影响研究 [J]. 世界地理研究，25（5）：92-100.

刘一鸣，吴磊，李贵才，2019. 空间理论的图景拓展：基于哈格斯特朗与布迪厄的理论互构研究 [J]. 人文地理，34（6）：1-9.

刘玉亭，何深静，李志刚，2005. 南京城市贫困群体的日常活动时空结构分析 [J]. 中国人口科学（S1）：85-93.

刘张，千家乐，杜云艳，等，2020. 基于多源时空大数据的区际迁徙人群多层次空间分布估算模型：以 COVID-19 疫情期间自武汉迁出人群为例 [J]. 地球信息科学学报，22（2）：147-160.

刘志林，柴彦威，2001. 企业研究的时间地理学框架：兼论泰勒模式的时间地理学解释 [J]. 地域研究与开发，20（3）：6-9.

刘志林，张艳，柴彦威，2009. 中国大城市职住分离现象及其特征：以北京市为例 [J]. 城市发展研究，16（9）：110-117.

马静，柴彦威，刘志林，2011. 基于居民出行行为的北京市交通碳排放影响机理 [J]. 地理学报，66（8）：1023-1032.

马润潮，1999. 人文主义与后现代化主义之兴起及西方新区域地理学之发展 [J]. 地理学报，54（4）：365-372.

宁越敏，2012. 中国城市化特点、问题及治理 [J]. 南京社会科学，32（10）：19-27.

齐兰兰，周素红，2018. 邻里建成环境对居民外出型休闲活动时空差异的影响：以广州市为例 [J]. 地理科学，38（1）：31-40.

秦萧，甄峰，熊丽芳，等，2013. 大数据时代城市时空行为研究方法 [J]. 地理科学进展，32（9）：1352-1361.

申悦，柴彦威，2012. 基于 GPS 数据的城市居民通勤弹性研究：以北京市郊区巨型社区为例 [J]. 地理学报，67（6）：733-744.

申悦，柴彦威，2018. 基于日常活动空间的社会空间分异研究进展 [J]. 地理科学进展，37（6）：853-862.

孙道胜，柴彦威，2017. 城市社区生活圈体系及公共服务设施空间优化：以北京市清河街道为例 [J]. 城市发展研究，24（9）：7-14，25，封 2.

孙道胜，柴彦威，张艳，2016. 社区生活圈的界定与测度：以北京清河地区为例 [J]. 城市发展研究，23（9）：1-9.

塔娜，柴彦威，2010. 时间地理学及其对人本导向社区规划的启示 [J]. 国际城市规划，25（6）：36-39.

塔娜，柴彦威，2015a. 北京市郊区居民汽车拥有和使用状况与活动空间的关系 [J]. 地理研究，34（6）：1149-1159.

塔娜，柴彦威，2017. 基于收入群体差异的北京典型郊区低收入居民的行为空间困境 [J]. 地理学报，72（10）：1776-1786.

塔娜，柴彦威，关美宝，2015b. 北京郊区居民日常生活方式的行为测度与空间—行为互动 [J]. 地理学报，70（8）：1271-1280.

谭一洺，柴彦威，关美宝，2017a. 地理背景对时空行为分析的影响及其空间分异：基于西宁市的实证研究 [J]. 城市发展研究，24（3）：22-30.

谭一洺，柴彦威，关美宝，2017b. 地理背景的不确定性对时空行为模式分析的影响：基于西宁市的实证研究 [J]. 地理学报，72（4）：657-670.

谭一洺，柴彦威，王小梅，2017c. 时间地理学视角下西宁城市回族居民时空间行为分析 [J]. 地域研究与开发，36（5）：164-168，174.

托斯坦·哈格斯特朗，2010. 区域科学中的人 [J]. 张艳，柴彦威，译. 国际城市规划，25（6）：10-17.

王德，傅英姿，2019. 手机信令数据助力上海市社区生活圈规划 [J]. 上海城市规划，29（6）：23-29.

王德，李丹，傅英姿，2020. 基于手机信令数据的上海市不同住宅区居民就业空间研究 [J]. 地理学报，75（8）：1585-1602.

王德，马力，2009a. 2010年上海世博会参观者时空分布模拟分析 [J]. 城市规划学刊，53（5）：64-70.

王德，王灿，朱玮，等，2015. 基于参观者行为模拟的空间规划与管理研究：青岛世园会的案例 [J]. 城市规划，39（2）：65-70.

王德，朱玮，黄万枢，等，2009b. 基于人流分析的上海世博会规划方案评价与调整 [J]. 城市规划，33（8）：26-32.

王丰龙，王冬根，2015. 主观幸福感度量研究进展及其对智慧城市建设的启示 [J]. 地理科学进展，34（4）：482-493.

萧世琅，于洪波，2010. 基于GIS的物质—虚拟混合空间中个体活动与互动的时间地理学研究 [J]. 陈洁，译. 国际城市规划，25（6）：27-35，44.

薛德升，曾献君，2016. 中国人口城镇化质量评价及省际差异分析 [J]. 地理学报，71（2）：194-204.

杨吾扬，曹婉如，1990. 地理学发展史 [M] //中国大百科全书总编辑委员会《地理学》编辑委员会，中国大百科全书出版社编辑部. 中国大百科全书：地理学. 北京：中国大百科全书出版社.

姚士谋，张平宇，余成，等，2014. 中国新型城镇化理论与实践问题 [J]. 地理科学，34（6）：641-647.

约翰斯顿，1999. 地理学与地理学家 [M]. 唐晓峰，李平，叶冰，等译. 北京：商务印书馆：199-201.

约翰斯顿，2011. 地理学与地理学家 [M]. 唐晓峰，李平，叶冰，等译. 纪念版. 北京：商务印书馆.

张纯，郑童，吕斌，等，2009. 出租车司机在外就餐特征研究及规划建议：基于北京市的案例调查 [J]. 地理科学进展，28（3）：384-390.

张文佳，柴彦威，2008. 基于家庭的城市居民出行需求理论与验证模型［J］. 地理学报，63（12）：1246-1256.

张艳，2015. 城市空间行为与分异：以北京市为例［M］. 北京：学苑出版社.

张艳，柴彦威，2011. 北京城市中低收入者日常活动时空特征分析［J］. 地理科学，31（9）：1056-1064.

张艳，柴彦威，2012. 结构化理论及其在城市地理学中的应用［M］// 柴彦威，等. 城市地理学思想与方法. 北京：科学出版社.

张艳，柴彦威，2016. "新"时间地理学：瑞典 Kajsa 团队的创新研究［J］. 人文地理，31（5）：19-24，46.

张艳，柴彦威，郭文伯，2014. 北京城市居民日常活动空间的社区分异［J］. 地域研究与开发，33（5）：65-71.

赵莹，柴彦威，陈洁，等，2009. 时空行为数据的 GIS 分析方法［J］. 地理与地理信息科学，25（5）：1-5.

赵莹，柴彦威，关美宝，2014a. 中美城市居民出行行为的比较：以北京市与芝加哥市为例［J］. 地理研究，33（12）：2275-2285.

赵莹，柴彦威，马丁·戴斯特，2014b. 行为同伴选择的社会文化效应研究：中国北京与荷兰乌特勒支的比较［J］. 地理科学，34（8）：946-954.

赵莹，汪丽，黄潇婷，等，2017. 主题公园演艺项目对旅游者活动空间的影响：基于时空可达性的分析［J］. 旅游学刊，32（12）：49-57.

郑凯，崔宁，李亚军，等，2011. 购物出行空间的等级结构比较：以乌鲁木齐汉族与维吾尔族为例［J］. 云南地理环境研究，23（4）：25-30，41.

郑凯，金海龙，贾丽娟，等，2009. 城市中少数民族购物活动时空特征：以乌鲁木齐市维吾尔族为例［J］. 云南地理环境研究，21（3）：16-21.

周春山，叶昌东，2013. 中国城市空间结构研究评述［J］. 地理科学进展，32（7）：1030-1038.

周素红，邓丽芳，2010. 基于 T-GIS 的广州市居民日常活动时空关系［J］. 地理学报，65（12）：1454-1463.

朱玮，王德，2008. 南京东路消费者的空间选择行为与回游轨迹［J］. 城市规划，32（3）：33-40.

## ・外文文献・

AHAS R, AASA A, SILM S, et al, 2010. Daily rhythms of suburban commuters' movements in the Tallinn metropolitan area: case study with mobile positioning data［J］. Transportation research part C: emerging technologies, 18（1）：45-54.

AHAS R, MARK Ü, 2005. Location based services: new challenges for planning and public administration [J]. Futures, 37 (6): 547-561.

ANABY D, VROTSOU K, KROKSMARK U, et al, 2020. Changes in participation patterns of youth with physical disabilities following the pathways and resources for engagement and participation intervention: a time-geography approach [J]. Scandinavian journal of occupational therapy, 27 (5): 364-372.

ARAI Y, YAMADA H, 1994. Development of convenience store systems in Japan, 1970s – 1980s [Z] // TERASAKA A, TAKAHASHI S. Comparative study on retail trade tradition and innovation. Ryugasaki: IGU Commission on Geography of Commercial Activities, Ryutsu Keizai University: 117-126.

ÅSLUND O, SKANS O N, 2010. Will I see you at work? Ethnic workplace segregation in Sweden, 1985-2002 [J]. ILR review, 63 (3): 471-493.

BENDIXEN H J, ELLEGÅRD K, 2014. Occupational therapists' job satisfaction in a changing hospital organisation: a time-geography-based study [J]. Work, 47 (2): 159-171.

BERG J, LEVIN L, ABRAMSSON M, et al, 2014. Mobility in the transition to retirement: the intertwining of transportation and everyday projects [J]. Journal of transport geography, 38: 48-54.

BERNARDO C, PALETI R, HOKLAS M, et al, 2015. An empirical investigation into the time-use and activity patterns of dual-earner couples with and without young children [J]. Transportation research part A: policy and practice, 76: 71-91.

BLUMEN O, 1994. Gender differences in the journey to work [J]. Urban geography, 15 (3): 223-245.

BLUMEN O, KELLERMAN A, 1990. Gender differences in commuting distance, residence, and employment location: metropolitan Haifa 1972 and 1983 [J]. The professional geographer, 42 (1): 54-71.

BREDLAND E L, MAGNUS E, VIK K, 2015. Physical activity patterns in older men [J]. Physical & occupational therapy in geriatrics, 33 (1): 87-102.

BULIUNG R N, KANAROGLOU P S, 2006. Urban form and household activity-travel behavior [J]. Growth and change, 37 (2): 172-199.

BURN L D, 1979. Transportation, temporal and spatial components of accessibility [M]. Mass: Lexington Books.

BUTTIMER A, 1976. Grasping the dynamism of lifeworld [J]. Annals of the association of American geographers, 66 (2): 277-292.

CAO X Y, CHAI Y W, 2007. Gender role-based differences in time allocation

[J]. Transportation research record: journal of the transportation research board, 2014 (1): 58-66.

CARLSTEIN T, 1978. Innovation, time-allocation and time-space packing [M] // CARLSTEIN T, PARKS D T, HRIFT N. Timing space and spacing time. Vol. 2: human activity and time geography. London: Edward Arnold: 146-161.

CARLSTEIN T, PARKS D, THRIFT N, 1978. Timing space and spacing time. Vol. 2: human activity and time geography [M]. London: Edward Arnold.

CHAI Y W, 1996. The internal structure of a city in Chinese arid areas: a case study of Lanzhou, Gansu province [J]. Chinese journal of arid land research, 9 (3): 169-180.

CHAI Y W, 2013. Space-time behavior research in China: recent development and future prospect [J]. Annals of the association of American geographers, 103 (5): 1093-1099.

CHAI Y W, CHEN Z F, 2018. Towards mobility turn in urban planning: smart travel planning based on space-time behavior in Beijing, China [M] // SHEN Z J, LI M Y. Big data support of urban planning and management: the experience in China. Berlin: Springer: 319-337.

CHAI Y W, CHEN Z F, LIU Y, et al, 2014. Space-time behavior survey for smart travel planning in Beijing, China [M] // RASOULI S, TIMMERMANS H. Mobile technologies for activity-travel data collection and analysis. Hershey: IGI Global: 79-90.

CHAI Y W, TA N, MA J, 2016. The socio-spatial dimension of behavior analysis: frontiers and progress in Chinese behavioral geography [J]. Journal of geographical sciences, 26 (8): 1243-1260.

CHAPIN F S, 1974. Human activity patterns in the city: things people do in time and space [M]. New York: John Wiley & Sons: 1-19.

CHAPIN F S, 1978. Human time allocation in the city [M] //CARLSTEIN T, PARKS D T, HRIFT N. Timing space and spacing time. Vol. 2: human activity and time geography. London: Edward Arnold: 13-26.

CHEN J, SHAW S L, YU H B, et al, 2011. Exploratory data analysis of activity diary data: a space-time GIS approach [J]. Journal of transport geography, 19 (3): 394-404.

CULLEN I G, 1972. Space, time and the disruption of behaviour in cities [J]. Environment and planning A: economy and space, 4 (4): 459-470.

CURRIE G, DELBOSC A, 2010. Modelling the social and psychological impacts of transport disadvantage [J]. Transportation, 37 (6): 953-966.

DIJST M, 1999. Action space as planning concept in spatial planning [J]. Netherlands journal of housing and the built environment, 14 (2): 163-182.

DIJST M, 2018. A relational interpretation of time-geography [M] // ELLEGÅRD K. Time geography in the global context: an anthology. London: Routledge.

DIJST M, DE JONG T, VAN ECK J R, 2002. Opportunities for transport mode change: an exploration of a disaggregated approach [J]. Environment and planning B: planning and design, 29 (3): 413-430.

DIJST M, VIDAKOVIC V, 1997. Individual action space in the city [M] // ETTEMA D F, TIMMERMANS H. Activity-based approaches to travel analysis. Oxford: Pergamon: 117-134.

DIJST M, VIDAKOVIC V, 2000. Travel time ratio: the key factor of spatial reach [J]. Transportation, 27 (2): 179-199.

DONG G P, MA J, KWAN M P, et al, 2018. Multi-level temporal autoregressive modelling of daily activity satisfaction using GPS-integrated activity diary data [J]. International journal of geographical information science, 32 (11): 2189-2208.

ELLEGÅRD K, 1984. Strengthening ties in production systems. Two approaches exemplified by the volvo case [J]. GeoJournal, 9 (2): 179-186.

ELLEGÅRD K, 1996. Reflection over routines in time and space-actors' interaction and control in a work place context [J]. Osterreichische zeitschrift fur soziologie, 21: 5-35.

ELLEGÅRD K, 1997a. The development of a reflective production system layout in the Volvo Uddevalla car assembly plant [M] // SHIMOKAWA K, JÜRGENS U, FUJIMOTO T. Transforming automobile assembly: experience in automation and work organization. Berlin: Springer.

ELLEGÅRD K, 1997b. Worker-generated production improvements in a reflective production system: or Kaizen in a reflective production system [M] // SHIMOKAWA K, JÜRGENS U, FUJIMOTO T. Transforming automobile assembly: experience in automation and work organization. Berlin: Springer.

ELLEGÅRD K, 1999. A time-geographical approach to the study of everyday life of individuals: a challenge of complexity [J]. GeoJournal, 48 (3): 167-175.

ELLEGÅRD K, 2006. The power of categorisation in the study of everyday life [J]. Journal of occupational science, 13 (1): 37-48.

ELLEGÅRD K, 2018. Thinking time geography: concepts, methods and applications [M]. London: Routledge.

ELLEGÅRD K, COOPER M, 2004a. Complexity in daily life: a 3D-visualization showing activity patterns in their contexts [J]. Electronic international journal of time use research, 1 (1): 37-59.

ELLEGÅRD K, HÄGERSTRAND T, LENNTORP B, 1977. Activity organization and the generation of daily travel: two future alternatives [J]. Economic geography, 53 (2): 126.

ELLEGÅRD K, JONSSON D, ENGSTRÖM T, et al, 1992. Reflective production in the final assembly of motor vehicles: an emerging Swedish challenge [J]. International journal of operations & production management, 12 (7/8): 117-133.

ELLEGÅRD K, NORDELL K, 2011a. Daily life 2011 [CP]. Linköping.

ELLEGÅRD K, PALM J, 2001. Visualizing energy consumption activities as a tool for making everyday life more sustainable [J]. Applied energy, 88 (5): 1920-1926.

ELLEGÅRD K, PALM J, 2015. Who is behaving? Consequences for energy policy of concept confusion [J]. Energies, 8 (8): 7618-7637.

ELLEGÅRD K, SVEDIN U, 2012. Torsten Hägerstrand's time-geography as the cradle of the activity approach in transport geography [J]. Journal of transport geography, 23: 17-25.

ELLEGÅRD K, VILHELMSON B, 2004b. Home as a pocket of local order: everyday activities and the friction of distance [J]. Geografiska annaler: series B, human geography, 86 (4): 281-296.

ELLEGÅRD K, VROTSOU K, 2006. Capturing patterns of everyday life: presentation of the visualization method VISUAL-TimePAcTS [R]. Copenhagen: Danish National Institute of Social Research.

ELLEGÅRD K, VROTSOU K, WIDÉN J, 2010. VISUAL-TimePAcTS/ energy use: a software application for visualizing energy use from activities performed [C]. Älvsjö: Proceedings of the 3rd International Conference on Energy Systems with IT.

ELLEGÅRD K, WIDÉN J, VROTSOU K, 2011b. Appliances facilitating everyday life-electricity use derived from daily activities [C]. Linköping: Proceedings of the World Renewable Energy Congress: 1031-1038.

ENGLAND P, 1993. Theory on gender: feminism on theory [M]. New York: Aldine de Gruyter.

ERIKSON E H, 1977. Life history and the historical moment: diverse presentations [M]. New York: W. W. Norton & Company.

ETTEMA D F, 1996. Activity-based travel demand modeling [D]. Eindhoven: Technische Universiteit Eindhoven.

FENG J X, DIJST M, WISSINK B, et al, 2013. The impacts of household structure on the travel behaviour of seniors and young parents in China [J]. Journal of transport geography, 30: 117-126.

FORER P C, KIVELL H, 1981. Space: time budgets, public transport, and spatial choice [J]. Environment and planning A: economy and space, 13 (4): 497-509.

FRANTÁL B, KLAPKA P, 2019. Exploring the nexus between place of residence, daily activity patterns, and the socio-spatial isolation of mothers on parental leave [J]. Area, 52 (2): 401-410.

GIDDENS A, 1984. The constitution of society: outline of the theory of structuration [M]. Berkeley: University of California Press.

GREGORY D, 1989. Presences and absences: time-space relations and structuration theory [M] // HELD D, THOMPSON J B. Social theory of modern societies: Anthony Giddens and his critics. Cambridge: Cambridge University Press: 185-214.

GREGSON N, 1986. On duality and dualism: the case of structuration and time geography [J]. Progress in human geography, 10 (2): 184-205.

GREN M, 2001. Time-geography matters [M] // MAY J, THRIFT N. Timespace: geographies of temporality. London: Routledge.

HÄGERSTRAND T, 1953. Innovations för loppet ur korologisk synpunkt [M]. Lund: Gleerupska Universitets-Bokhandeln.

HÄGERSTRAND T, 1957. Migration and area. Survey of a sample of Swedish migration fields and hypothetical considerations on their genesis [M]. Lund studies in geography, series B: human geography No. 13. Lund: C. W. K. Gleerup: 27-158.

HÄGERSTRAND T, 1967. Innovation diffusion as a spatial process [M]. PRED A. (translate). Lund: C. W. K. Gleerup.

HÄGERSTRAND T, 1970. What about people in regional science [J]. Papers of the regional science association, 24 (1): 6-21.

HÄGERSTRAND T, 1978. Survival and arena: on the life-history of individuals in relation to their geographical environment [M] // CARLSTEIN T, PARKS D T, HRIFT N. Timing space and spacing time. Vol. 2: human activity and time geography. London: Edward Arnold: 122-145.

HÄGERSTRAND T, 1982a. Diorama, path and project [J]. Tijdschrift voor economische en sociale geografie, 73 (6): 323-339.

HÄGERSTRAND T, 1982b. Proclamations about geography from the pioneering years in Sweden [J]. Geografiska annaler: series B, human geography, 64 (2): 119-125.

HÄGERSTRAND T, 1984. Presence and absence: a look at conceptual choices and bodily necessities [J]. Regional studies, 18 (5): 373-379.

HÄGERSTRAND T, 1985. Time-geography. Focus on the corporeality of man, society and environment [M] //AIDA S, ALLEN P M, ATLAN H, et al. The science and praxis of complexity. Tokyo: The United Nations University Press: 193-216.

HÄGERSTRAND T, 1995. Landscape as overlapping neighbourhoods [M] // BENKO G B, STROHMAYER U. The GeoJournal library, volume 27, geography, history and social sciences Byggforskningsrådet. Dordrecht: Kluwer Academic Publishers: 83-96.

HÄGERSTRAND T, 2004. The two vistas [J]. Geografiska annaler: series B, human geography, 86 (4): 315-323.

HÄGERSTRAND T, 2009. Tillvaroväven [M] //ELLEGÅRD K, SVEDIN U. The fabric of existence. Stockholm: Formas.

HÄGERSTRAND T, LENNTORP B, 1974. Samhällsorganisation i tidsgeografiskt perspektiv [R] // Statens Offentliga Utredningar. Bilagedel 1 till orter i regional samverkan. Stockholm: Arbetsmarknadsdepartement: 221-232.

HALLIN P O, 1991. New paths for time-geography [J]. Geografiska annaler: series B, human geography, 73 (3): 199.

HANSON S, 2010. Gender and mobility: new approaches for informing sustainability [J]. Gender, place & culture, 17 (1): 5-23.

HANSON S, HANSON P, 1980. Gender and urban activity patterns in Uppsala, Sweden [J]. Geographical review, 70 (3): 291.

HANSON S, HANSON P, 1981. The impact of married women's employment on household travel patterns: a Swedish example [J]. Transportation, 10 (2): 165-183.

HANSON S, HANSON P, 1993. The geography of everyday life [M] // GARLING T, GOLLEDGE R G. Behavior and environment psychological and geographical approaches: advances in psychology. Amsterdam: North-Holland: 249-269.

HANSON S, PRATT G, 1991. Job search and the occupational segregation of women [J]. Annals of the association of American geographers, 81 (2): 229-253.

HANSON S, PRATT G, 1995. Gender, work, and space [M]. London: Taylor & Francis Group.

HARVEY D, 1989. The condition of postmodernity: an inquiry into the origins of cultural change [M]. Oxford: Blackwell.

HELLGREN M, 2014. Extracting more knowledge from time diaries [J]. Social indicators research, 119 (3): 1517-1534.

HUANG X T, LI M X, YAN S, 2018. Research on pattern of eye-tracking behavior based on tourism map [J]. Tourism tribune, 33 (10): 87-96.

HUANG X T, WU B H, 2012. Intra-attraction tourist spatial-temporal behaviour patterns [J]. Tourism geographies, 14 (4): 625-645.

HUBERS C, DIJST M, SCHWANEN T, 2018. The fragmented worker? ICTs, coping strategies and gender differences in the temporal and spatial fragmentation of paid labour [J]. Time & society, 27 (1): 92-130.

ISAKSSON C, ELLEGÅRD K, 2015a. Anchoring energy efficiency information in households' everyday projects: peoples' understanding of renewable heating systems [J]. Energy efficiency, 8 (2): 353-364.

ISAKSSON C, ELLEGÅRD K, 2015b. Dividing or sharing? A time-geographical examination of eating, labour, and energy consumption in Sweden [J]. Energy research and social science, 10: 180-191.

JÄRV O, AHAS R, WITLOX F, 2014. Understanding monthly variability in human activity spaces: a twelve-month study using mobile phone call detail records [J]. Transportation research part C: emerging technologies, 38: 122-135.

JONES P M, 1979. New approaches to understanding travel behavior: the human activity approach [M] // HENSHER D A, STOPHER P R. Behavioral travel modeling. Beckenham: Croom Helm: 55-80.

JONES P M, 1983. The practical application of activity-based approach in transport planning: an assessment [M] // CARPENTER S, JONES P M. Recent advances in travel demand analysis. Aldershot: Gower: 56-78.

KAMIYA H, 1999. Day care services and activity patterns of women in Japan [J]. GeoJournal, 48 (3): 207-215.

KAMIYA H, OKAMOTO K, ARAI Y, et al, 1990. A time-geographic analysis of married women's participation in the labor market in Shimosuwa Town, Nagano Prefecture [J]. Geographical review of Japan, series A, chirigaku hyoron, 63 (11): 766-783.

KARLSSON K, ELLEGÅRD K, 2009. Visualizing patterns of energy use in households: the activity approach [C]. ECEEE Summer Study: Act!

Innovate! Deliver! Reducing Energy Demand Sustainably: 1714-1725.

KIM H M, KWAN M P, 2003. Space-time accessibility measures: a geocomputational algorithm with a focus on the feasible opportunity set and possible activity duration [J]. Journal of geographical systems, 5 (1): 71-91.

KITAMURA R, 2001. Urban activity patterns [M] //NEIL J S, PAUL B B. International encyclopedia of the social & behavioral sciences, volume12. New York: Elsevier: 15995-15999.

KÖHLER H, 2018. Learning from a failed project: challenges of implementing 'green' technology in a real world setting [J]. Scottish geographical journal, 134 (3/4): 158-171.

KÖHLER H, TRYGG K, 2019. A time-geographical mixed-methods approach: studying the complexities of energy and water use in households [J]. Fennia-International journal of geography, 197 (1): 108-120.

KRANTZ H, 2006. Household routines: a time-space issue: a theoretical approach applied on the case of water and sanitation [J]. Applied geography, 26 (3/4): 227-241.

KWAN M P, 1998. Space-time and integral measures of individual accessibility: a comparative analysis using a point-based framework [J]. Geographical analysis, 30: 191-216.

KWAN M P, 1999a. Gender, the home-work link, and space-time patterns of nonemployment activities [J]. Economic geography, 75 (4): 370-394.

KWAN M P, 1999b. Gender and individual access to urban opportunities: a study using space-time measures [J]. The professional geographer, 51 (2): 211-227.

KWAN M P, 2000. Interactive geovisualization of activity-travel patterns using three-dimensional geographical information systems: a methodological exploration with a large data set [J]. Transportation research part C: emerging technologies, 8 (1/2/3/4/5/6): 185-203.

KWAN M P, 2002. Feminist visualization: re-envisioning GIS as a method in feminist geographic research [J]. Annals of the association of American geographers, 92 (4): 645-661.

KWAN M P, 2004. GIS methods in time-geographic research: geocomputation and geovisualization of human activity patterns [J]. Geografiska annaler: series B, human geography, 86 (4): 267-280.

KWAN M P, 2007. Affecting geospatial technologies: toward a feminist politics of emotion [J]. The professional geographer, 59 (1): 22-34.

KWAN M P, 2012. The uncertain geographic context problem [J]. Annals of the association of American geographers, 102 (5): 958-968.

KWAN M P, 2013. Beyond space (as we knew it): toward temporally integrated geographies of segregation, health, and accessibility: space-time integration in geography and GIScience [J]. Annals of the association of American geographers, 103 (5): 1078-1086.

KWAN M P, CASAS I, 2006. GABRIEL: GIS activity-based travel simulator. Activity scheduling in the presence of real-time information [J]. GeoInformatica, 10 (4): 469-493.

KWAN M P, CHAI Y W, TA N, 2014. Reflections on the similarities and differences between Chinese and US cities [J]. Asian geographer, 31 (2): 167-174.

KWAN M P, DING G X, 2008. Geo-narrative: extending geographic information systems for narrative analysis in qualitative and mixed-method research [J]. The professional geographer, 60 (4): 443-465.

KWAN M P, LEE J, 2004. Geovisualization of human activity patterns using 3D GIS [M] //GOODCHILD M F, JANELLE D G. Spatially integrated social science. New York: Oxford University Press: 48-66.

KWAN M P, SCHWANEN T, 2016. Geographies of mobility [J]. Annals of the American association of geographers, 106 (2): 243-256.

KWAN M P, WEBER J, 2003. Individual accessibility revisited: implications for geographical analysis in the twenty-first century [J]. Geographical analysis, 35 (4): 341-353.

LATHAM A, 2003. Research, performance, and doing human geography: some reflections on the diary-photograph, diary-interview method [J]. Environment and planning A: economy and space, 35 (11): 1993-2017.

LAW R, 1999. Beyond 'women and transport': towards new geographies of gender and daily mobility [J]. Progress in human geography, 23 (4): 567-588.

LEE J Y, KWAN M P, 2011. Visualisation of socio-spatial isolation based on human activity patterns and social networks in space-time [J]. Tijdschrift voor economische en sociale geografie, 102 (4): 468-485.

LENNTORP B, 1970. PESASP—en modell för beräkning av alternativa banor [Z]. Lund: Urbaniseringsprocessen, 38, Department of Geography, University of Lund.

LENNTORP B, 1976. Paths in space-time environments: a time-geographic study of movement possibilities of individuals [M]. Lund studies in geography, series B: human geography NO. 44. Lund: C. W. K. Gleeup.

LENNTORP B, 1978. A time-geographic simulation model of individual activity programmes [M] // CARLSTEIN T, PARKS D T, HRIFT N. Timing space and spacing time. Vol. 2: human activity and time geography. London: Edward Arnold: 162-180.

LENNTORP B, 1999. Time-geography: at the end of its beginning [J]. GeoJournal, 48 (3): 155-158.

LENNTORP B, 2003. The Drama of real-life in a time-geographic disguise [C]. Besancon: Paper Presented at the Sixth Théo Quant Meeting.

LENNTORP B, 2004a. Path, prism, project, pocket and population: an introduction [J]. Geografiska annaler: series B, human geography, 86 (4): 223-226.

LENNTORP B, 2004b. Torsten Hägerstrand 1916-2004 [J]. Geografiska annaler: series B, human geography, 86 (4): 325-326.

LIU T B, CHAI Y W, 2015a. Daily life circle reconstruction: a scheme for sustainable development in urban China [J]. Habitat international, 50: 250-260.

LIU Y, KANG C G, GAO S, et al, 2012. Understanding intra-urban trip patterns from taxi trajectory data [J]. Journal of geographical systems, 14 (4): 463-483.

LIU Y, LIU X, GAO S, et al, 2015b. Social sensing: a new approach to understanding our socioeconomic environments [J]. Annals of the association of American geographers, 105 (3): 512-530.

LIU Y, SUI Z W, KANG C G, et al, 2014. Uncovering patterns of inter-urban trip and spatial interaction from social media check-in data [J]. PLoS one, 9 (1): e86026.

LIU Z L, CHAI Y W, 2013. Danwei, family ties, and residential mobility of urban elderly in Beijing [M] // BESHAROV D, BAEHLER K. Chinese social policy in a time of transition. New York: Oxford University Press: 196-222.

LONG Y, THILL J C, 2015. Combining smart card data and household travel survey to analyze jobs-housing relationships in Beijing [J]. Computers, environment and urban systems, 53: 19-35.

LYONS G, JAIN J, WEIR I, 2016. Changing times: a decade of empirical insight into the experience of rail passengers in Great Britain [J]. Journal of transport geography, 57: 94-104.

MAGNUS E, 2018. The time-geographic diary method in studies of everyday life [M] // ELLEGÅRD K. Time geography in the global context. London: Routledge: 135-154.

MA J, HEPPENSTALL A, HARLAND K, et al, 2014. Synthesising carbon emission for mega-cities: a static spatial microsimulation of transport $CO_2$ from urban travel in Beijing [J]. Computers, environment and urban systems, 45: 78-88.

MA J, LIU Z L, CHAI Y W, 2015a. The impact of urban form on $CO_2$ emission from work and non-work trips: the case of Beijing, China [J]. Habitat international, 47: 1-10.

MA J, MITCHELL G, HEPPENSTALL A, 2015b. Exploring transport carbon futures using population microsimulation and travel diaries: Beijing to 2030 [J]. Transportation research part D: transport and environment, 37: 108-122.

MÅRTENSSON S, 1977. Childhood interaction and temporal organization [J]. Economic geography, 53 (2): 99-125.

MASSEY D S, ROTHWELL J, DOMINA T, 2009. The changing bases of segregation in the United States [J]. The annals of the American academy of political and social science, 626 (1): 74-90.

MCGUCKIN N, MURAKAMI E, 1999. Examining trip-chaining behavior: comparison of travel by men and women [J]. Transportation research record: journal of the transportation research board, 1693 (1): 79-85.

MCQUOID J, DIJST M, 2012. Bringing emotions to time geography: the case of mobilities of poverty [J]. Journal of transport geography, 23: 26-34.

MILLER H J, 1991. Modelling accessibility using space-time prism concepts within geographical information systems [J]. International journal of geographical information systems, 5 (3): 287-301.

MILLER H J, 2004. Activities in space and time [M] //HENSHER D A, BUTTON K J, HAYNES K E, et al. Handbook of transport geography and spatial systems. Bingley: Emerald Group Publishing Limited: 647-660.

MILLER H J, 2005a. A measurement theory for time geography [J]. Geographical analysis, 37 (1): 17-45.

MILLER H J, 2005b. Necessary space: time conditions for human interaction [J]. Environment and planning B: planning and design, 32 (3): 381-401.

MILLER H J, 2007. Place-based versus people-based geographic information science [J]. Geography compass, 1 (3): 503-535.

MILLER H J, WU Y H, HUNG M C, 1999. GIS-based dynamic traffic congestion modeling to support time-critical logistics [C]. Maui: Proceedings of the 32nd Annual Hawaii International Conference on Systems Sciences. HICSS-32. Abstracts and CD-ROM of Full Papers: 9.

MILLER R, 1982. Household activity patterns in nineteenth-century suburbs: a time-geographic exploration [J]. Annals of the association of American geographers, 72 (3): 355-371.

MOKHTARIAN P L, SALOMON I, HANDY S L, 2006. The impacts of ict on leisure activities and travel: a conceptual exploration [J]. Transportation, 33 (3): 263-289.

MOKHTARIAN P L, TAL G, 2013. Impacts of ICT on travel behavior: a tapestry of relationships [M] //LOVELACE R. The sage handbook of transport studies. London: Sage: 241-260.

MORRILL R, 2005. Hägerstrand and the 'quantitative revolution': a personal appreciation [J]. Progress in human geography, 29 (3): 333-336.

MURPHY A J, 2007. Grounding the virtual: the material effects of electronic grocery shopping [J]. Geoforum, 38 (5): 941-953.

NEUTENS T, DELAFONTAINE M, SCOTT D M, et al, 2012. A GIS-based method to identify spatiotemporal gaps in public service delivery [J]. Applied geography, 32 (2): 253-264.

NEUTENS T, SCHWANEN T, WITLOX F, 2010a. The prism of everyday life: towards a new research agenda for time geography [J]. Transport reviews, 31 (1): 25-47.

NEUTENS T, SCHWANEN T, WITLOX F, et al, 2010b. Equity of urban service delivery: a comparison of different accessibility measures [J]. Environment and planning A: economy and space, 42 (7): 1613-1635.

NEUTENS T, WITLOX F, DEMAEYER P, 2007. Individual accessibility and travel possibilities: a literature review on time geography [J]. European journal of transport and infrastructure research, 7 (4): 335-352.

ÖBERG S, 2005. Hägerstrand and the remaking of Sweden [J]. Progress in human geography, 29 (3): 340-349.

OKAMOTO K, 1995. The daily activities of metropolitan suburbanites and the urban daily rhythm: the case of Kawagoe, a suburb of Tokyo, and Nisshin, a suburb of Nagoya [J]. Geographical review of Japan, series A, chirigaku hyoron, 68: 1-36.

OKAMOTO K, 1997. Suburbanization of Tokyo and the daily lives of suburban people [M] // KARAN P P, STAPLETON K. The Japanese city. Lexington: University Press of Kentucky: 79-105.

OKAMOTO K, ARAI Y, 2018. Time-geography in Japan: its application to urban life [M] // ELLEGÅRD K. Time geography in the global context. London: Routledge: 19-40.

OKULICZ-KOZARYN A, MAZELIS J M, 2018. Urbanism and happiness: a test of Wirth's theory of urban life [J]. Urban studies, 55 (2): 349-364.

OLANDER L O, CARLSTEIN T, 1978. The study of activities in the quaternary sector [M] // CARLSTEIN T, PARKS D T, HRIFT N. Timing space and spacing time. Vol. 2: human activity and time geography. London: Edward Arnold: 198-213.

OLSSON G, 1979. Social science and human action or on hitting your head against the ceiling of language [M] //GALE S, OLSSON G. Philosophy in geography. Dordrecht: Springer: 287-307.

ORBAN K, 2013. The process of change in patterns of daily occupations among parents of children with obesity-time use, family characteristics and factors related to change [D]. Lund: Lund University.

ORBAN K, EDBERG A K, ERLANDSSON L K, 2012a. Using a time-geographical diary method in order to facilitate reflections on changes in patterns of daily occupations [J]. Scandinavian journal of occupational therapy, 19 (3): 249-259.

ORBAN K, ELLEGÅRD K, THORNGREN-JERNECK K, et al, 2012b. Shared patterns of daily occupations among parents of children aged 4-6 years old with obesity [J]. Journal of occupational science, 19 (3): 241-257.

PALM J, ELLEGÅRD K, 2017. An analysis of everyday life activities and their consequences for energy use [M] // LABANCA N. Complex systems and social practices in energy transitions. Cham: Springer International Publishing: 237-258.

PARK Y M, KWAN M P, 2017. Individual exposure estimates may be erroneous when spatiotemporal variability of air pollution and human mobility are ignored [J]. Health & place, 43: 85-94.

PARK Y M, KWAN M P, 2018. Beyond residential segregation: a spatiotemporal approach to examining multi-contextual segregation [J]. Computers, environment and urban systems, 71: 98-108.

PAS E I, 1988. Weekly travel-activity behavior [J]. Transportation,

15 (1-2): 89-109.

PERSSON O, ELLEGÅRD K, 2012. Torsten Hägerstrand in the citation time web [J]. The professional geographer, 64 (2): 250-261.

PICKUP L, 1984. Women's gender-role and its influence on travel behaviour [J]. Built environment, 10 (1): 61-68.

PRED A, 1973a. The growth and development of systems of cities in advanced economies [M]. Lund studies in geography, series B: human geography No. 38. Loud: C. W. K. Gleeup: 9-82.

PRED A, 1973b. Urbanization, domestic planning problems and Swedish geographical research [M] // BOARD C, et al. Progress in geography. London: Edward Arnold: 1-76.

PRED A, 1977. The choreography of existence: comments on Hägerstrand's time-geography and its usefulness [J]. Economic geography, 53 (2): 207-221.

PRED A, 1981a. Of paths and projects: individual behavior and its societal context [M] // COX K R, COLLEDGE R G. Behavioral problems in geography revisited. Methuen: 231-255.

PRED A, 1981b. Social reproduction and the time-geography of everyday life [J]. Geografiska annaler: series B, human geography, 63 (1): 5-22.

PRED A, 1981c. Production, family, and free-time projects: a time-geography perspective on the individual and societal change in nineteenth century U. S. cities [J]. Journal of historical geography, 7 (1): 3-36.

PRED A, 1983. Structuration and place: on the becoming of sense of place and structure of feeling [J]. Journal for the theory of social behaviour, 13 (1): 45-68.

PRED A, 1984a. Place as historically contingent process: structuration and the time-geography of becoming places [J]. Annals of the association of American geographers, 74 (2): 279-297.

PRED A, 1984b. Structuration, biography formation, and knowledge: observations on port growth during the late mercantile period [J]. Environment and planning D: society and space, 2 (3): 251-275.

PRED A, 1985. Presidential address interpenetrating processes: human agency and the becoming of regional spatial and social structures [J]. Papers of the regional science association, 57 (1): 7-17.

PRED A, PALM R, 1978. The status of American women: a time-geographic view [M] // LANEGRAN D A, PALM R. Invitation to geography. New York: Mcgraw-Hill: 99-109.

RAPINO M A, COOKE T J, 2011. Commuting, gender roles, and

entrapment: a national study utilizing spatial fixed effects and control groups [J]. Professional geographer, 63 (2): 277-294.

RAUBAL M, MILLER H J, BRIDWELL S, 2004. User-centred time geography for location-based services [J]. Geografiska annaler: series B, human geography, 86 (4): 245-265.

ROSE G, 1993. Feminism and geography: the limits of geographical knowledge [M]. Cambridge: Polity Press.

RYFF C D, 2014. Psychological well-being revisited: advances in the science and practice of eudaimonia [J]. Psychotherapy and psychosomatics, 83 (1): 10-28.

SAINT ONGE J M, KRUEGER P M, 2017. Health lifestyle behaviors among US adults [J]. SSM—population health, 3: 89-98.

SALOMON I, 1986. Telecommunications and travel relationships: a review [J]. Transportation research part A: general, 20 (3): 223-238.

SCHOLTEN C, FRIBERG T, SANDÉN A, 2012. Re-reading time-geography from a gender perspective: examples from gendered mobility [J]. Tijdschrift voor economische en sociale geografie, 103 (5): 584-600.

SCHWANEN T, 2007. Matter (s) of interest: artefacts, spacing and timing [J]. Geografiska annaler: series B, human geography, 89 (1): 9-22.

SCHWANEN T, KWAN M P, 2008a. The Internet, mobile phone and space-time constraints [J]. Geoforum, 39 (3): 1362-1377.

SCHWANEN T, KWAN M P, 2012. Critical space-time geographies [J]. Environment and planning A: economy and space, 44 (9): 2043-2048.

SCHWANEN T, KWAN M P, REN F, 2008b. How fixed is fixed? Gendered rigidity of space-time constraints and geographies of everyday activities [J]. Geoforum, 39 (6): 2109-2121.

SCHWANEN T, WANG D G, 2014. Well-being, context, and everyday activities in space and time [J]. Annals of the association of American geographers, 104 (4): 833-851.

SHARECK M, KESTENS Y, FROHLICH K L, 2014. Moving beyond the residential neighborhood to explore social inequalities in exposure to area-level disadvantage: results from the interdisciplinary study on inequalities in smoking [J]. Social science and medicine, 108: 106-114.

SHAW S L, 2006. What about 'time' in transportation geography [J]. Journal of transport geography, 14 (3): 237-240.

SHAW S L, YU H B, 2009. A GIS-based time-geographic approach of studying individual activities and interactions in a hybrid physical-virtual space [J]. Journal of transport geography, 17 (2): 141-149.

SHEPPARD S R J, 1999. Visualization software bring GIS applications to life [Z]. Arizona: Geo World, Adams Business Media.

STOCKMAN N, 1994. Gender inequality and social structure in urban China [J]. Sociology, 28 (3): 759-777.

SUI D, 2012. Looking through Hägerstrand's dual vistas: towards a unifying framework for time geography [J]. Journal of transport geography, 23: 5-16.

SZALAI A, 1966. The use of time: daily activities of urban and suburban population in twelve countries [M]. The Hague: Mouton: 868.

TA N, KWAN M P, CHAI Y W, 2016. Urban form, car ownership and activity space in inner suburbs: a comparison between Beijing (China) and Chicago (United States) [J]. Urban studies, 53 (9): 1784-1802.

TA N, KWAN M P, CHAI Y W, et al, 2015. Gendered space-time constraints, activity participation and household structure: a case study using a GPS-based activity survey in Suburban Beijing, China [J]. Tijdschrift voor economische en sociale geografie, 107 (5): 505-521.

TA N, LIU Z L, CHAI Y W, 2018. Help whom and help what? Intergenerational co-residence and the gender differences in time use among dual-earner households in Beijing, China [J]. Urban studies, 56 (10): 2058-2074.

TAN Y M, KWAN M P, CHAI Y W, 2017. Examining the impacts of ethnicity on space-time behavior: evidence from the City of Xining, China [J]. Cities, 64: 26-36.

THRIFT N J, 1983. On the determination of social action in space and time [J]. Environment and planning D: society and space, 1 (1): 23-57.

THRIFT N J, 1977. Time and theory in human geography [J]. Progress in human geography, 1 (1): 65-101.

THRIFT N J, 1981. Owners' time and own time: the making of a capitalist time consciousness, 1300-1880 in space and time in Hägerstrand [M]. Lund studies in geography, series B: human geography No. 48. Lund: C. W. K. Gleeup: 56-84.

THRIFT N J, PRED A, 1981. Time-geography: a new beginning (a reply to Alan Baker's historical geography: a new beginning) [J]. Progress in human geography, 5 (2): 277-286.

THULIN E, 2018. Always on my mind: how smartphones are transforming social contact among young Swedes [J]. Young, 26 (5): 465-483.

THULIN E, VILHELMSON B, 2012. The virtualization of urban young people's mobility practices: a time-geographic typology [J]. Geografiska annaler: series B, human geography, 94 (4): 391-403.

THULIN E, VILHELMSON B, 2018. Bringing the background to the fore: time-geography and the study of mobile ICTs in everyday life [M] // ELLEGÅRD K. Time geography in the global context. London: Routledge: 96-112.

THULIN E, VILHELMSON B, JOHANSSON M, 2019. New telework, time pressure, and time use control in everyday life [J]. Sustainability, 11 (11): 3067.

THULIN E, VILHELMSON B, SCHWANEN T, 2020. Absent friends? Smartphones, mediated presence, and the recoupling of online social contact in everyday life [J]. Annals of the American association of geographers, 110 (1): 166-183.

TIMMERMANS H, ARENTZE T, JOH C H, 2002. Analysing space-time behaviour: new approaches to old problems [J]. Progress in human geography, 26 (2): 175-190.

TIVERS J, 1985. Women attached: the daily lives of women with young children [M]. Beckenham: Croom Helm.

TRYGG K, HERMELIN B, 2017. Work practice among advanced producer service firms-project work in space-time [J]. Geografisk tidsskrift-Danish journal of geography, 117 (1): 11-21.

TURNER T, NIEMEIER D, 1977. Travel to work and household responsibility: new evidence [J]. Transportation, 24 (4): 397-419.

VILHELMSON B, ELLDÉR E, THULIN E, 2018. What did we do when the internet wasn't around? Variation in free-time activities among three young-adult cohorts from 1990/1991, 2000/2001, and 2010/2011 [J]. New media & society, 20 (8): 2898-2916.

VILHELMSON B, THULIN E, 2016. Who and where are the flexible workers? Exploring the current diffusion of telework in Sweden [J]. New technology, work and employment, 31 (1): 77-96.

VILHELMSON B, THULIN E, FAHLÉN D, 2011. ICTs and activities on the move? People's use of time while traveling by public transportation [M] // BRUNN S D. Engineering earth: the impacts of mega engineering projects. Dordrecht: Springer: 145-154.

VILLORIA O G J R, 1989. An operational measure of individual accessibility for use in the study of travel-activity patterns [D]. Columbus: Graduate School of the Ohio State University.

VROTSOU K, ANDERSSON G, ELLEGÅRD K, et al, 2017. A time-geographic approach for visualizing the paths of intervention for persons with severe mental illness [J]. Geografiska annaler: series B, human geography, 99 (4): 341-359.

VROTSOU K, FORSELL C, COOPER M, 2010. 2D and 3D representations for feature recognition in time geographical diary data [J]. Information visualization, 9 (4): 263-276.

WANG D G, CHAI Y W, 2009. The jobs-housing relationship and commuting in Beijing, China: the legacy of Danwei [J]. Journal of transport geography, 17 (1): 30-38.

WANG D G, CHAI Y W, LI F, 2011. Built environment diversities and activity-travel behaviour variations in Beijing, China [J]. Journal of transport geography, 19 (6): 1173-1186.

WANG D G, HE S J, 2016. Mobility, sociability and well-being of urban living [M]. Berlin: Springer.

WANG D G, LI F, CHAI Y W, 2012. Activity spaces and sociospatial segregation in Beijing [J]. Urban geography, 33 (2): 256-277.

WEBER J, 2003. Individual accessibility and distance from major employment centers: an examination using space-time measures [J]. Journal of geographical systems, 5 (1): 51-70.

WEBER J, KWAN M P, 2002. Bringing time back in: a study on the influence of travel time variations and facility opening hours on individual accessibility [J]. The professional geographer, 54 (2): 226-240.

WELTEVREDEN J W J, VAN RIETBERGEN T, 2009. The implications of e-shopping for in-store shopping at various shopping locations in the Netherlands [J]. Environment and planning B: planning and design, 36 (2): 279-299.

WIHLBORG E, 2005. Flexible use of time to overcome constraints: a time-geographical discussion about power and flexibility [M] //SLOANE A. Home-oriented informatics and telematics. Boston: Springer: 1-14.

WIHLBORG E, PALM J, 2008. Pockets of local orders for local policy making: the case of information society infrastructure [J]. European spatial research and policy, 15 (1): 39-51.

WINTER S, YIN Z C, 2010. Directed movements in probabilistic time geography [J]. International journal of geographical information science, 24 (9): 1349-1365.

WINTER S, YIN Z C, 2011. The elements of probabilistic time geography [J]. Geoinformatica, 15 (3): 417-434.

WYLY E K, 1996. Race, gender, and spatial segmentation in the twin cities

[J]. The professional geographer, 48(4): 431-444.

WYLY E K, 1998. Containment and mismatch: gender differences in commuting in metropolitan labor markets [J]. Urban geography, 19(5): 395-430.

YIN L, SHAW S L, YU H B, 2011. Potential effects of ICT on face-to-face meeting opportunities: a GIS-based time-geographic approach [J]. Journal of transport geography, 19(3): 422-433.

YIN Z C, WU Y, WINTER S, et al, 2018. Random encounters in probabilistic time geography [J]. International journal of geographical information science, 32(5): 1026-1042.

YU H B, 2006. Spatio-temporal GIS design for exploring interactions of human activities [J]. Cartography and geographic information science, 33(1): 3-19.

YU H B, 2007. Visualizing and analyzing activities in an integrated space-time environment [J]. Transportation research record: journal of the transportation research board, 2024(1): 54-62.

YU H B, 2008. Visualizing and analyzing activities in an integrated space-time environment: temporal geographic information system design and implementation [J]. Transportation research record: journal of the transportation research board, 2024: 54-62.

YU H B, SHAW S L, 2007. Revisiting Hägerstrand's time-geographic framework for individual activities in the age of instant access [M] // MILLER H J. Societies and cities in the age of instant access. Dordrecht: Springer: 103-118.

YU H B, SHAW S L, 2008. Exploring potential human activities in physical and virtual spaces: a spatio-temporal GIS approach [J]. International journal of geographical information science, 22(4): 409-430.

YUE Y, LAN T, YEH A G O, et al, 2014. Zooming into individuals to understand the collective: a review of trajectory-based travel behaviour studies [J]. Travel behaviour and society, 1(2): 69-78.

ZHANG W J, THILL J C, 2017. Detecting and visualizing cohesive activity-travel patterns: a network analysis approach [J]. Computers, environment and urban systems, 66: 117-129.

ZHAO Y, CHAI Y W, 2013. Residents' activity-travel behavior variation by communities in Beijing, China [J]. Chinese geographical science, 23(4): 492-505.

ZHAO Y, DIJST M, CHAI Y W, 2016. Between haven and heaven in cities: a comparison between Beijing (China) and Utrecht (the Netherlands)

[J]. Urban studies，53（12）：2469-2487.

ZHOU S H，DENG L F，HUANG M Y，2013. Spatial analysis of commuting mode choice in Guangzhou，China［J］. Chinese geographical science，23（3）：353-364.

ZOOK M，DODGE M，AOYAMA Y，et al，2004. New digital geographies：information，communication，and place［M］//BRUNN S D，CUTTER S L，HARRINGTON J W. Geography and technology. New York：Springer，Science+Business Media.

NHK世論調査部，1992. 日本人の生活時間—1990［M］. 東京：日本放送出版協会.

村山祐司，1996. スウェーデンにおける人文地理学の展開［J］. 地学雑誌，105（4）：411-430.

柴彦威，1991. 中国都市の内部地域構造：蘭州を例として［J］. 人文地理，43（6）：1-17.

柴彦威，1993. 広島市民の日常生活における活動空間：壮年層住民の場合［J］. 人文地理，45（4）：351-373.

柴彦威，1994. 中国都市住民の日常生活における活動空間：蘭州市を例として［J］. 地理科学，49（1）：1-24.

川口太郎，1989. 日常生活の中の時間地理学［J］. 地理，34（12）：29-35.

川口太郎，神谷浩夫，1991. 都市における生活行動研究の視点［J］. 人文地理，4：44-63.

岡本耕平，1993. 日本の都市住民の生活空間と生活時間［J］. 東洋大学社会学部紀要，30（3）：50-119.

高阪宏行，1985. 都市に関する行動モデル［M］// 田边健一，渡边良雄. 都市地理学. 東京：朝倉书店：246-249.

高桥伸夫，1987. 日本の生活空間にみろれる时空間行動に関する一考察［J］. 人文地理，4：295-318.

高桥伸夫，1990. 日本の生活空間［M］. 東京：古今书院：259.

高桥伸夫，山本一彦，1990. 日立市域における生活空間の构造：都市中心部の事例［J］. 地域研究，31（1）：38-55.

高桥伸夫，市南文一，1981. 出岛村における生活行動に関する地理学的研究［J］. 霞ケ浦地域研究报告，3：57-76.

高桥伸夫，中村理恵，1993. 筑波研究学园都市における主妇の生活行動：并木・上大角豆地区を事例として［J］. 人文地理学研究，17：131-187.

谷贝等，1989. 时間地理学のミシュレーションモデル：私はどこへ行くことができるだろうか［J］. 地理，34（12）：51-56.

荒井良雄，1992. 都市における生活活動空間の基本构造とその問題点

［C］．信州大学经济学论集，29：27-67．

荒井良雄，川口太郎，1992．休日の外出に対する家族のライフステージの影响［C］．日本都市計画学会学術研究論文集，27：157-162．

荒井良雄，川口太郎，岡本耕平，等，1989．生活の時間　都市の空間［M］．東京：古今書院：247．

荒井良雄，岡本耕平，神谷浩夫，等，1996．都市の空間と時間：生活活動の时间地理学［M］．東京：古今書院：205．

荒井良雄，岡本耕平，田原裕子，等，2008．中国都市の生活空間［M］．京都：ナカニシヤ：192．

近藤勝直，1987．交通行動分析［M］．京都：晃洋書房：200．

经济企画厅国民生活局国民调查课，1975．生活時間の構造分析：時間の使われ方と生活の質［M］．東京：大蔵省印刷局：384．

山田晴通，1987．時間地理学の展開とマーケティング論への応用の可能性［C］．松商短大論集，36：1-37．

杉浦芳夫，1985．タイムジオグラフィー［M］//坂本英夫，濱谷正人．最近の地理学．東京：大名堂：94-101．

杉浦芳夫，1989．立地と空間的行動［M］．東京：古今書院：173-187．

神谷浩夫，1982．消費者空間選択の研究動向［J］．経済地理学年報，28(1)：1-18．

神谷浩夫，1987．名古屋市における主婦の日常活動：時間利用と外出活動との関連を中心に［J］．人文地理，39（6）：19-35．

神谷浩夫，1989a．大都市郊外における主婦の日常活動：尾張旭市の例［J］．地理学報告，68（6）：138-146．

神谷浩夫，1989b．時間地理学のゆくえ［J］．地理，34（12）：44-50．

神谷浩夫，1993a．大都市郊外における就業既婚女性の日常生活［C］．椙山女学園研究論集，24：235-249．

神谷浩夫，1993b．名古屋市郊外日进町における保育サービス供给と住民の日常生活［J］．地理学報告，76：18-35．

神谷浩夫，岡本耕平，荒井良雄，等，1990．长野县下诹访町における既婚女性の就業に関する時間地理学的分析［J］．地理学評論，11：766-783．

石水照雄，1976．計量地理学概説［M］．東京：古今書院：205-228．

伊藤セツ，天野寬子，1988．生活時間と生活様式［M］．東京：光生館：219．

伊藤セツ，天野寬子，森ます美，等，1984．生活時間［M］．東京：光生館：312．

櫛谷圭司，1985a．時間地理学の内房漁師の行動選択の解釈への応用［J］．地理学評論，58：645-662．

櫛谷圭司，1985b. 时间地理学研究の动向［J］. 人文地理，6：49-67.

櫛谷圭司，1989，時間地理学の考え方と応用：生業行動をどう解釈するか［J］. 地理，34（12）：36-43.

# 图片来源

图3-1 源自：HÄGERSTRAND T，1995. Landscape as overlapping neighbourhoods［M］// BENKO G B，STROHMAYER U. The GeoJournal library, volume 27, geography, history and social sciences Byggforskningsrådet. Dordrecht：Kluwer Academic Publishers：83-96.

图3-2 源自：ELLEGÅRD K，2018. Time-geography: from the past into the future［M］// ELLEGÅRD K. Thinking time geography: concepts, methods and applications. London：Routledge：151-156.

图3-3、图3-4 源自：HÅGERSTRAND T，1985. Time-geography. Focus on the corporeality of man, society and environment［M］//AIDA S，ALLEN P M，ATLAN H，et al. The science and praxis of complexity. Tokyo：The United Nations University Press：193-216.

图4-1 源自：HÅGERSTRAND T，1985. Time-geography. Focus on the corporeality of man, society and environment［M］//AIDA S，ALLEN P M，ATLAN H，et al. The science and praxis of complexity. Tokyo：The United Nations University Press：193-216.

图4-2 源自：ELLEGÅRD K，2018. Thinking time geography: concepts, methods and applications［M］. London：Routledge.

图4-3 源自：笔者绘制 PRED A，PALM R，1978. The status of American women: a time-geographic view［M］// LANEGRAN D A，PALM R. Invitation to geography. New York：Mcgraw-Hill：99-109.

图4-4 源自：荒井良雄，川口太郎，岡本耕平，等，1989. 生活の時間　都市の空間［M］. 東京：古今書院：247.

图4-5 源自：LENNTORP B，1978. A time-geographic simulation model of individual activity programmes［M］// CARLSTEIN T，PARKS D T，HRIFT N. Timing space and spacing time. Vol. 2：human activity and time geography. London：Edward Arnold：162-180.

图4-6 源自：荒井良雄，岡本耕平，神谷浩夫，等，1996. 都市の空間と時間：生活活動の时间地理学［M］. 東京：古今書院：205.

图4-7、图4-8 源自：KWAN M P，1999. Gender, the home-work link, and space-time patterns of nonemployment activities［J］. Economic geography，75（4）：370-394.

图4-9 源自：LENNTORP B，2003. The drama of real-life in a time-geographic disguise［C］. Besancon：Paper Presented at Sixth Théo Quant

Meeting.

图5-1 源自：HÄGERSTRAND T，1970. What about people in regional science [J]. Papers of the regional science association，24（1）：6-21.

图5-2 源自：CARLSTEIN T，1978. Innovation，time-allocation and time-space packing [M] //CARLSTEIN T，PARKS D T，HRIFT N. Timing space and spacing time. Vol. 2：human activity and time geography. London：Edward Arnold：208.

图5-3 至图5-5 源自：PRED A R，TÖRNQVIST G，1973. Systems of cities and information flows：two essays [M]. Lund studies in geography，series B，human geography No. 38. Lund：C. W. K. Gleeup.

图5-6 至图5-9 源自：LENNTORP B，1978. A time-geographic simulation model of individual activity programmes [M] //CARLSTEIN T，PARKS D T，HRIFT N. Timing space and spacing time. Vol. 2：human activity and time geography. London：Edward Arnold：162-180.

图7-1 至图7-7 源自：凯萨·埃勒高（Kajsa Ellegård），刘伯初，张艳，等，2016. 时间地理学的企划概念及其研究案例 [J]. 人文地理，31（5）：32-38.

图8-1 源自：HELLGREN M，2014. Extracting More knowledge from time diaries [J]. Social indicators research，119（3）：1517-1534.

图8-2 源自：ELLEGÅRD K，1999. A time-geographical approach to the study of everyday life of individuals：a challenge of complexity [J]. GeoJournal，48（3）：167-175.

图8-3、图8-4 源自：ELLEGÅRD K，2018. Thinking time geography：concepts，methods and applications [M]. London：Routledge.

图8-5、图8-6 源自：ELLEGÅRD K，VROTSOU K，WIDÉN J，2010. VISUAL-TimePAcTS/energy use：a software application for visualizing energy use from activities performed [C]. Älvsjö：Proceedings of the 3rd International Conference on Energy Systems with IT.

图8-7 源自：ORBAN K，ELLEGÅRD K，THORNGREN-JERNECK K，et al，2012. Shared patterns of daily occupations among parents of children aged 4-6 years old with obesity [J]. Journal of occupational science，19（3）：241-257.

图8-8 源自：ELLEGÅRD K，PALM J，2011. Visualizing energy consumption activities as a tool for making everyday life more sustainable [J]. Applied energy，88（5）：1920-1926.

图 9-1 源自：HÄGERSTRAND T，2009. Tillvaroväven [M] //ELLEGÅRD K，SVEDIN U. The fabric of existence. Stockholm：Formas.

图 9-2 源自：HÅGERSTRAND T，1985. Time-geography. Focus on the corporeality of man，society and environment [M] //AIDA S，ALLEN P M，ATLAN H，et al. The science and praxis of complexity. Tokyo：The United Nations University Press：193-216.

图 9-3 源自：ELLEGÅRD K，2018. Thinking time geography：concepts，methods and applications [M]. London：Routledge：61.

图 9-4 源自：HÄGERSTRAND T，1982. Diorama，path and project [J]. Tijdschrift voor economische en sociale geografie，73（6）：323-339.

图 9-5 源自：HÅGERSTRAND T，1985. Time-geography. Focus on the corporeality of man，society and environment [M] //AIDA S，ALLEN P M，ATLAN H，et al. The science and praxis of complexity. Tokyo：The United Nations University Press：193-216.

图 9-6 至图 9-8 源自：ELLEGÅRD K，PALM J，2011. Visualizing energy consumption activities as a tool for making everyday life more sustainable [J]. Applied energy，88（5）：1920-1926.

图 9-9、图 9-10 源自：ELLEGÅRD K，2018. Thinking time geography：concepts，methods and applications [M]. London：Routledge.

图 10-1 源自：ELLEGÅRD K，2018. Thinking time geography：concepts，methods and applications [M]. London：Routledge.

图 11-1 源自：荒井良雄，岡本耕平，神谷浩夫，等，1996. 都市の空間と時間：生活活動の時間地理学 [M]. 東京：古今書院：205.

图 11-2 源自：柴彦威，塔娜，张艳，2013. 融入生命历程理论、面向长期空间行为的时间地理学再思考 [J]. 人文地理，28（2）：1-6.

图 11-3 源自：柴彦威，刘志林，李峥嵘，等，2002. 中国城市的时空结构 [M]. 北京：北京大学出版社.

图 11-4 源自：柴彦威，1999. 中日城市内部空间结构比较研究 [M]. 北京：北京大学出版社.

图 11-5 源自：柴彦威，1996. 以单位为基础的中国城市内部生活空间结构：兰州市的实证研究 [J]. 地理学报，15（1）：30-38.

图 11-6 源自：柴彦威，1999. 中日城市内部空间结构比较研究 [M]. 北京：北京大学出版社.

图 11-7 源自：ZHAO Y，CHAI Y W，2013. Residents' activity-travel behavior variation by communities in Beijing，China [J]. Chinese geographical science, 23 (4): 492-505.

图 11-8 源自: 张艳, 柴彦威, 郭文伯, 2014. 北京城市居民日常活动空间的社区分异 [J]. 地域研究与开发, 33 (5): 65-71.

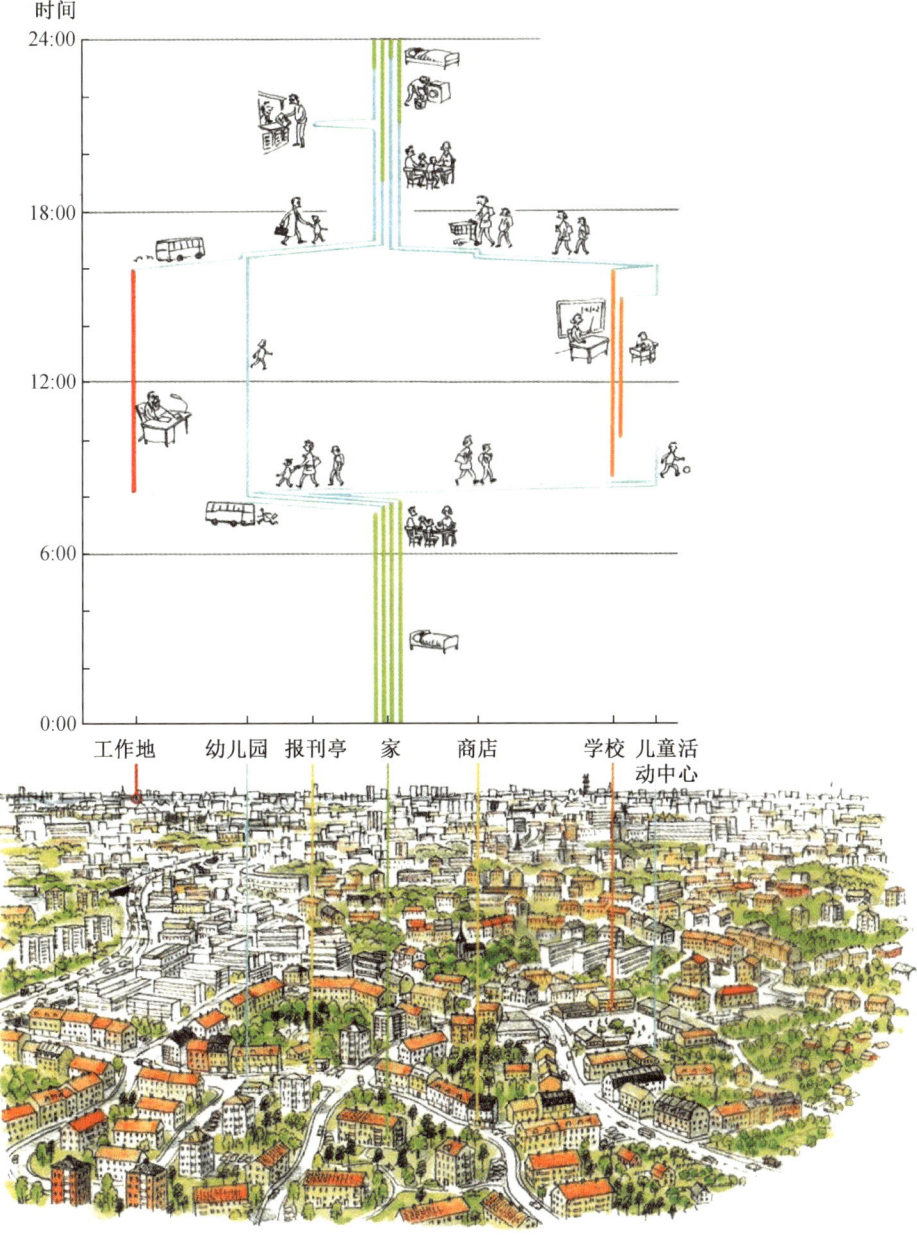

图 4-9 真实情境下的时空路径模型

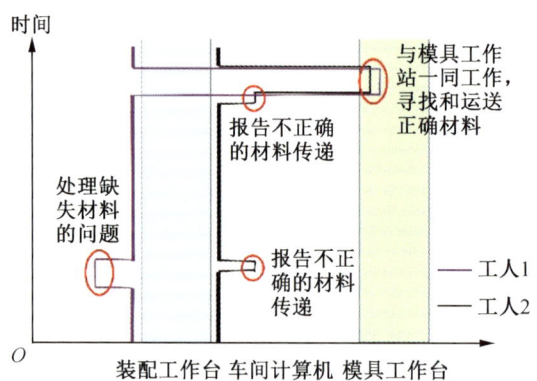

图 7-7 装配工人的时空路径

注:黑线代表工人1;紫线代表工人2。粗线代表实际装配时间;细线代表处理材料传递错误问题的时间。

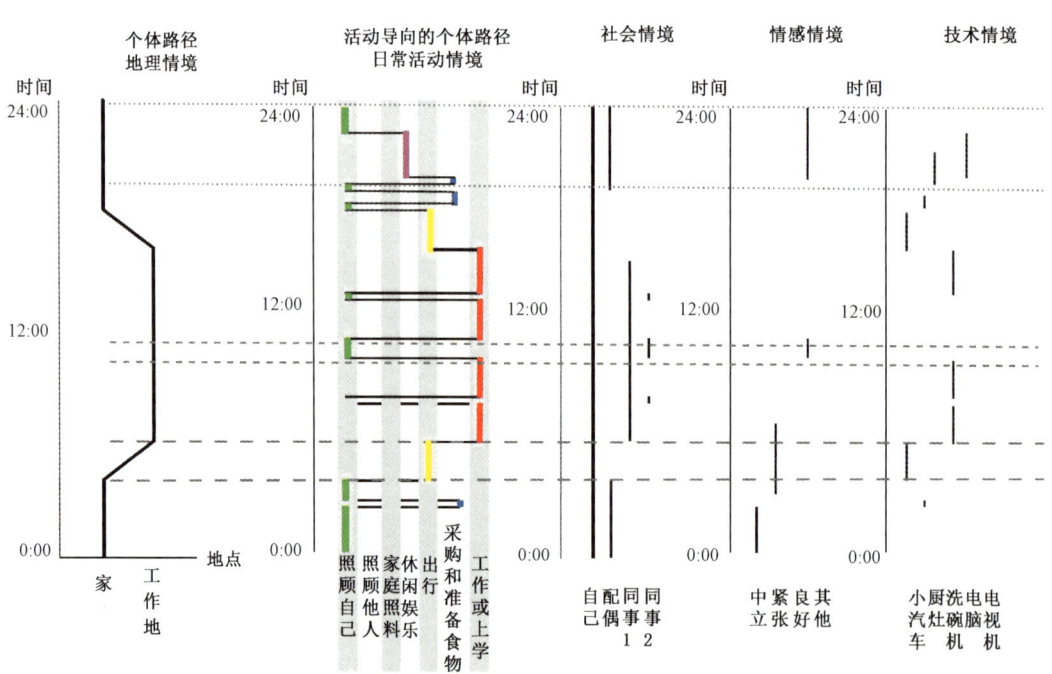

图 8-3 个体时空路径与多维情境下的活动路径比较

224 | 时间地理学

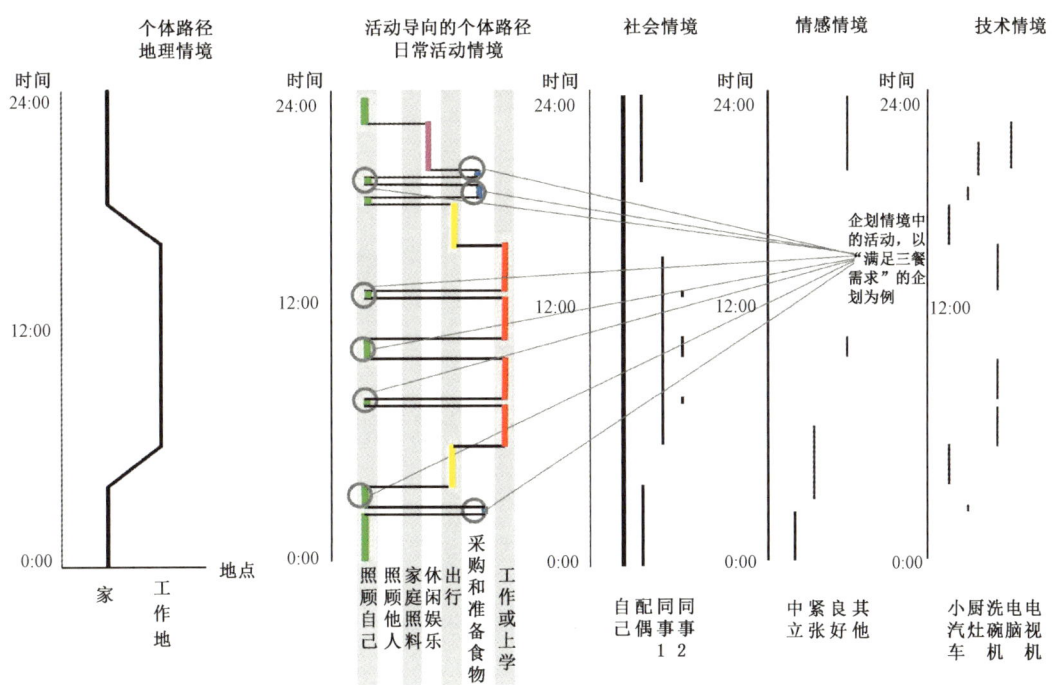

图 8-4 多维情境路径中的企划—活动系统分析

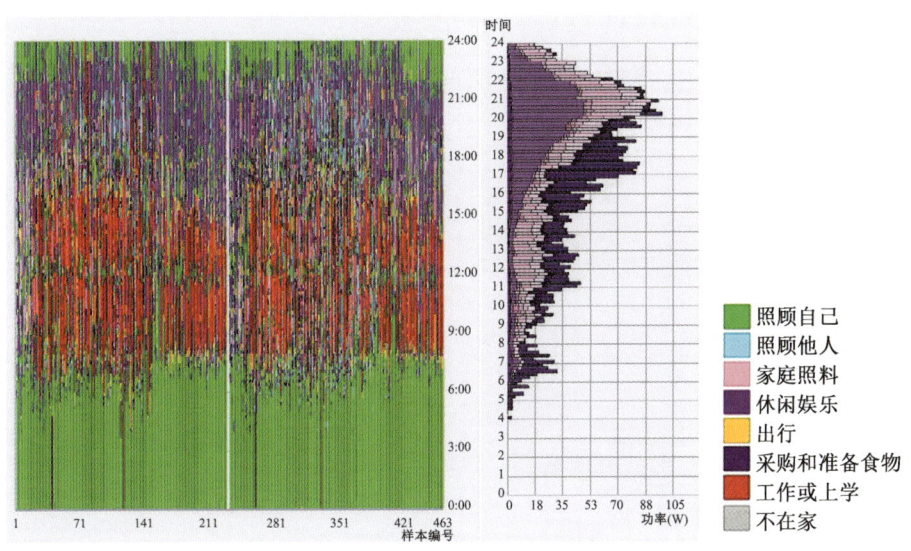

图 8-6 工作日活动的可视化分析

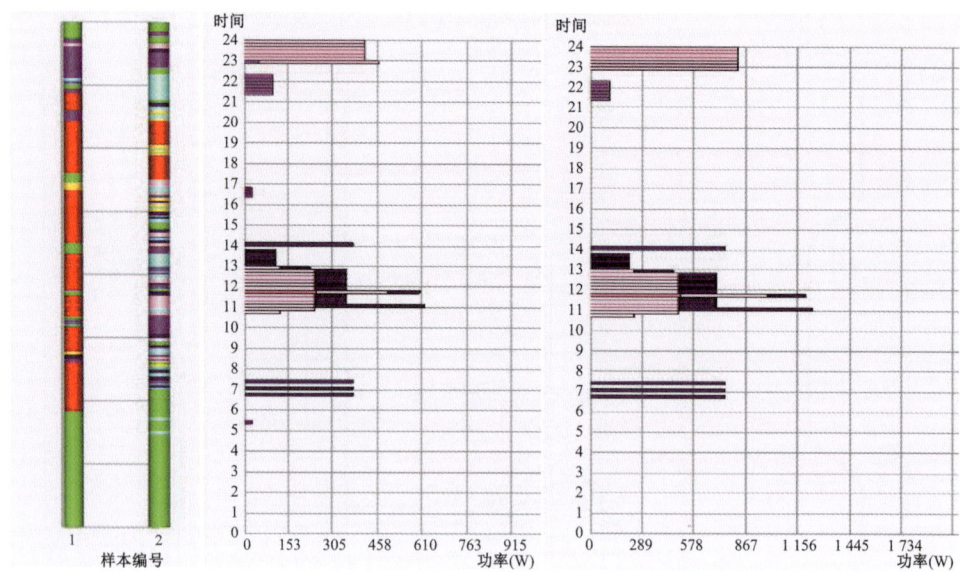

**图 8-8　某夫妻工作日整日活动对比分析**

注：1—丈夫；2—妻子。中间图为丈夫的活动；右图为妻子的活动。

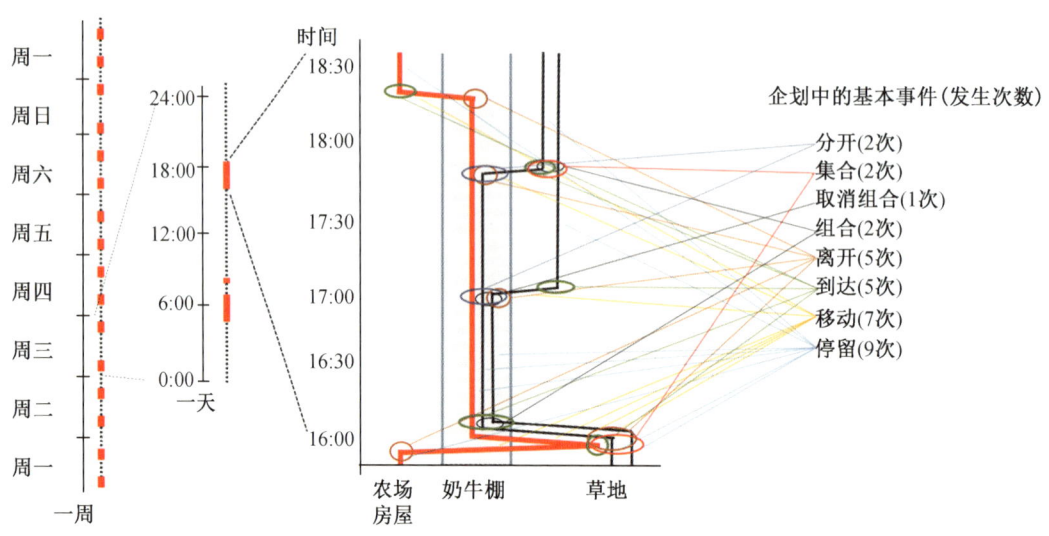

**图 9-6　挤牛奶过程中的基本事件**

226 | 时间地理学

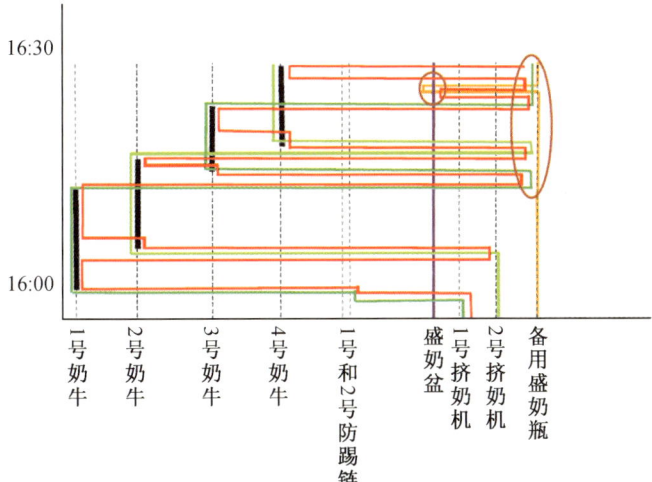

图 9-7　挤牛奶中所需资源的使用时间和使用顺序

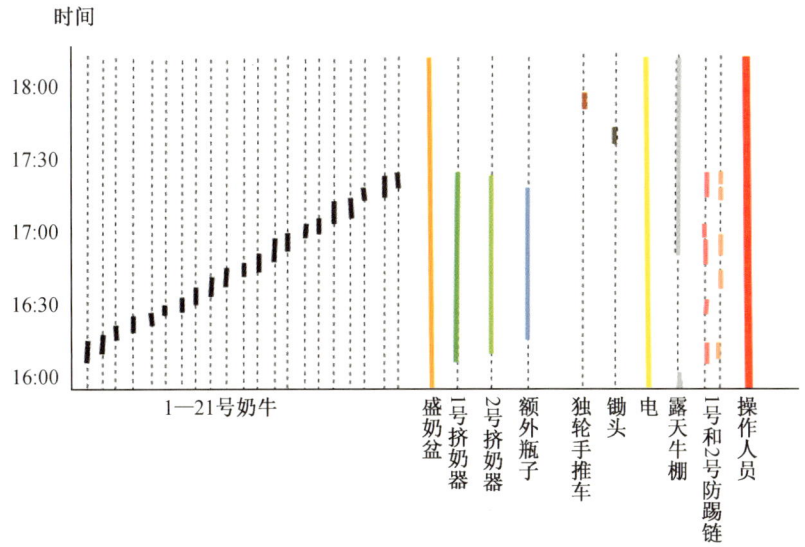

图 9-8　奶牛棚的地方秩序

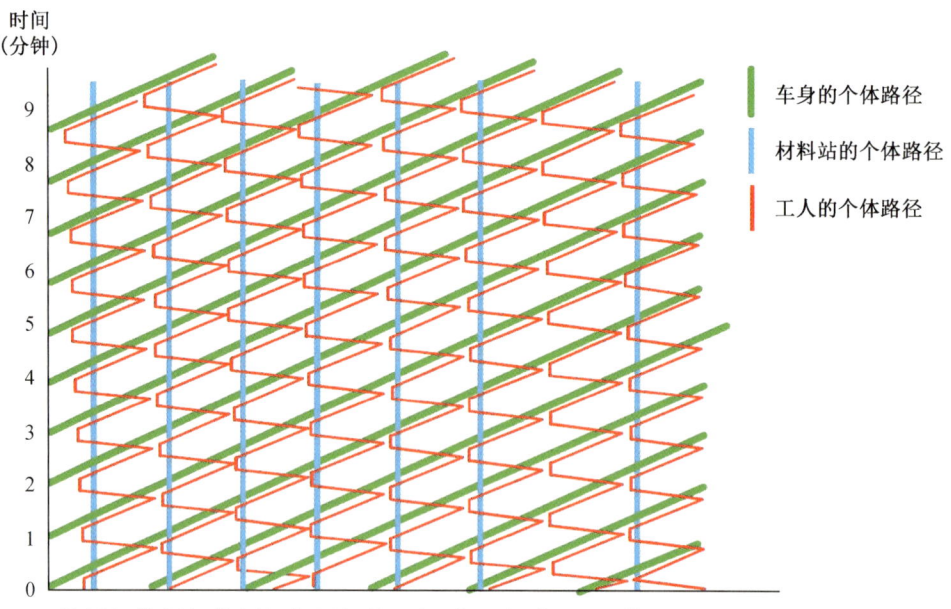

图 9-9 沃尔沃汽车厂装配流水线上的工作活动及其地方秩序

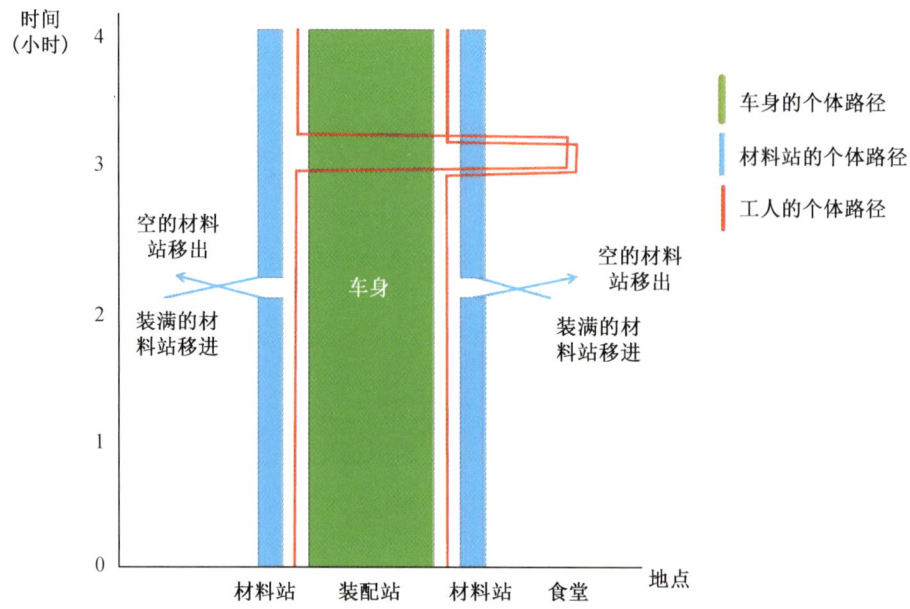

图 9-10 沃尔沃汽车反思性生产系统的工作活动及其地方秩序

# 本书作者

柴彦威，男，甘肃会宁人。日本广岛大学文学博士，北京大学城市与环境学院教授、博士生导师，智慧城市研究与规划中心主任，中国地理学会常务理事及行为地理专业委员会主任，住房和城乡建设部科学技术委员会社区建设专业委员会委员，北京市人民政府特邀人员。主要研究方向为城市社会地理学、行为地理学、时间地理学、智慧城市规划与管理，积极建设中国城市研究与规划的时空行为学派。发表中外学术论文300余篇，出版专著及译著20余部。曾获中国地理学会青年地理科技奖、教育部高等学校优秀青年教师教学与科研奖等。

张艳，女，新疆库尔勒人。北京大学人文地理学博士，北京联合大学北京学研究所副教授，中国地理学会行为地理专业委员会委员，中国地理学会青年工作委员会副主任委员，中国地理学会城市地理专业委员会委员。主要研究方向为城市社会地理学、时间地理学、时空行为与生活圈规划。发表学术论文50余篇，出版学术专著1部，参著、译著多部。曾获得"北京市优秀青年人才"、北京市委组织部"高创计划"青年拔尖人才等称号。